한국지방행정연구원총서

새로운 지방예산제도

임성일 | 이효 | 서정섭

박영사

머 리 말

지방자치단체 예산제도는 2008년부터 그간 운영해 왔던 품목예산제도를 폐지하고 예산활동의 성과를 추구하는 사업예산제도(program budget)를 도입하였다. 그런데 사업예산제도는 여러 가지 이유로 인해 재정지출의 성과를 체계적으로 관리하는데 성공하지 못하였다. 정부(행정안전부)는 이러한 문제를 해결할 목적으로 2012년부터 모든 지방자치단체로 하여금 사업예산제도와 결부된 성과예산서를 시범적으로 작성할 것을 요구하고 나섰다. 이러한 가운데 2011년 9월부터는 예산편성과정에 주민이 다양한 방법으로 참여해서 의사를 표현하고 그것을 예산에 적극적으로 반영하는 주민참여예산제도가 도입되었으며, 2013년도부터 성인지 예산제도를 의무적으로 실시하도록 예정되어 있다.

이와 같이 지방재정의 기반이 되는 지방예산제도는 지난 몇 년 사이에 급격히 변화하고 있다. 이러한 상황에서 전체 제도가 중장기 종합계획과 일관성 있는 틀에 의해 체계적으로 운영되지 않고 개별 제도 중심으로 운영되는 문제가 속속 드러나고 있다. 이것은 각 예산제도가 정치・행정적 환경변화와 역학관계에 의해 단편적, 독립적으로 도입된 데 그 원인이 있다. 이와 같이 각 예산제도가 제도 간 연계관계의 설정이 없이 개별적으로 도입되고 독립적으로 운영되고 있는 관계로 지방재정 전반에 걸쳐 중대한 문제가 초래되고 있다. 다시 말해 현재 4개 지방예산제도가 일정한 공통성을 보유하고 있음에도 불구하고 제도 간에 업무적 연계, 정보 공유, 협력적 의사결정이 전연 이루어지지 못하고 있는 운영체제의 부실문제를 해소해 나가야 한다. 이를 위해서는 각 예산제도들이 공통성을 갖는 부문에 대해 적극적으로 연계・협력적 관계를 형성해 주고, 제도별로 차이 내지 차별성이 필요한 부문에 대하여는 각 제도가 보유하는 고유의 기능과 장점을 최대한 보장해 주는 방향으로 제도적 개선을 도모해야 한다.

이러한 상황을 종합적으로 고려할 때, 지방예산제도의 혼란과 불안정성을 해소하고 예산시스템을 효과적으로 운영하기 위해서는 기본운영시스템인 사업예산제도를 중심으로 성과예산서, 주민참여예산제도, 성인지 예산제도가 종합성과 실용성 측면에서 체계적으로 연계될 수 있도록 제도운영 틀을 마련해주어야 한다. 이를 통해 각 예산제도가 상호 상승작용을 하여 전체 예산시스템이 순기능을 발휘할 수 있고, 특히 지방공무원들이 새로운 가치를 지닌 예산제도를 충분히 이해하고 이를 현장 업무에 접목시킴으로써 지방재정의 운영방식이 한 단계 진보할 수 있도록 하여야 한다. 이러한 기본 시각에서 지방자치단체가 운영·관리하는 예산제도에 관한 이론과 주요 내용을 전반적으로 다루면서 특히 예산제도들 간에 내실 있는 연계성을 구축해 줌으로써 지방재정의 효율성과 효과성 그리고 재정 책임성을 향상시키기 위한 방안을 제시하고 있다.

이 책자에서는 지방예산제도 간의 연계성 부재에 따른 문제를 해소하는 개선방안을 크게 다음의 두 부분을 중심으로 모색하고 있다. 하나는 전체 지방예산제도와 각 예산제도의 기반이 되는 기본원리에 초점을 두면서 거시적 관점에서의 연계성을 모색하는 부분이고, 다른 하나는 실용성 차원에서 제도운영의 유연성과 시너지 효과를 극대화하는 방안을 모색하는 미시적 부분이다.

먼저, 지방예산제도를 견인하는 기본가치 내지 원리의 관점에서 4개 지방예산제도 간의 거시적 연계 틀을 제시하고 있다. 이때 제시되는 구조적 틀은 예산제도의 총체적 발전과 개별 예산제도의 발전 차원에서 유기성을 확보하는 기본바탕 내지 밑그림으로서 역할을 하게 된다. 이와 같은 밑그림(연계성 강화의 구조적 틀)을 확보한 다음, 미시적 접근으로서 예산제도의 업무 유연성과 협력관계, 예산주체 간의 정보 공유, 정보 공개, 그리고 의사결정의 효과성을 강화하는 실용성 측면의 예산제도 간 연계 강화방안을 모색하고 있다. 이 과정에서는 제도 상호 간 및 제도 전체의 관점에서 협력적 관계와 공유가 필요한 부분을 발견하여 적극적으로 조치해 줌으로써 지방예산제도의 시너지 효과를 극대화하고자 접근하였다.

이러한 접근방식을 토대로 이 책자에서는 다섯 가지 측면에 초점을 두고서 지방예산제도간의 연계성 강화를 도모한다. 그것은 구체적으로, ① 예산과정(budget process), ② 예산과목체계(핵심 관리대상사업 등), ③ 성과관리, ④ 예산정보의 공유·공개, ⑤ 기타 운영방식이다. 이들 5개 부문은 지방예산제도의 개별적 기능과 특징, 상호 관계성, 예산제도 간의 심각한 연계성 결여, 연계성 필요 영역에 대한 논의와 설문조사결과 등을 종합적으로 검토한 결과에 입각해서 설정되었다.

그리고 각 부문별로 예산제도의 연계성을 도모하는 과정에서는 정부예산의 핵심 이해관계자(stakeholder)인 집행부, 의회, 주민과 시민사회(civil society), 언론 매체 등의 관점과 이해를 충실히 반영하고자 노력하였다. 이러한 접근을 토대로 각 예산제도가 자기 정체성과 고유 기능을 발휘하면서 서로 다른 예산제도와의 협력적 연계관계를 구축하여 전체 예산제도의 효과를 극대화할 수 있는 방안을 모색하고 그 결과를 제시하고 있다.

이들 지방예산제도들은 대부분 비교적 최근에 도입되었거나 도입 예정인 관계로 현재 많은 이해주체들이 그에 대한 정보와 지식 그리고 경험의 부족을 겪고 있다. 이에 새로 도입되는 예산제도가 하나의 제도로서 정착되고 특히 전체 지방예산시스템과의 유연한 연계 및 제도 간 정합성을 확보하여야 하는 시점에 있다. 이 책이 이들 새로운 지방예산제도의 정착과 발전을 위한 기초자료로서 작으나마 기여할 수 있기를 바란다.

이 책은 한국지방행정연구원의 연구산물 중 하나이다. 여러 연구 중 본 책자의 출간을 기꺼이 허락해주신 한표환 원장님과 각 실장님들께 깊은 감사를 드리며 격려와 지원을 아낌없이 보내주신 연구실의 동료 연구원에게도 고마운 마음을 전하고자 한다. 아울러 발간에 여러 가지 도움을 주신 박영사 안종만 회장님과 관계자들께도 감사의 말씀을 드린다.

2013년 2월

저자 일동

목 차

제1장 서 론

제2장 정부예산 이론과 지방자치단체 예산제도

제3장 지방자치단체 예산제도 간의 연계 실태

제4장 지방자치단체 예산제도의 연계성 강화방안

제5장 종합 및 정책건의

제 1 장

서 론

제1절

연구의 목적

본 연구의 목적은 현재 지방자치단체가 운영・관리하는 예산제도들 간에 내실 있는 연계성을 구축해 줌으로써 지방재정의 효율성과 효과성 그리고 재정책임성(fiscal accountability)을 향상시키는 데 있다. 지방자치단체 예산제도는 2008년부터 과거 수십 년간 운영해 왔던 품목별 예산제도(line item budget)를 폐지하고 예산활동의 성과를 추구하는 사업예산제도(program budget)를 도입하였다. 그런데 사업예산제도는 그동안 여러 가지 이유로 도입목적인 재정지출의 성과를 체계적으로 관리하지 못하였다.

이러한 문제점을 인식한 정부(행정안전부)는 예산성과를 제대로 관리하고자 2014년부터 지방자치단체의 예산시스템에 성과예산제도를 도입하기로 하고 2012년부터 모든 지방자치단체로 하여금 사업예산제도와 결부된 성과예산서를 시범 작성하도록 요구하고 있다.

이러한 가운데 2011년 9월부터는 지방자치단체가 예산편성의 과정에 주민이 참여할 수 있는 절차를 마련하도록 의무화하였고 주민의견을 수렴하여 그 의견서를 예산안에 첨부하여 의회에 제출할 수 있도록 법제화하였다. 이로써 주민이 지방자치단체의 예산과정에 다양한 방법으로 참여해서 의사를 표현하고 그것을 예산에 적극적으로 반영하는 주민참여예산제도가 법제화되었다. 주민참여예산제도는 현재 제도 자체의 정립은 물론 사업예산제도와의 관계를 제대로 설정하지 못하고 있는 상태에 있다(이는 어떤 면에서 일종의 '초기 예산실험단계'에 있다고 말할 수 있다). 실제로 전국의 많은 지방자치단체들은 제도 운용에 대한 중장기 기조와 자기지역에 적합한 실천방안을 확보하지 못한 채 외형상 법적 요건을 충족하는 수준에 머무르고 있다.

주민참여예산제도는 특성상 사업예산제도와 같은 예산운영시스템은 아니다. 이는 예산제도의 틀이나 구조와 수치정보를 형성하는 예산정보시스템이 아니고, 예산의 편성이라는 의사결정 과정에 새로운 주인공(주민)이 등장하여 영향을 행사하는 새로운 예산의사결정시스템이다. 이러한 관점에서 주민참여예산은 예산 가버넌스 기제(budget governance mechanism)라고 말할 수 있다. 이는 예산의 편성에 예산의 재원을 조달하고 예산의 혜택을 보게 되는 주민이 직접 참여해서 목소리를 내고, 의견을 제시하며, 의사결정을 유도하는 대화를 시도한다는 점에서 매우 획기적이고 참신한 예산제도로 간주된다. 주민참여예산제도는 특성상 사업예산제도와 분명히 다른 면모를 갖고 있지만, 주민참여예산이 영향을 미치는 것이 결국은 예산편성의 내용과 질에 관한 것이므로 두 제도 간에는 반드시 기본적인 연계관계가 형성되어야 한다. 구체적으로, 주민참여예산의 대상이 될 수 있는 예산의 범위(예산회계 유형, 예산과목 수준, 주민직접수행사업의 예산 수준, 예산서 첨부사항 등)와 주민에게 제공해야 할 사업예산의 정보 그리고 주민참여를 통해 사업예산의 발전을 도모할 수 있는 영역 등을 조율하는 것이 그에 해당한다. 대체로 말해서, 주민참여예산제도와 사업예산제도의 연계는 예산체제(과목 구조 등) 측면보다 예산순기, 예산운영, 그리고 예산사업의 성과평가 측면에서 상호 보완적, 협력적 관계가 이루어지는 것이 합리적이다.

여기에 더해 지방자치단체들은 2011년 3월에 개정된 지방재정법에 의해 2013년도부터 성인지 예산제도(Gender Responsive Budgeting: GRB)를 의무적으로 실시해야만 한다. 성인지 예산제도는 주민참여예산제도와 같은 의사결정 기제가 아니고, 예산운영시스템과 예산기법에 가까운 특성을 지닌다. 성인지 예산제도는 예산의 의사결정 과정에서 남성과 여성이 처한 상황, 수요, 조건, 영향을 면밀히 파악해서 예산편성에 적절히 반영하고, 예산집행 결과 남성과 여성에게 어떤 영향이 주어졌는지를 분석하는 것을 핵심 메커니즘으로 삼고 있다. 이와 같이 예산이 젠더(gender)에 미치는 영향을 분석하기 위해서는 사업예산제도의 내부정보와 외부정보가 필요한데, 특히 외부정보는 성별영향분석평가(Gender Impact Analysis: GIA)라는 수단(기법)을 통해 확보된다. 성별영향분석평가에 의해 성인지 예산이 수립되는 과정과 성과평가가 이루어지는 과정에서는 예산의 효율과 형평 그리고 책임성 제고 관점에서 성인지 예산과 사업예산제도의 연계가 반드시 필요하다. 그런데 현재는 사업예산제도와 성인지 예산제도 간에 연계와 조화를 담보해주는 제도적 장치가 마련되어 있지 않고 있다. 이러한 상황은 지방자치단체보다 먼저 성인지 예산을 실시한 중앙정부의 경우도 마찬가지이다.

성과예산서의 경우도 비슷한 상황이다. 정부가 전 세계적인 성과관리 움직임에 편승하여 새로운 지방예산시스템으로 사업예산제도를 도입하였지만, 본래의 취지와 달리 예산에 대한 성과관리가 제대로 이루어지지 못하였다. 정부는 이에 대한 교정수단으로 성과예산제도를 추진하고 있는데, 아직은 동 제도와 주민참여예산 및 성인지 예산과의 관계에 대해 조금도 다루어진 바가 없다. 본문에서 자세히 기술되지만 주민참여예산의 대상사업(예컨대, 주민제안사업)이나 성인지 예산사업 또한 일반 예산사업과 마찬가지로 성과관리의 대상이 되기 때문에 이들 제도 간에는 협력적 연계관계가 이루어질 필요가 있다.

이와 같이 지방재정의 기반이 되는 지방예산제도는 지난 몇 년 사이에 급격히 변화하고 있다. 이러한 상황에서 전체 제도가 중장기 관점에서 종합적인 계획과 일관성 있는 틀에 의해 체계적으로 운영되지 못하고 개별 제도 중심으로 운영되는 문제가 드러나고 있다. 이것은 각 예산제도가 정치・행정적 환경변화와 역학관계에 의해 단편적, 독립적으로 도입된 데 그 원인이 있다. 이와 같이 각 예산제도가 적절한 위치 매김이나 제도 간 연계관계의 설정이 없이 개별적으로 도입되고 독립적으로 운영되고 있는 관계로 지방재정 전반에 걸쳐 중대한 문제가 초래되고 있다. 현재 가장 큰 문제점으로 부상하고 있는 것은 지방예산제도의 운영에 혼란과 불안정성이 가중되는 점인데, 이는 거시적으로 지방재정의 효율성, 책임성, 투명성에 심각한 문제를 초래하는 요인으로 작용한다.

그러므로 현 상황에서는 지방예산제도의 기본운영시스템인 사업예산제도

(지방의 수입과 지출을 총괄적이고 체계적으로 다루는 기본예산제도)를 중심으로 나머지 세 예산제도(성과예산제도, 성인지 예산제도, 주민참여예산제도)가 종합성, 실용성 측면에서 체계적으로 연계되어 가동될 수 있도록 제도개선을 해주는 것이 매우 시급하다. 이러한 제도개선이 적시에 이루어질 때 비로소 전체 예산시스템이 순기능을 발휘할 수 있고, 지방재정의 운영과 재정민주주의(fiscal democracy)가 진일보할 수 있다.

본 연구는 이러한 현실적 필요성을 절감하고 지방예산제도 상호간의 연계성을 확보해줌으로써 지방재정 운용의 효율성과 효과성 그리고 책임성을 제고하고자 하는 데 그 목적이 있다.

제2절

연구의 범위와 방법

1. 연구의 범위와 주요 내용

본 연구의 내용적 범위는 지방예산제도와 관련이 있는 주요 이론·제도·운영 실태들을 전반적으로 포함하면서 특히, 다음의 내용들을 중점적으로 포괄하고 있다. 그것은 구체적으로, 정부예산관련 이론의 검토, 주요 예산제도의 내용과 개혁 동향, 현행 지방예산제도의 운영 실태와 새로 도입되는 지방예산제도(주민참여예산제도, 성인지 예산제도, 성과예산제도)의 내용과 전망, 그리고 지방예산제도 전반에 대한 개선방안이다.

연구의 시간적 범위는 새로운 지방예산시스템으로서 사업예산제도가 도입된 2008년 이후이며, 선행연구는 2000년 이후부터 검토한다. 공간적 범위는 우리나라의 지방자치단체에서 적용되는 예산제도를 연구대상으로 한다.

연구 범위와 관련하여 본 연구가 중점적으로 다루는 내용에 대해 간략히 기술하면 다음과 같다.

제 1 장인 서론에서는 연구의 목적, 범위, 방법 및 분석틀을 다루고 있다. 제 2 장은 국가와 지방자치단체를 포함하는 정부예산이론을 다루고 있다. 여기서는 전통적 예산이론에 대해 간단히 언급하면서 1990년대 이후의 공공부문 개혁과

예산회계제도의 신조류에 대해 체계적으로 검토하고 있다. 또한 우리나라 지방자치단체에서 운영하고 있는 사업예산제도, 성과예산제도, 성인지 예산제도 및 주민참여 예산제도에 대한 선행연구를 검토하고, 현재 지방자치단체에서 운영되는 제도 개요 및 운영 실태를 검토한다. 선행연구 및 제도의 검토에 있어서는 예산제도간 연계성의 필요성을 비롯하여 방법론 및 제도 설계 측면에서 연계성을 염두에 두었는지 등에 대해 중점적으로 점검한다.

제3장은 지방예산제도 간의 연계성 이슈에 초점을 두고 예산제도 간의 상호 연계상태가 어떤지에 대해 분석하고 있다. 이때 분석은 문헌분석에 의한 이론, 현행 제도 설계에 의한 운영 실태, 지방자치단체 공무원 설문조사를 토대로 이루어진다. 이론, 제도 및 설문분석에 있어서는 지방예산제도 간의 연계성 확보가 반드시 필요한 영역과 핵심쟁점을 도출하는 문제에 대해 집중한다. 여기서는 지방자치단체 예산운영시스템상 예산과정, 예산운영단위(예산과목), 조직·부서간 협력, 성과관리, 이해관계자, 정보공유 및 지방자치단체 공무원 인식의 측면에서 지방예산제도의 연계 영역과 접점을 발견하고 관련 쟁점을 도출하는 데 주안점을 둔다. 이 과정에서는 지방공무원을 대상으로 하는 설문조사의 분석결과가 중요한 현실적 근거로서 제시된다.

제4장에서는 지방자치단체 예산제도 간의 연계성 강화를 위한 개선방안을 모색하고 있다. 여기서는 앞서 파악된 이론, 실태분석 및 지방자치단체 공무원 인식조사 결과를 토대로 현행 네 개 지방예산시스템을 체계적으로 연계시켜 재정의 효율성, 효과성, 책임성을 강화하는 정책방안을 도출하는 데 중점을 둔다. 구체적으로 예산과정(특히, 예산편성 과정)에서의 부서 간 협력, 예산운영단위, 예산성과관리, 정보공유, 통합재정정보시스템(e-호조) 활용 등에 중점을 두고자 한다.

제5장은 본 연구의 결론부이며, 종합 및 정책건의의 두 부분으로 구성된다.

2. 연구의 방법

연구의 방법은 문헌연구를 기본으로 하면서 현장탐방·전문가 토의 등의 방법을 보완적으로 활용하며, 설문조사방법도 병행한다. 문헌연구는 국내·외 관련문헌으로부터 연구의 방향 설정과 내용 보완 그리고 시사점을 도출하는 데 활용된다. 현장 탐방, 관련 전문가 토의(관계공무원, 전문가 지식 활용) 방법은 정책의 실무현실과 정책대안의 실천가능성을 점검하는 과정에서 주로 사용된다.

본 연구에서 실시하는 설문조사는 지방예산제도 각각의 현황과 문제점 그리고 기존의 사업예산제도와 새로 실시되는 예산제도 간의 조화성 및 연계성과 관련된 문제와 개선방안을 도출하는 데 필요한 객관적 입증자료 및 논거를 확보하는 수단으로 사용된다. 특히, 설문조사에 의한 결과는 새로운 제도의 설계와 내용들에 대한 현장 적응성을 점검하는 데 유용한 판단준거를 제시해 줄 것으로 기대한다.

3. 연구의 분석틀: 접근방법

본 연구가 기반을 두고 있는 분석틀 내지 접근방법에 대해 구체적으로 기술하면 다음과 같다([그림 1-1] 참조).

먼저, 지방예산제도의 현황[1]에 관한 자료를 수집한 후 (1) 예산이론, (2) 연구자의 구상, (3) 기존 연구결과, (4) 각 예산제도 운영실태 등을 토대로 객관적인 상태와 문제점을 파악한다. 이 과정에서는 문헌연구, 관계 공무원 및 전문가 토론(workshop), 설문조사 등이 객관적 사실을 도출하는 데 중요한 역할을 수행한다.

그 다음으로는 지방예산제도의 운영실태와 문제점을 제도 간 연계의 관점에서 파악하고, 이를 바탕으로 지방예산제도 간의 연계성 강화방안을 도출하고자 한다. 이 과정에 지방자치단체 공무원을 대상으로 실시한 현행 지방예산제도

1) 현재 실시 중인 사업예산제도의 운영·관리 실태와 문제점 등에 대해 파악하는 한편 2011년 9월에 도입된 주민참여예산제도와 향후 도입이 확정(2013년 실시)된 성인지 예산제도, 2014년에 도입하기로 하고 2012년도부터 시범운영되는 성과예산제도의 도입 계획·내용·전망과 함께 그것이 내포하는 문제점에 대해 사전적으로 파악하는 데 중점을 둔다.

의 문제점과 개선과제에 대한 설문조사 결과를 반영하였다.

지방예산제도 간의 연계방안 도출은 지방재정관리의 효율성, 효과성, 책임성 향상을 지향점으로 접근하였다.

[그림 1-1] 연구의 분석틀 및 접근

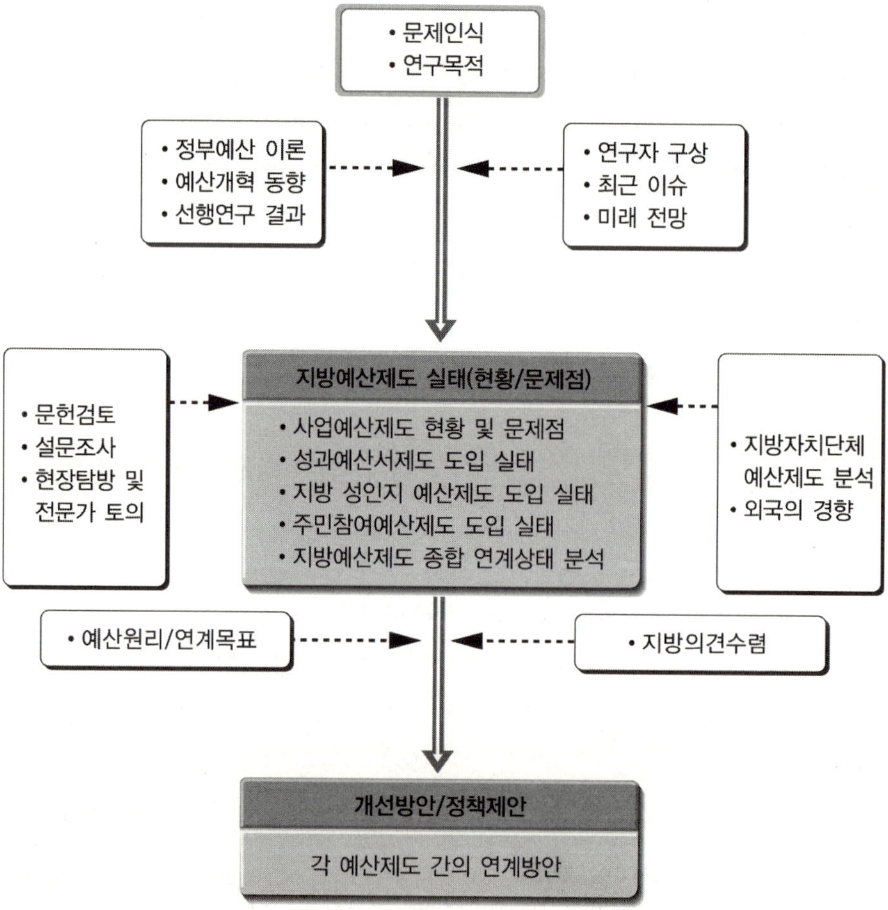

제 2 장

정부예산 이론과 지방자치단체 예산제도

제1절

정부예산 이론과 새로운 예산제도의 출현

1. 개 요

예산은 정부(국가와 지방자치단체)가 매년 국(주)민과 행하는 수치로 된 공적 약속이다. 통상 그 속에는 수입과 지출에 대한 정부의 정책 목적과 의지, 사업의 크기와 우선순위 등에 대한 내용이 수록된다. 이러한 관점에서 예산은 국가와 지방자치단체가 국(주)민을 포함한 이해관계자에게 공공 책임성(public accountability)을 입증하는 가장 중요한 제도적 수단이 된다(임성일(a), 2011). 정부가 행하는 약속의 이행 여부는 합리적이고 계획적인 예산의 편성과 편성된 예산의 온전한 집행을 통해 점검된다. 따라서 예산제도를 어떻게 잘 구조화해서 실천력을 확보하고 관련정보를 국민에게 투명하게 공개하는지에 따라 정부의 재정 책임성 수준이 결정된다.[1)]

정부의 예산은 기본적으로 국민생활에 많은 영향을 미친다. 구체적으로, 정

1) 오늘날 강조되는 재정민주주의(fiscal democracy)는 정부의 재정활동이 국(주)민의 대표성을 갖는 국회와 지방의회에 의해 심의 · 의결되고, 예산에 관한 모든 사항이 외부에 투명하게 공개되며, 국(주)민이 예산과정에 적극적으로 참여할 수 있는 기반이 구축될 때 그 본질이 구현될 수 있다.

부예산은 정부가 수입을 확보하기 위해 추진하는 각종 조세정책이나 정부가 수행하는 다양한 재정지출사업들은 국민과 기업의 복지, 분배, 소득, 소비, 저축, 그리고 기타 사회·경제적 행태에 많은 영향을 미친다. 따라서 정부가 예산을 편성하는 의사결정방식을 잘 정하고 예산정보를 체계적으로 분류해서 공개하는 것은 국민생활과 국가경제 측면에서 매우 중요하다.

현대 예산제도는 정부활동의 범위와 내용이 질·양면에서 지속적으로 확장되는 가운데 발전해 왔다. 정부는 예산제도를 통해 국가의 재정자원을 할당하고 국민의 복지증진을 위한 서비스를 공급하는데, 전통적 예산제도는 행정부의 예산지출을 통제하는데 중점을 두었다. 그 결과 전통적 예산제도하에서는 행정서비스의 산출물(output)이나 성과(outcome)에 대한 관리보다 투입자원(input)의 통제에 중점을 두는 예산관리 경향이 나타났다. 이러한 예산제도는 일부 문제와 한계가 있지만, 정부의 재정활동에 대한 법규 준수와 부정·부패의 방지 측면에서 순기능을 발휘하였다. 그러나 시간이 흐르면서 정부의 기능에 변화가 일어나고 시대적 요구사항이 바뀌면서 예산제도의 기능과 의미도 변화되었다. 이때의 변화란 예산제도가 재정자원 사용에 대한 통제로부터 자원의 효율적 관리와 합리적 배분을 위한 의사결정 수단으로 전환되는 변화를 의미한다. 아울러 국민과 시민사회가 일제히 나서서 정부의 예산지출에 대한 세금의 '금전적 가치(value for money: VFM)'를 점검하고 확보해 줄 것을 종용하기 시작하였다. 이는 바로 뒤에서 언급되는 공공부문 개혁(정부 개혁 포함)을 촉발하는 원인이 되었고, 그 일환으로 예산회계제도와 재정정보시스템 및 정보공개제도 전반에 걸치는 일대 변화가 초래되었다.

이러한 변화의 움직임은 시대별로 예산제도의 특성을 달리하도록 만들었는데, 여기에서 그동안 세계적으로 추진되어 온 예산제도의 기법에 대해 압축적으로 정리하면 [표 2-1]과 같다(Schick, 2007; 윤영진, 2008; 하연섭, 2010 등 참조).

[표 2-1] 주요 예산제도의 개념과 특징

구분	기본 개념	특징 및 장·단점
품목별예산 (Line-item Budget)	• 투입중심의 예산관리 • 통제 지향적 예산제도	• 품목(line-item)의 집중 관리 • 단순, 효과적 관리체제 • 예산사업의 산출, 성과관리 기제 부재
성과예산제도 (Performance budget)	• 정책·사업 중심 예산관리시스템 • 거시·미시 재정성과관리 • 예산편성과 집행결과의 직접 연계	• 정책 및 프로그램 중심의 목표 설정, 예산집행의 목표달성 관리 • 원가, 성과측정 등 정보비용 과다
계획예산 (PPBS)	• 재정자원배분 의사결정 • 단기예산편성과 중기예산계획 연계 • 예산 능률성, 효과성 중시	• 중장기 시야 • 정보비용 과다 • 세계적 제도확산 실패(실용성 한계)
영기준예산 (Zero-base budget)	• 예산사업의 유지·축소·확대 여부를 원점에서 검토, 결정 • 예산지출의 통제적 관점	• 점증주의 예산편성 관행의 극복 • 예산활동에 초점 부여 • 예산의 영속성, 지속성 배려 미흡

2. 새로운 예산제도의 출현

가. 90년대 이후 예산회계제도 개혁[2)]

전통적 예산제도인 품목별 예산제도(Line item budget)는 의회(국회, 지방의회)와 행정부가 예산편성과정에 투입요인들이 적절히 반영되고, 또한 이들이 법규대로 잘 집행되었는지를 관리하는 데는 매우 효과적인 수단이었다. 하지만 품목별 예산제도는 예산집행(투입)을 통해 달성하고자 하는 궁극적인 산출물과 결과에 대하여는 체계적으로 관리할 수 없는 중대한 문제와 한계를 안고 있었다. 다시 말해서, 품목별 예산제도는 "왜 특정한 예산이 편성되었는지", "예산집행 결과 어떤 실적과 성과가 나타났는지" 등을 점검하는 사후관리기능을 갖추지 못하였다. 그뿐 아니라 품목별 예산제도는 조직이 관장하는 사업과 비용을 구체적인 산출물과 성과로 연계하는 종합적 관리시스템으로서의 역량도 구비하지 못

2) 예산제도 개혁, 주민참여예산제도, 성인지 예산제도에 대한 주요 내용은 임성일의 글(2011)을 토대로 보완·발전시킨 것임을 밝혀 둔다.

하였다.

이러한 품목별 예산제도의 문제점은 시대 변화의 요구와 맞물리면서 투입요인보다 투입요인을 활용한 결과에 더 큰 관심을 기울이는 성과관리예산에 의해 도전을 받게 되었다. 즉, 품목별 예산제도는 예산집행의 결과 어떤 산출물이 생성되고, 어떤 정책성과가 달성되었는지에 대해 흥미를 갖기 시작한 새로운 예산관리방식으로부터 도전을 받게 된 것이다. 정부 활동에 대한 성과관리는 지난 1980년대 이후 전개된 공공부문 개혁의 핵심 이슈라고 말할 수 있고, 이는 마침내 예산회계제도의 일대 전환을 몰고 왔다. 1990년대 이후 선진국을 중심으로 단행된 재정개혁은 재정운영의 효율성, 경제성, 효과성, 투명성을 강조하였고, 이는 예산회계제도와 감사제도에 큰 변화를 초래하였다.

1990년대 이후 세계의 많은 나라들은 강도 높은 공공부문의 구조변화를 단행하였다. 이는 여러 가지 요인과 배경에서 비롯되었지만, 세계 각국이 공통적으로 지향하는 목표는 공공부문의 효율성과 투명성 그리고 책임성을 높이는데 맞추어졌다. 이는 1990년대를 전후로 등장한 새로운 공공부문 관리방법과 맥을 같이 하는 것이다. 새로운 관리적 접근방법은 여러 가지 개념과 이름으로 표현되고 있는데, 통상 신 공공관리(New Public Management: NPM)라는 이론으로 명명된다. 후드(C. Hood)에 따르면 신 공공관리는 다음의 7개 핵심내용을 내포한다(Hood, 1991; 임성일 · 최영출, 2001에서 재인용). 그것은 (1) 실무적이고 전문적인 공공부문 관리, (2) 명확한 성과기준의 제시와 성과측정, (3) 산출물 통제, (4) 대규모 조직(공공부문)에 대한 산출물 중심의 세부단위 구분, (5) 공공부문의 경쟁 강조, (6) 민간부문 관리형식 강조, (7) 자원이용에 관한 엄격한 규제 및 극도의 절약 강조이다. 이러한 특성들을 종합적으로 표현하자면, "공공서비스 운영에 시장 메커니즘을 도입하는 것(marketization of the public service)"이라고 표현할 수 있다.

대부분의 선진국들은 신 공공관리 이론에 입각하여 정부의 목표와 성과를 명확하게 설정하고 이를 토대로 재정자원을 할당하고 관리하는 새로운 방식의 예산회계제도를 도입하였다. 이는 프로그램예산(Program Budget)으로 대표되는 성과중심예산제도와 발생주의(accrual basis) 복식부기회계의 도입으로 구체화되었다. 이때 새로운 예산회계제도가 지향하는 핵심가치로서 경영자원의 수탁관리(stewardship)와 공공회계책임(public accountability)이 크게 부각되었다.[3)]

역사적으로 정부예산제도는 경제 · 사회 · 정치적 여건 변화와 정부조직이 처한 환경적 상황에 의해 영향을 받아 왔다. 예를 들면, 계획예산제도(PPBS)는 세입이 증가하는 경제 호황기에 도입되었는가 하면, 영기준예산제도(ZBB)는 대규모의 재정적자 시기에 도입되었고, 성과예산제도(PBB)는 정부관리에 대한 국민의 신뢰가 낮았던 시기에 도입되었다. 마찬가지로 1990년대 이후 최근까지 성과예산제도가 각광을 받게 된 것은 그것이 "큰 정부로부터 작은 정부로의 전환"(정부실패, 국민신뢰 저하 등), 세계화에 따른 국제경쟁 심화, 정보화, 국민 참여기회 확대, 분권화 등을 희구하는 시대적 요구사항을 충족하기 때문이다. 일반적으로 경제가 호황이고 사회가 다소 넉넉한 시기에는 정부 재정활동의 효율성 이슈가 관심의 대상에서 벗어나는 경향이 있다. 그러나 국민경제가 불황에 접어들고 국가재정의 압박현상이 나타나게 되면 재정운영의 효율성 및 효과성 이슈가 중요한 국가적 관심사로 급부상하게 된다. 대표적인 예로 2008년 후반에 발생한 글로벌 금융위기 이후 영국의 재무성이 "공공부문 투명성 틀(Public Sector Transparency Framework)"이라는 새로운 정책구상을 천명한 사실을 지적할 수 있다. 이 정책구상이 지향하는 바는 유럽의 경제위기와 영국의 재정 곤란을 극복하기 위해서는 재정운영의 효율성과 함께 공공부문의 성과관리(효과성, VFM)와 재정 투명성을 확보하는 것이 필수적임을 인식하고 이를 뒷받침해 주는 강력한 실천 수단과 방법을 강구해야 한다는데 있다.

전 세계는 1990년대를 전후로 큰 정부에 따른 폐해와 문제점을 절감하였고, 동시에 이 기간 중에 선진 각국은 고실업, 저성장의 경제적 어려움을 경험하였다. 특히, 대부분의 선신국들은 서출산, 고령화현상을 겪으면서 늘어나는 복지수요를 감당하기 위해 불가피하게 적자재정을 지속적으로 운영해 왔다. 따라서 이

3) 김재훈(2002)은 영국, 호주 및 뉴질랜드의 예산회계제도를 연구하면서 이들 국가의 주요 제도개혁으로 발생기준회계제도, 발생기준예산제도, 재무적 재량권, 성과예산제도, 자본부담금제도, 성과계약제도 등을 지적하였다. 그리고 이러한 외국의 예산회계제도 개혁을 우리나라의 성과관리 행정개혁에 도입할 필요가 있음을 역설하였다.

시기는 다른 어느 시기에 비해 정부활동의 성과를 점검하고 정부의 조직・정책・사업에 대해 국민과 시민사회(NGO 등)가 적극적으로 개입하려는 욕구가 분출된 시기라고 말할 수 있다. 이러한 상황에서 정부의 예산제도가 성과중심 방식으로 전환된 것은 당연한 순리적 현상으로 간주된다. 성과예산제도가 도입되기 이전에는 정부의 예산운영이 성과측정시스템과 연계되지 못하여 재정 효율성에 대한 관리가 제대로 이루어지지 못하였다. 이러한 문제가 시대적 변화 욕구와 맞물리면서 1990년대 이후 선진국을 중심으로 정부 예산・회계제도에 일대 개혁이 단행되었다. 이 과정에서 가장 주목해야 할 사실은 재정관리의 초점이 통제와 투입 중심으로부터 자율과 성과 중심으로 전환된 점이다. 이를 뒷받침 해주는 제도적 수단으로서 앞서 언급한 성과중심예산제도와 복식부기・발생주의회계제도가 새로운 각광을 받게 되었다.

세계의 많은 나라들이 성과예산제도로서 프로그램 예산제도(program budgeting)를 채택하였다. 프로그램 예산제도는 정부가 추진하는 정책(program)과 사업을 중심으로 예산집행의 결과(산출물, 성과, 영향 등)를 극대화하고자 하는 예산

[표 2-2] 정부재정 관리와 예산회계제도의 구조변화

	구조변화 이전	구조변화 이후
재정관리 중점	• 투입중심의 예산관리와 통제 • 재정 성실성(financial integrity)	• 산출 및 성과관리 중점 • 자율과 책임성
예산제도	• 품목별 예산제도 - 구체적 사업비용 항목에 초점 • 재정 건전성 중점 관리	• 성과예산제도(프로그램예산제도) • 정책・활동 목표설정, 예산집행 목표 달성 관리 • 재정의 건전성, 효율성, 효과성
회계제도	• 현금주의 단식부기 (*일부 국가는 현금주의 복식부기) • 승인된 예산범위 내의 예산집행 결과 확정, 결산에 중점 • 현금의 수입과 지출내역 정리 • 비용(cost) 개념 없음 • 회계설명책임, 재무성실성 구현	• (수정)발생주의 복식부기 • 재정상태와 운영성과 정보 도출 • 다양한 비용 산정을 통한 성과 측정 기반 구축 • 회계설명책임, 재무성실성 구현
감사제도	• 예산집행의 법규 준수성에 중점을 두는 회계감사	• 전통적 회계감사와 새로운 성과감사(performance audit) 실시

관리시스템이다. 프로그램 예산제도에서는 과거 조직과 예산의 투입 요소에 대해 미시적으로 엄격하게 통제하던 품목별 예산 형태의 예산관리방식은 작동하지 않는다. 반면에 조직과 정책 및 사업단위별로 예산 운영의 자율성과 유연성이 부여되고, 투입 요소 대신 예산집행의 결과인 산출물과 성과를 중점적으로 관리하는 새로운 예산관리방식이 작동된다.

예신제도의 구조변화에 발맞추어 정부의 회계제도에도 일대 변화가 일어났다. 많은 나라들이 전통적인 현금주의(cash basis) 단식부기회계를 포기하고 발생주의(accrual basis) 복식부기회계 방식을 채택하였다. 이러한 제도변화는 종전에 정부가 현금의 수입과 지출에 초점을 두고 재정을 관리하던 방식으로부터 수입・지출을 포함하여 자산, 부채, 순자산, 비용, 수익을 종합적으로 관리하는 체제로 그 영역을 확장하였음을 의미한다. 이와 동시에 성과관리와 의사결정에 필요한 정부활동의 비용정보가 전보다 풍부하고 객관적으로 입수될 수 있는 역량과 공간이 확장되었다. 이와 같은 세계적 변화 추세에 발맞추어 우리나라의 지방자치단체는 2008년부터 품목별 예산제도를 폐지하고 사업예산제도(프로그램 예산제도에 해당함)를 실시하고 있다. 그리고 회계제도는 2007년도부터 발생주의 복식부기회계제도를 공식적으로 도입하여 실시 중에 있다. 다만, 회계제도의 경우 발생주의 복식부기회계와 현금주의 단식부기회계를 병행해서 사용하는 정책이 추진되고 있다.

나. 성인지 예산과 주민참여예산제도의 대두

1990년대 중반 이후 세계적으로 세 유형의 예산제도가 선풍을 일으켰는데, 그것은 앞서 언급한 성과지향예산(Performance-oriented Budget: 프로그램예산으로 대표됨)과 주민참여예산제도(Citizen Participatory Budgeting: CPB) 그리고 성인지 예산제도(Gender Responsive Budgeting: GRB)이다. 성과예산제도는 정부의 재정관리 방식 전체에 변화를 가하는 것으로 재정의 효율성과 책임성 향상에 그 목적이 있다. 이는 납세자가 부담하는 '세금의 금전적 가치'를 극대화하고 재정사업의 성과를 극대화하는 방향으로 제도를 구조화하고 있다. 성과예산제도는 정부가 재정을 체계적으로 관리하는 본원적, 종합적 예산시스템이며, 이는 주민참여예산이나 성인지 예산과 비교하면 기본 특성과 기능 면에서 차이가 있다.

주민참여예산제도는 전통적으로 예산의 결정과정에서 배제되었던 주민들을 예산편성 과정에 직접(또는 대표 선임을 통한 간접)적으로 참여시킴으로써 주민의 행정수요를 적극적으로 반영하고 궁극적으로 재정의 책임성과 투명성을 향상시키는 데 그 목적이 있다. 이는 앞서 언급한 성과예산제도(사업예산제도 포함)와 같은 종합적 재정(수입 및 지출)관리시스템이 아니고, 재정(예산)의 의사결정방식에 변화를 가하는 새로운 예산운영시스템이다. 주민참여예산은 프로그램예산이 전통적인 예산제도의 예산과목구조, 기법, 운영 틀, 예산정보체제에 큰 변화를 초래한 것과 달리 예산제도 자체에는 변화를 야기하지 않는다. 이는 예산을 편성·집행하는 의사결정의 과정과 방식, 역학관계에 변화를 가져다 주는 것을 핵심으로 한다(동 제도는 종합적 예산운영시스템이 아니고(예산제도의 체제, 구조 등과는 무관함), 예산운영의 의사결정방식을 변화시키는 것을 기본특성으로 한다).

성인지 예산제도는 그동안 예산의 계획과 편성 과정에서 고려되지 않았던 "성 변수(gender variables)와 성 관점(gender perspectives)"을 예산과정에 적극적으로 고려함으로써 재정의 사회적 형평성(양성 평등)을 높이는 데 그 목적이 있다. 성인지 예산은 예산의 편성과 집행이 남성과 여성, 소년과 소녀에게 미치는 의미와 영향을 미리 분석하여 이를 예산편성에 반영하고, 예산집행 결과 여성과 남성이 동등하게 예산집행의 혜택을 받게 되었는지(또는 혜택을 받는 방향으로 변화되고 있는지)를 평가하는 예산기법 내지 방법론으로 정의된다(Budlender and Hewitt, 2003). 성인지 예산은 남성과 여성이 처한 상황과 필요 그리고 예산배분의 영향 및 수혜와 관련된 내용을 수치로서 표현하고 측정·평가하는 데 그 핵심이 있다. 성인지 예산은 사회적 형평, 구체적으로 남성과 여성 간에 형성되어야 하는 사회적 형평문제를 정부의 예산운영시스템 속에 투입시켜 정치·경제적으로 해결하고자 하는 시도로 간주될 수 있다. 따라서 성인지 예산을 실시한다는 것은 정부의 예산항목 중 일부 또는 상당수가 남성과 여성의 재정혜택 균등화라는 정책적 합목적성을 실천하고 있음을 의미한다. 성인지 예산은 비록 그 영역이 제한적이고 주민참여예산과는 비교할 수 없지만, 정부의 예산운영 관점과 정부가 국민에게 세금을 부과하고 사용하는 의사결정방식에 변화를 가하는 힘을 갖는다. 이는 정부의 예산과정 전반에 걸쳐 새로운 변화를 초래할 뿐 아니라 궁극적으로 국민의 복지와 경제적 혜택에 영향을 미친다.

성인지 예산제도는 재정운용 전반에 걸쳐 양성평등을 실현하는 데 중점을 두지만, 그 효과는 정부활동의 책임성 · 참여 · 투명성 제고, 정부의 가버넌스 체제와 재정관리시스템 개선(Budlender and Hewitt, 2003:7), 그리고 거시경제의 성장과 안정성 기여 등으로 나타난다(Stotsky, 2007:13). 이러한 관점에 입각할 때, 성인지 예산과 주민참여예산은 기본가치를 공유하고, 나아가 사업예산제도와 운영기조 면에서 맥을 같이 한다. 이는 본 연구가 왜, 각 예산제도 간의 연계성 확보를 강조하고 그에 대한 방안을 강구하는지에 대한 이론적, 원리적 논거를 제시한다.

성인지 예산은 품목별 예산제도나 프로그램 예산제도와 같이 정부예산 전체를 관장하는 종합관리시스템이 아니다. 이는 기존 예산제도(예산편성)의 문제와 한계(구체적으로, 남성과 여성의 예산수혜 불공평을 교정하지 못하는 문제와 한계)를 개선해 나가는 예산기법(technique)의 성격을 갖는다. 보다 정확히 말해서, 예산편성과정에 성별영향분석(gender impact assessment)이라는 새로운 방법론을 활용하고 그 결과를 예산의 운용에 활용하는 예산기법이 성인지 예산이다.[4] 이것은 성인지 예산분야의 세계적 전문가들이 성인지 예산을 종합예산시스템으로 인식하지 않고 예산분석기법 측면을 강조하고 있는 사실을 통해 확인된다(Budlender and Hewitt, 2003; Elson, 2006; Nallari, R. and B. Griffith, 2011; Stotsky, 2006 등). 이러한 사실은 성인지 예산에 있어서 성별영향분석평가 방법론이 얼마나 중요한지를 부각시켜 주는 동시에 성인지 예산과 기존 사업예산제

4) "Gender Budget", "Gender Responsive Budgeting"이 우리나라에서 성인지 예산제도로 명명되면서 예산 전문가와 비전문가를 망라하여 많은 오해와 잘못된 정책접근을 불러일으킨 것으로 보고 있다. 특히, 변역과정에서 사용된 "예산제도"라는 개념이 많은 사람들로 하여금 성인지 예산을 정부예산의 기본시스템(종합재정관리시스템)인 사업예산제도와 같은 격으로 오해하도록 만들고 있다. 성인지 예산의 영어 표현인 "gender responsive budgeting"에서 "budgeting"이 함축하는 의미는 예산수립을 해나가는 과정적 의미를 뜻하며, 종합적 예산시스템을 의미하는 것이 아니다. 성인지 예산이나 주민참여예산은 예산편성을 위한 기법과 예산수립의 절차적 과정으로 예산제도를 발전시켜 나가는 새로운 형태의 도구이다(임성일(d), 2012).

도 간에 일정한 연계성이 확보되어야 함을 시사한다.

주민참여예산제도는 재정활동에 대한 시민사회의 불만과 불신을 배경으로 창안된 것으로 정부의 가버넌스 체제에 변화를 초래할 수 있는 잠재력을 지닌다. 주민참여예산제도는 예산운영의 의사결정 방식과 주체에 변화를 가하는 재정 가버넌스 시스템이라는 점에서 예산운영의 기법적 특성을 강하게 지니는 성인지 예산과 차이가 있다. 주민참여예산제도와 성인지 예산제도는 90년대 중반 이후 세계의 많은 나라에서 적극적으로 채택되어 발전 중에 있다. 우리나라는 근년에 두 예산제도의 중요성을 인식하고 국가 차원의 법제화를 도모하였고, 그 결과 현재는 두 제도 모두 법적 기반을 가지고 전체 중앙·지방정부 차원에서 의무적으로 실시되고 있다.[5] 주민참여예산제도는 지방재정법에 의해 2011년 9월부터 전국의 모든 지방자치단체들이 의무적으로 실시해야 하는 제도로 자리를 잡았다.[6] 성인지 예산제도는 2006년도에 국가재정법을 통해 법제화가 이루어졌고, 2010년부터 중앙정부예산을 대상으로 실시되고 있다. 지방자치단체의 경우 2011년 초에 있었던 지방재정법 개정을 통해 2013년도부터 지방자치단체는 성인지 예산제도를 의무적으로 실시하도록 되어 있다.

주민참여예산제도와 성인지 예산제도는 사업예산제도와 비교할 때 도입의 목적, 배경, 기능, 내용 등 제도적 특성을 달리할 뿐 아니라 각기 다른 시점과 배경 및 상황에서 도입되었다. 그 결과 이들 예산제도는 전체 예산과정과 예산시스템 속에서 상호를 연계하는 장치나 종합적 관점에서 예산운용의 효율성과 책임성을 점검하고 개선하는 장치를 갖지 못한 채 분리 운영되고 있다. 구체적으로, 이들 예산제도는 예산의 원리나 지향가치, 실질적 활용성, 그리고 주민 영향 관점에서 유기적인 연계성이 없이 사실상 각기 독립적으로 운영되는 문제점을

5) 세계적으로 국가가 법 제정 및 정책 천명을 통해 주민참여예산제도를 전국 단위로 의무화해서 실시하는 나라는 남미의 페루와 도미니카 공화국, 유럽의 영국, 그리고 우리나라 등 극소수에 불과하며(Röcke, 2008:2, 임성일, 2011), 이것은 성인지 예산제도의 경우에도 크게 다르지 않다.

6) 주민참여예산제도는 그 특성과 기본제약(정부와의 근접성 등)으로 인해 대부분의 나라에서 국가 단위가 아닌 지방자치단체 단위에서 실시되고 있다. 그럼에도 불구하고 최근에는 주민참여예산의 정신과 목표에 입각해서 국가단위에서 동 제도를 활성화하려는 움직임이 감지되고 있다(Tanaka, 2007).

[표 2-3] 지방자치단체 재정운용의 기반이 되는 예산제도

예산제도	주요 내용	비고
품목별 예산제도 (Line-item budget)	• 목적별 지출 통제 • 품목단위 투입요인 통제 • 관리자, 조직 자율성 없음 • 재정청렴성, 건전성 관리 효과	• 지난 수십 년간 전 세계가 공식 예산제도로 사용 • 한국은 2007년 말까지 사용
프로그램 예산제도 (Program budget)	• 목직별 지출 통제 • 프로그램 단위 투입 통제 • 관리자, 조직 자율성 허용 • 재정성과관리 효과	• 2008년부터 공식 지방예산제도 (사업예산제도)로 채택, 실시 • 중앙정부: 프로그램 예산제도
성과예산서 (Performance budget)	• 예산사업(프로그램/단위/세부 등)의 성과관리 • 기관의 존재목적 · 비전, 부서의 기능 · 책임 등과 단 · 중기 예산사업의 직접 연계, 평가	• 사업예산제도의 효과적 운영을 위한 보완적 예산시스템 • 몇 년간의 시범운용을 거친 후 2014년부터 공식 사용
주민참여예산제도 (Citizen participatory budget)	• 주민의 예산의사결정 관여 • 정부 가버넌스 체제 변화 • 지출통제, 사업우선순위 조정 • 재정책임성, 투명성 제고	• 2011년 9월부터 지방의 법정제도로 도입, 실시 • 중앙정부는 미실시
성인지 예산제도 (Gender-responsive budget)	• 예산의 기법 · 방법론 • 예산의 성별영향 분석 • 성 관련 세입 · 세출 통제 • 양성평등, 재정책임성 제고	• 2010년부터 중앙정부 실시 • 2013년부터 지방자치단체 실시

노정하고 있다. 한마디로, 각 예산제도가 각자의 목적과 용도에 의해 운영될 뿐 지방예산시스템과 지방재정운영시스템이라는 유기적이고 종합적인 틀 속에서 운영되지 못하고 있는 실정이다. 각 예산제도가 지방자치단체의 예산 편성과 재정 운영에 광범위하게 영향을 미치고 있음을 감안할 때, 이는 주민 세금의 효율적, 효과적 활용은 물론 지방재정의 책임성 측면에서 중대한 결함을 드러내는 것이라고 말할 수 있다.

지방자치단체의 예산시스템은 전체를 체계적으로 아우르는 예산구조와 운영방식과 기법의 틀 아래에서 개별 제도의 특성이 발휘되는 방식으로 가동될 때 비로소 예산의 효율과 책임성이 발휘될 수 있다. 이러한 사실을 인식할 때, 최근 새롭게 도입되는 예산제도들이 기존의 사업예산제도와 유기적 협력관계를 유지

하지 못하는 현실은 각 제도별 도입목적의 달성에 제약으로 작용할 뿐 아니라 거시적 관점에서 지방재정의 효율성, 효과성, 책임성의 달성에도 장애를 유발하는 것으로 간주된다.

그러므로 각 제도를 별개로 다루기보다 가능한 서로의 공분모를 발견해서 상호 협력적 시너지(synergy)를 극대화시켜 주는 노력과 접근이 절실히 요구된다. 예를 들어, 주민참여예산제도를 실시하는 과정에서 사업예산제도의 각 프로그램과 사업들을 상호 비교하는 접근을 취함으로써 사업우선순위를 주민의 수요에 맞도록 조정하는 것이다. 그리고 사업의 성과목표를 설정하고 예산사업의 진행 상태와 결과를 모니터링하는 과정에서 주민의 역할을 강화할 수도 있다. 마찬가지로, 주민이 예산편성에 관여하는 과정에서 주민의 관심대상사업이 남녀 간에 차별적 혜택을 초래할 수 있는 성인지 예산의 대상사업인지를 검토하고 그와 관련된 정책 권고나 의견을 제시하는 것도 제도 간의 연계를 통한 시너지 효과의 창출과 관련이 있다. 그리고 성인지 예산사업을 선정하고 운영하는 과정에서도 주민참여예산방식을 적극적으로 접목하는 방향으로 두 제도를 연계시키는 것이다. 사업예산제도의 성과목표를 설정하고 사업의 진행 상태를 점검하는 과정에서 주민참여예산이 기여할 수 있는 바가 적지 않은데, 이 또한 두 제도 간에 연계의 접점이 될 수 있다.

현행 사업예산제도는 지금까지 예산을 편성하고 사업의 목표와 내용 및 성과목표를 제시하면서 각 사업이 남성과 여성에게 미치는 파급효과에 대하여는 완전히 무관심하였다. 그러나 앞으로는 지방자치단체가 실시하는 모든 정책과 사업에 대해 '성 인지 내지 성 관점(gender awareness, perspective)'에 입각하여 성별영향 여부를 면밀히 검토하고 예산과정에 반영하여야 할 것이다.

비슷한 맥락에서 사업예산은 주민이 직접적으로 참여해서 사업결정에 영향을 행사하고, 집행을 모니터링 할 수 있는 여지를 마련해 두어야 한다. 즉, 어떤 수준 또는 유형의 예산사업과 과목에 대해 주민의 관여가 가능하고, 또한 주민실시사업(또는 주민제안사업)에 대해 어떤 수준과 방법의 성과관리를 실시할지에 대한 사항들을 정비해야 한다.

한 가지 고무적인 사실은 종전의 품목별 예산제도와 달리 사업예산제도는

[그림 2-1] 지방예산제도 간의 관계 및 연계 형성

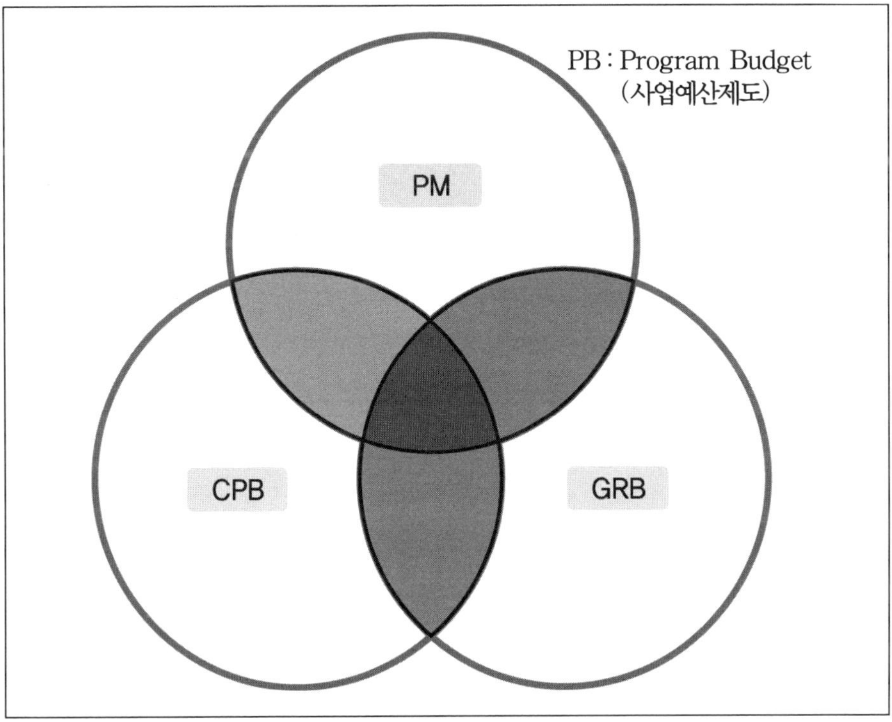

주 1: CPB, GRB, PM은 각각 주민참여예산제도, 성인지 예산제도, 성과예산제도를 의미하며, PB는 사업예산제도(프로그램예산제도)로서 이들 세 예산제도의 토대가 되는 기본 예산시스템이자 세 예산제도를 아우르는 종합시스템임.

주 2: CPB, GRB, PM의 상호간에 겹치는 부분은 각각의 공통 분야임.

자료: 임성일(2011)을 수정 보완한 것임.

정책과 사업 중심으로 예산을 구조화하고 있기 때문에 주민참여예산이나 성인지 예산을 효과적으로 접목할 수 있는 제도적 기반을 마련하고 있는 점이다. 이는 비록 현재는 사업예산시스템이 다른 예산제도와 상호 연계성을 갖고 있지 못하지만, 이 부분은 향후 노력과 창의에 의해 개선될 수 있는 여지가 있음을 시사한다. [그림 2-1]에 제시된 바와 같이 앞으로는 지방예산의 바탕이 되는 사업예산시스템을 토대로 성과예산서, 그리고 새로 도입되는 주민참여예산제도와 성인지 예산제도의 특성과 기능을 최대한 활성화시키는 예산공간을 마련하는 동시에 이들 제도를 종합적으로 연계시켜 예산기능을 극대화시키는 구조를 만들어 주어야 한다.

사업예산제도는 예산의 수입과 지출, 예산체제와 과목구조 등 예산정보 및 운영 전반에 걸쳐 관여되는 기본적이고 필수적인 예산시스템이다. 이에 비해 성과예산서, 주민참여예산제도, 성인지 예산제도는 예산의 수입보다 지출(지출 가운데서도 재화와 서비스를 제공하는 예산지출)과 밀접한 연관성을 지닌다. 모든 예산제도는 예산과정(process)과 연계되지만, 각 예산제도마다 중점적으로 관계가 되는 예산의 과정이 있다. 사업예산제도는 예산의 계획단계로부터 결산 및 평가에 이르는 전체 단계에 걸쳐 관계가 되는 데 비해, 성과예산서는 결산단계, 그리고 주민참여예산과 성인지 예산은 예산의 편성단계에 상대적으로 치중한다. 예산과목체계와 관련하여 성과예산서 대상사업, 주민참여예산 대상사업, 그리고 성인지 예산 대상사업 간에 수평적 수준(level)을 조절해 주어야 할 필요가 있다. 이를 위해서는 예산체계(세출 기능별 체계)를 기준으로 어떤 예산과목 수준에서 세 개의 예산제도가 의사결정과 정보생성 차원에서 시너지 효과를 창출할 수 있을지를 객관적으로 검토한 다음 적정 예산과목 수준을 선정하는 접근이 이루어져야 한다. 현재 성과예산의 대상은 단위사업과 세부사업 중심으로 운영되는데 비해 성인지 예산 대상사업은 세부사업을 중심으로 운영되고 있다. 이에 비해 주민참여예산의 대상사업에 대하여는 예산과목 수준이 명시적으로 제시되지 않고 있다. 성인지 예산사업이나 주민참여예산사업 모두 국(주)민의 세금을 사용하고 있기 때문에 이들 분야가 사용하는 예산에 대해 세금의 금전적 가치(VFM)를 확보할 수 있는 장치가 마련되어야 한다. 즉, 각 사업에 투여된 예산의 효율성과 성과에 대한 관리가 이루어져야 한다. 이를 위해서는 기본 예산제도인 사업예산제도의 성과관리시스템과 나머지 예산제도의 지출사업 간에 예산과목 수준을 조절하고 종합적 성과관리 시스템을 확보하는 것이 요구된다.

마지막으로, 본 연구에서 주안점을 두고 강조하는 지방예산제도의 연계에 대해 정리해서 표현하면 다음과 같다.

예산제도 간의 연계(linkage)는 특정한 목적을 지니는 예산제도들이 각기 다른 방식으로 작동하더라도 예산운영과정에서 수집된 자료들은 상호 호환이 가능하도록 연결시켜 주는 것을 의미한다. 통합(integration), 연계(linkage) 혹은 조정(coordination)은 분산, 분절(disjointed), 복잡(complicated), 비체계화(unsystematic)와 대비되는 개념인데 통합은 가장 높은 수준을, 조정은 가장 낮은 수준의 연계를 의미한다(강인재 · 엄태호, 2012). 일반적으로 보아 예산사업 간의 통합이나 재정정보시스템의 통합은 가능하지만 예산제도 간의 통합이란 용어는 적절하지 않다. 이는 제도들이 별개로 운용되기 때문에 모든 제도를 하나로 통합하는 것은 효율적이지도 않고 사실상 불가능하기 때문이다. 따라서 예산제도 간의 통합보다는 연계 혹은 조정이란 단위(또는 개념)가 보다 적절할 것으로 간주된다. 이러한 맥락에서 본 연구도 예산제도 간의 연계라는 용어를 사용하고 있다. 부연하자면 본 연구가 중점을 두는 것이 비단 예산주체들이 활용하는 정보의 공유만이 아니고 예산가치의 공유 확산, 제도발전의 방향성 및 정향성 정립 등 예산제도가 내포하는 거시적 특성과 제도의 운영과정에서 공유되고 협력되어야 하는 미시적 실무 요소(예컨대, 업무흐름의 협력적 관계)들을 망라하고 있다. 그러므로 본 연구의 주제와 관련하여 예산제도의 통합은 부적절하고 연계 개념이 합리적이다.

지금까지 소수의 학자들이 재정제도나 재정시스템의 연계에 대해 논의하였는데, 그 중에서도 윤영진(2010)은 재정정보시스템이 정부의 예산 · 회계와 관련된 여러 가지 정보관리시스템과 연계 내지 통합되는 방향으로 설계될 필요가 있음을 강조하였다. 그리고 이때 요구되는 시스템통합의 방법을 수직적 통합과 수평적 통합으로 구분하여 제시하고 있다.[7] 임동완(2011)은 재정운영제도들의 연계 관점에서 재정운영제도들이 추구하는 목적이 무엇인지를 분석하고 새로운 제도 도입에 따라 조정이 요구되거나 개편 필요성이 제기되는 쟁점에 대해 제도적 개선방안을 모색하고 있다.[8] 그리고 강인재(2005)는 앞의 두 연구보다는 조

7) 수직적 통합(vertical integration)은 기획, 예산 편성, 예산집행, 회계, 결산보고와 같은 예산과정을 중심으로 통합하는 방식이며, 수평적 통합(horizontal integration)은 예산, 회계, 세입, 현금관리, 부채관리, 감사 등의 영역을 서로 통합하는 방식으로 설명하고 있다.

8) 예를 들면, 성과관리를 결정하는 제도적 구조가 상호 의존적인 제도들로 구성되어 있기 때문에 의도한 성과를 달성하려면 제도들 간의 연계가 필요하다. 이러한 맥락에서 성과관리를 위해서 중기재정계획, 사업예산 및 발생주의 · 복식부기회계제도가 밀접하게 연계되어야 함을 강조한다.

금 차원이 제한적이지만, 미국의 OMB Circular A-127을 원용하여 통합재정정보시스템의 통합 조건을 제시하면서 우리나라 지방자치단체 재정정보시스템의 문제점과 개선방안을 제시하고 있다.

이러한 주장과 제시의 합리성을 인정하면서 이들과 본 연구가 다루는 내용의 범위와 관점 면에서 다소 차이가 있음을 다음과 같이 지적하고자 한다. 본 연구에서 다루는 예산제도의 연계는 재정정보를 전체적 관점에서 아우르는 관점(재정정보통합 관점) 뿐 아니라 예산제도 간의 가치 공유, 제도 간 업무 협력, 예산운영 과정과 절차 등을 포괄하는 행태적·과정적 내용을 포함한다.

제2절

지방예산제도 관련 선행연구

이 절에서는 앞서 제시한 우리나라의 지방예산제도와 관련된 선행연구들을 종합적으로 검토하면서 본 과제의 수행에 유용한 시사점을 도출하고자 한다.

앞서 기술한 바와 같이, 우리나라 지방자치단체의 예산제도 및 운영시스템은 사업예산제도를 기본으로 하며, 여기에 운영적인 측면에서 주민참여, 성과관리, 성인지적 관점의 예산제도가 가미되고 있는 형태이다. 그러므로 이들 각 제도 상호간의 효과적인 연계가 반드시 필요하며, 그렇지 못할 경우 지방재정 운영 전반에 걸쳐 비효율성과 부작용이 발생할 수 있다.

이러한 관점에 입각해서 여기서는 지방예산제도와 관련된 선행연구를 검토하여 각 제도의 특성과 공통적으로 제시되는 연계의 쟁점들을 살펴보는 데 중점을 두고자 한다. 논의의 편의상 지방자치단체 예산제도의 도입 순서인 사업예산제도 및 성과관리예산제도, 주민참여예산제도, 성인지 예산제도의 순으로 기술하고 공통점을 도출하는 접근을 취한다.

배인명(2002)은 제3기 민선자치정부 출범에 즈음하여 건전한 지방재정을 유지하는 데 기초적이고 필수적인 지방재정 인프라 구축 과제로 지방재정감시제도와 성과지향예산제도를 제시하였다. 특히, 서울시의 성과주의 예산운용과 관련하여 성과측정을 위한 성과지표의 개발이 가장 중요함을 역설하는 동시에 서

울시 성과주의예산제도 운영이 중장기적 재정계획과 연계성을 강화시켜야 함을 주장하였다.[1]

김재훈(2004)은 품목별 예산제도는 투입물 위주의 편성 및 집행, 사업별 원가산정 곤란, 조직체계와 예산체계의 불일치 등의 문제가 있어 이를 해결하기 위해 프로그램 예산제도의 도입이 필요함을 강조하였다. 남양주시의 예산, 조직, 사업체계를 검토한 후 프로그램 예산제도 도입시 프로그램 - 사업단위 선정기준의 사업구조화의 방안을 제시하였다. 여기서 연구자는 사업구조화의 사업단위 선정을 성과예산의 사업단위로 사용할 것을 제안하고 있다.

임성일 외(2004)는 사업예산제도의 프로그램 및 사업구조화, 성과관리체계에 대한 연구를 진행하였다.[2] 이 연구에서는 조직 및 기능과 연계된 프로그램-단위사업의 사업구조화 방안과 프로그램과 연계된 성과목표, 성과지표, 성과측정 및 환류, 비용 산정 등 성과관리시스템이 동시에 구축될 때 비로소 사업예산제도가 제 기능을 발휘할 수 있다고 강조하였다. 구체적으로, 재정정보시스템의 관점에서 프로그램 및 사업예산코드와 성과관리코드를 연계시켜 줌으로써 사업예산제도의 정책목표 구현과 성과평가가 가능하도록 하는 사업예산의 성과평가 방법을 고안하여 제시하였다. 무엇보다도 프로그램(정책사업)이나 단위사업에서 예산과 성과가 연계되어야 함을 강조한 점에 주목할 필요가 있다.

이세구(2006)는 서울시가 2001년도부터 시행한 성과주의 예산제도와 행정안전부에서 새로운 지방자치단체 예산제도로 도입할 사업예산제도를 상호 비교하여 사업예산제도로의 전환방법에 대한 방안과 사업예산제도 체제하에서 서울시의 성과관리체계와 연계하는 방안을 제시하였다. 여기서는 서울시의 전략목표와 성과목표, 각각의 사업별 예산단위, 그리고 사업별 성과평가가 하나의 시스템으로 형성될 때 예산제도와 성과관리체계가 유기적 기능을 발휘할 수 있는 것으

1) 또한 배인명(2011)은 중앙정부의 재정사업 자율평가제도의 운영에 대하여 성과주의예산제도의 관점에서 자율평가도입 이후 재정사업의 운영과 성과개선에 대한 연구를 하였는데, 연구결과 재정사업의 성과가 개선된 것으로 보기 어렵다는 결론에 이르렀다.

2) 이 연구는 지방예산제도를 품목별 예산제도에서 사업예산제도로 전환하고자 행정안전부가 한국지방행정연구원에 연구(지방자치단체 예산과목체계 개편방안의 연구) 의뢰를 함으로써 진행되었다. 본 연구는 프로그램예산(program budget)의 이론, 방법 등에 대해 체계적으로 다루었으며, 그 후 현재의 지방자치단체 사업예산제도를 도입하는 토대가 되었다.

로 인식하였다. 서울시의 성과주의예산제도 시행에서는 정책사업과 단위사업을 삽입하여 전략목표와 성과목표 그리고 주요 사업이 상호 연계될 수 있도록 조정하였다.

이효(2008, 2009)는 우리나라 지방자치단체에서 사업예산제도가 시행된 첫 해와 이듬해의 상황 변화에 대한 실증연구를 통해 사업예산제도가 활성화되기 위해서는 예산관리와 성과관리의 연계 강화가 반드시 필요함을 강조하였다. 이와 관련하여 사업예산에서는 개별사업 기준의 미시적 성과관리 수준에서 정책과 연계되는 사업단위 기준의 거시적 성과관리를 병행할 수 있음을 역설하였다. 현행 사업예산제도에서는 정책사업을 성과관리의 기본단위로 하고 있기 때문에 정책사업별로 성과계획서의 수립이 이루어져 정책사업의 명확한 구조화, 정책사업의 성과지표 도출이 필요하다고 제시하였다.

그 밖에 김현조 외(2010), 금재덕(2011) 등의 연구에서 지방정부의 성과관리와 예산과의 연계를 강조하였다. 전자는 부산시, 그리고 후자는 서울시를 대상으로 연구하였는데, 그 핵심은 성과관리와 예산과의 연계 필요성 및 향후 과제들에 대해 강조하는데 있다.

지방자치단체 사업예산제도의 도입을 위한 실천적 연구는 2004년부터 비롯되었는데 당시 사업예산제도의 목적 및 효용성, 원가산정 및 성과관리에 대한 연구가 동시에 진행되었다. 2008년도에 사업예산제도가 새로운 지방예산제도로서 도입된 다음부터는 사업예산제도의 운영과 성과관리의 연계에 관한 연구가 주된 기조를 이루었다. 특히, 연구의 핵심은 양 제도의 운영에 있어서 가장 중요한 예산과 성과의 연계, 성과지표의 개발 및 지표 적절성, 성과결과의 활용에 관한 내용을 다룬다. 사업예산제도에 관한 선행연구를 살펴보면 사업예산과 성과관리의 연계에 대한 연구가 대부분임을 알 수 있다. 그럼에도 불구하고 이들 대다수는 양자 간의 연계 필요성 및 방향에 대한 연구 수준에 머무르고 있고, 구체적으로 예산과정 등에서 서로가 어떻게 연계되어야 하는지에 대한 방법론 등이 심도 있게 다루어지지 않고 있다(한마디로, 사업예산에서 정책사업 혹은 단위사업에서 성과관리가 필요하며 그에 따른 성과지표의 개발이 필요하다는 수준이다).

[표 2-4] 사업예산제도와 성과관리에 관한 국내 선행연구

연구자	주제	연구내용	주요 제안내용
배인명 (2002)	제3기 민선자치정부 출범과제: 지방재정 인프라 구축	- 지방재정 감시제도 - 서울시 성과예산제도 운영 실태 및 문제점	- 성과예산제도 운영의 가장 중요한 과제는 성과측정이 가능한 성과지표 개발 - 성과예산제도와 중장기 재정계획과의 연계 필요성 제시
김재훈 (2004)	프로그램예산제도의 사업단위 선정방안 (양주시 사례)	프로그램예산제도 도입 필요성, 사업단위 선정기준 및 남양주시 사업단위 선정	- 사업단위 선정기준: 관리자 존재, 활동 및 결과 측정 가능, 부서 완결 수행 업무, 평가 의미 업무, 지속성 사업 - 조직에 따른 사업단위 선정, 프로그램에 적절한 사업단위 선정, 성과관리 가능 사업단위 선정 등
임성일 외 (2004)	자율과 성과지향의 지방예산제도의 개편방안(예산과목 구조 개편 중심)	프로그램예산제도 도입 방법 및 성과관리체계 구축 방향	- 프로그램-단위사업 체계의 사업구조화 방향 - 프로그램예산과 성과관리 연계 방법(코드화)
이세구 (2006)	사업예산제도의 도입과 성과관리제도와의 연계	서울시 성과주의 예산서와 행정안전부 사업예산체계 비교 연구	- 서울시 예산체계의 행정안전부 사업예산체계로의 전환방법 제시(서울시 성과주의 예산서의 전략목표는 정책사업, 성과목표는 단위사업, 단위사업은 세부사업으로 연계) - 서울시 사업예산제도와 성과관리체계와의 연계방안 제시
이효 (2008, 2009)	사업예산 성과관리의 추진현황과 정책과제	우리나라 사업예산제도의 기본구조와 성과관리 추진현황 분석	- 사업예산에서는 정책과 연계한 사업단위 기준의 거시적 성과관리 강조 - 예산 성과관리를 위한 성과계획서 수립 - 프로그램(정책사업)을 조직부서의 전략목표와 업무분석에 근거하여 명확하게 구조화 - 객관적 성과지표 도출 제시
김현조 외 (2010)	지방정부의 성과관리와 예산의 연계과제	부산광역시 사례로 성과관리와 예산관리 연계 검토, 공무원 인식분석	- 성과관리와 예산관리의 연계를 새로운 성과관리시스템으로 접근 필요 - 기획, 예산 및 성과관리를 총괄하는 통합시스템 구축 필요

연구자	주제	연구내용	주요 제안내용
금재덕 (2011)	지방정부의 성과관리와 프로그램예산제도	조직-목표-예산의 상호 연계성 분석	- 성과지표는 성과목표의 달성 정도를 객관적으로 측정할 수 있도록 설계 - 사업의 성과를 부서 및 조직의 책임성 강화와 연계

지방자치단체의 성인지 예산세도와 관련된 구체적인 연구는 2007년도에 처음 시도되었으며, 도입 시행을 앞둔 2011년을 전후로 연구가 집중적으로 이루어졌다.

신두섭 외(2007)는 '지방자치단체의 성인지 예산 제도화 방안'의 연구를 통해 지방재정법에 근거 규정 신설 및 지방 성인지 예산제도 도입의 마스터플랜과 추진체계의 구축 필요성을 제기하였다.

윤영진(2008)은 중앙정부의 성인지 예산제도의 도입방안으로 대상사업 선정, 분석단위와 보고단위 구분, 디지털예산회계시스템과 연계, 통계인프라 구축, 가버넌스 체계 구축이 필요함을 강조하였다. 그리고 박노욱(2008)은 중앙정부의 성인지 예산제도 운영과 관련하여 성인지적 성과관리가 필요함을 제기하였다.

한편 16개 시・도별로 설치되어 있는 여성정책개발원에서는 2009~2010년 동안 지방자치단체 성인지 예산제도의 도입에 즈음하여 해당지역의 예산서를 기준으로 성인지 예산분석 및 예산서 작성 시범 모델 연구를 진행하였다.

2011년도에는 2012년도부터 지방자치단체 성인지 예산서 시범작성이 예정되어 있어 임성일(2011), 한국지방행정연구원(2011), 한국여성정책연구원(2011)에서 지방성인지 대상사업 선정, 성인지 예산서 작성모델, 지방 성인지 예산제도 운영에 따르는 기반구축 방안들에 대한 집중 연구가 이루어졌다. 이 중에서 임성일, 한국지방행정연구원의 연구에서는 성인지 예산제도의 운영을 사업예산제도, 주민참여예산제도의 운영과 연계시킬 필요가 있음을 강조하였다.

지방자치단체 성인지 예산제도 관련 선행연구들은 크게 보아 인프라구축 및 추진체계, 예산안 작성 매뉴얼에 관한 내용들을 다루고 있다. 또한 지방자치단체 성인지 예산제도의 도입과 관련하여 대상사업, 성별영향평가와의 연계, 추진체계, 예산서 형식, 재원배분 관점에서의 성과 연계, 주민참여와의 연계, 시민사회를 포함한 가버넌스 등에 대한 구체적이고 실천적인 방법들이 연구되고 있다. 이는 무엇보다도 2013년부터 지방자치단체 차원에서 성인지 예산제도가 도입되기 때문인 것으로 보인다.

[표 2-5] 지방자치단체 성인지 예산제도와 관련된 선행연구

연구자	주제	연구내용	주요 제안내용
신두섭 외 (2007)	지방자치단체의 성인지 예산 제도화 방안	지방자치단체 성인지 예산(안) 작성 및 제도 추진전략	- 지방재정법에 성인지 예산제도 규정 신설 - 성인지예산제도 도입의 마스터플랜 및 추진체계 구축, 구체적 방안 마련 필요
윤영진 외 (2008)	프로그램예산제도의 성인지 예산제도 도입방안	프로그램 예산제도에서의 성인지 예산제도 도입방안	- 성인지 예산제도의 대상사업 선정 기준, 분석단위와 보고단위 구분, 디지털예산회계시스템과 연계, 통계 인프라 구축, 가버넌스 체계 구축
박노욱 (2008)	성인지 예산의 성과관리 방안	성인지 예산의 목적과 범위, 성인지 예산 성과관리 현황과 문제점	- 성과관리 대상으로서의 성인지 예산 - 양성평등 예산의 성과관리 - 일반예산의 성인지적 성과관리 방안 제시
임성일 (2011)	지방자치단체 성인지 예산제도 도입(주요 과제)	중앙정부 성인지예산을 통한 지방자치단체 성인지 예산과의 차이	- 인프라 구축(대상사업 선정 기준, 성별통계, 예·결산서, 추진체계와 가버넌스, 전담인력 등) 및 이해관계자의 인식 및 행태 변화 필요 - 성인지 예산제도와 사업예산제도 연계, 주민참여예산과 연계 필요 제시
이용환 (2011)	주민참여예산제의 효율적 운영방안	주민참여예산제도의 이론, 우리나라 사례(광주 북구 등), 외국 사례(남미 국가 및 일본) 분석과 시사점 도출	- 제도도입시 주민참여 적용 대상 및 범위, 참여기구 설계 필요 - 제도 정착방안으로 정보공개 확대, 디지털 기기 활용, 참여예산 조직 및 인력 확충 등 필요 - 제도발전을 위해 지방재정관리제도와 연계, 지방의회와의 연계, 시민단체 역할 등 강조

연구자	주제	연구내용	주요 제안내용
한국지방행정연구원(2011)	지방자치단체 성인지 예산제도 인프라 구축방안 연구	지방자치단체 성인지 예산제도 인프라 구축 방안 및 예산서 모델 등	- 사업예산제도와 성인지 예산제도 연계, 대상분야 및 대상사업, 국고보조사업에 대한 접근, 성별영향평가제도와의 연계, 주민참여예산제도와의 연계 등 제시
한국여성정책연구원(2011)	지방자치단체 성인지 통계, 성별영향평가, 성인지 예산 연계 방안	지방자치단체 성인지 예산서 양식 및 지침(안)	- 3대 제도의 추진일정, 대상사업, 지표, 추진체계 연계
한국여성정책연구원(2011)	지방재정환경에 적합한 성인지 예산제도의 추진체계와 시범작성 매뉴얼 개발	성인지 예산서 시범작성 매뉴얼	- 점진적 확대, 예산서 작성의 기초로서 세부사업 단위 제시 등 - 지방 성인지 예산서 시범작성 매뉴얼(안) 제시

주민참여예산제도에 대한 본격적인 연구는 행정안전부가 표준조례안을 제정(2006년)하기 이전부터 이루어졌다. 초기에는 주민참여예산제도의 도입 필요성, 외국 모형(브라질 포르트 알레그레시 모형)의 성공요인과 실패요인에 초점을 두고 우리나라에 적정한 모형을 설계하는 연구에 집중되었다.

곽채기(2003)는 주민참여예산제도의 의의 및 필요성, 운영전략, 외국의 성공・실패의 특성, 지역 NGO 역할 등 도입방법에 대한 이론적 연구를 수행하였다. 구체적으로, 2005년에 '주민참여예산제도 기본모형과 운영시스템 설계', 2006년에 '주민참여예산제도 운영성과(광주 북구 사례)'에 대한 연구를 통하여 주민참여예산제도를 성공적으로 운영하기 위한 조건으로 재정정보공개, 주민참여의 조직화, 공무원 인식변화, 집단이기주의 등 역기능 통제, 주민의견 수렴 시간 및 가용재원의 제약조건 극복 등을 제시하였다.

나중식(2004), 안성민(2005)은 브라질 포르트 알레그레시의 주민참여예산제도 운영에 분석과 평가를 통하여 우리나라에 적용가능한 적정 운영모형을 찾을 필요가 있다고 제안하였다. 나중식(2005), 곽채기(2005), 안성민(2009)은 주민참여예산제도의 운영모형에 대한 연구를 수행하였다. 나중식은 예산참여유형을 정부주도형, 소극적 관민협의형, 적극적 관민협의형, 시민주도형의 4가지 유형으로, 곽채기는 주민협의형, 민관공동결정형, 주민주도결정형의 3가지 유형으로 구분하였다. 이와 달리 안성민은 자치구의 운영형태를 검토한 다음 광주 북구・서구 모형, 울산 동구・북구 모형, 대전 대덕구 모형으로 분류하였다.[3)]

2006년 이후에는 국내의 사례단체 비교를 통해 발전방안을 제시하는 연구가 많았지만, 주민참여예산제도의 도입이 확정된 2011년을 전후로 해서는 주민참여의 방법, 영역, 주민 대표성 확보, 예산반영 정도, 영향요인(지출 효과성 등)에 관한 연구가 주를 이룬다.

이원희(2007)는 주민참여의 필요성을 강조하고 광주 북구, 울산 동구의 참여예산제를 검토한 후 지방자치단체별로 지역특성에 적합한 모형 적용, 의회와의 연계성 등을 강조하고, 특히 특정분야(사회복지)에 대하여는 전문가와 시민단체가 예산서를 작성하여 집행부와 의회에 제출하는 대안예산제를 제시하였다.

안성민(2006, 2007)은 울산 동구의 주민참여예산제도 운영내용 등을 분석하고 평가하여 재량권 확대 및 원활한 의사소통 기재 마련 등의 발전방안을 제시하였다. 김철(2008)은 2006년 8월에 제시된 행정안전부의 '주민참여예산제 운영조례 표준안'에 대해 지방자치의 관점에서 법정책학적 분석을 통하여 지방별 특성을 반영할 수 있도록 조문을 개선할 것을 제시하였다. 김정완(2008)은 광주 북구의 주민참여예산제도 운영 실태를 분석・평가하고 실시간 쌍방향의 유도적 예산참여를 가능케 할 수 있는 웹기반의 구축 필요성을 피력하였다. 그리고 성과주의 예산과 주민참여예산제도가 병행 운영될 수 있도록 웹상에서 연계가 가능한 지원체계의 구축에 대해 기술하면서 미국 West Hartfort시의 사례를 소개

---

3) 5개 자치구의 주민참여예산제도를 살펴보면 대부분 예산참여시민위원회, 예산참여지역회의, 예산참여민관협의회, 주민참여예산연구회를 운영하는 것으로 파악된다. 이 때 시민위원회는 분과별로 예산편성지침에 대한 의견수렴 및 예산안 설명・홍보 역할을 하며, 지역회의는 결산보고 및 예산편성에 대한 주민의견 수렴의 역할을 하고, 민관협의회(협의회, 조정회의)는 수렴된 주민의견에 대한 심의・조정 역할, 예산연구회는 조례 개정 및 환류 역할을 한다. 광주 북구・서구모형은 예산참여민관협의의 주민의견 심의・조정을 통해 예산반영 여부를 결정하는 특징을 보인다. 반면 울산 동구・북구모형은 주민참여시민위원회가 주민의견수렴과 함께 구 자체사업 전체에 대하여 검토하고 우선순위를 결정(예산협의회에서 예산안을 결정할 수 있도록 해줌)하도록 해주는 모형으로 시민위원회에 더 많은 결정권이 부여되는 특징을 보인다. 대전 대덕구 모형은 주민참여예산연구회를 운영하지 않아 환류장치가 없으며 시민위원회에서 자체사업 예산 중 투자사업에 대해서만 우선순위를 결정하여 위의 두 모형과 차이가 있다.

하였다. 임승후(2010), 이순향(2011) 등은 주민참여예산제도의 효과성 등에 대한 연구를 통하여 동 제도가 주민의사 실현, 예산증대 저지효과가 있었다고 밝히고 있다.

이용환(2011)은 지방자치단체의 주민참여예산제도의 의무화(지방재정법 개정에 따라 9.9일 시행)에 즈음하여 주민참여예산제도의 효율적 운영방안을 제시하였다. 이 연구에서는 주민참여예산제도의 이론, 우리나라의 광주 북구, 울산 동구, 대전광역시의 사례와 외국의 남아메리카 국가, 일본의 자치단체 사례를 분석하여 향후 우리나라 주민참여예산제도의 효율적 운영방안을 제시하였다. 여기서는 제도 도입, 제도 정착, 제도 유지 및 발전방안의 단계적 과제를 제시하였다.[4)]

한편 주민참여예산제도의 발전방향에 관한 연구로 임성일(2011)은 지방자치단체에 적합한 다양한 주민참여제도를 실시할 필요성을 제기하며, 인구규모를 기준으로 50만 이상 대도시는 주민의견수렴 주도형, 50만 이하 도시는 주민의견수렴 및 주민직접참여 혼합형, 인구 5만 내외의 군은 주민 직접참여형으로 구분·제시하였다. 곽채기(2011)는 기초자치단체의 주민참여예산제도 발전방안으로 각 자치단체별로 지역특성에 적합한 주민참여예산제도 모델의 선택과 온라인 주민참여 활성화를 위해 정보통신기술(인터넷 웹 기술), 휴대폰 문자메세지(SMS), SNS, 인터넷방송 등을 활용한 주민참여 기반구축의 필요성을 강조하였다.

[표 2-6] 주민참여예산제도 관련 국내 선행연구

연구자	주제	연구내용	주요 제안내용
곽채기 (2003)	주민참여예산제도, 어떻게 도입할 것인가?	도입 필요성, 도입 모형, 운영전략	- 외국의 성공, 실패의 특성 제시 - 성공적 운영을 위한 조건 제시(정보공개, 주민참여 조직화, 공무원 인식변화, NGO 역할 등)

4) 먼저, 제도 도입시에 가장 필요한 과제로서 주민참여 적용 대상 및 범위, 참여기구 설계방안을 제시하였다. 그 다음으로 제도의 정착을 위해 정보공개 확대, 디지털 기기(인터넷, SNS 등) 활용, 다양한 인센티브 제공, 참여예산 및 조직 확대를 제시하였고, 제도의 발전방안으로 지방재정관리제도와의 연계, 참여자들의 인식 전환, 지방의회와의 연계성 강화, 시민단체 역할 확대 등을 제시하였다.

연구자	주제	연구내용	주요 제안내용
이원희 (2007)	예산과정과 주민의 역할	주민의 예산참여 필요성, 현황 및 참여예산제의 쟁점과 과제	- 지역특성에 맞는 모형 적용, 의회와 연계성 강화 - 특정분야 전문가 및 시민단체 예산서 작성 제출(대안예산제 제시)
안성민 (2006, 2007)	거버넌스 측면에서 살펴본 주민참여예산제도	울산광역시 동구의 도입배경, 제도운영, 평가사례	- 시민사회와 공무원의 파트너십 구축, 성과평가와 환류장치 제도화 측면에서 성공적인 가버넌스 구축과 운영 가능성
김철 (2008)	"주민참여예산제 운영조례 표준안"의 법정책학적 분석	행정안전부 표준조례안 (2006)의 자치단체 적용상태 조사 및 문제점 파악	- 표준조례안에 지역특성 고려, 복수기준 등 개선안 제시
김정완 (2008)	주민참여예산제도의 평가와 발전방안	- 웹기반 구축 필요성 - 미국 West-Hartford 시 사례 소개	- 웹기반에 의한 e-Budget 시스템 구축방안 제시: e-Budget의 콘텐츠 확충, 전 부문으로 주민참여범위 확대, 웹기반과 오프라인 역할분담
임승후 외 (2010)	주민참여통로의 효과성 연구(광주 북구)	시민위원회, 지역회의, 주민참여예산방(온라인)의 대표성 분석	- 주민의사의 예산반영 성공 - 대표성이 높은 참여통로일수록 참여효과가 높음
임성일 (2011)	주민참여예산제도의 의의와 성공적 실시방안	주민참여예산제도의 핵심쟁점 분석	- 지역실정에 맞는 주민의견 수렴형, 주민의견수렴 및 주민 직접참여형, 직접참여형의 유형 제시
곽채기 (2011)	기초자치단체 주민참여예산제도의 성공사례와 발전방안	광주 북구 주민참여예산제도 운영 실태와 성과 분석	- 각 자치단체별 특성에 적합한 모델 선택 필요 - 예산편성과정에의 주민참여 확대를 위한 정보통신기술 활용(웹, SMS, SNS, 인터넷 방송 등)

사업예산제도, 성과예산제도, 성인지 예산제도, 주민참여예산제도에 대한 지금까지의 선행연구를 검토해 본 결과 각 제도의 도입 필요성 및 목적, 제도운영의 발전과제에 대한 연구가 주류를 이루며, 각 예산제도 간의 연계 필요성 및 그 방안에 대한 연구는 찾아보기 힘들다(사업예산과 성과예산의 연계 필요성 및 방안에 관한 연구는 일부 존재함). 다만, 최근 임성일(2011), 한국지방행정연구원(2011)이 지방 성인지 예산제도에 대해 연구를 하는 과정에서 우리나라의 지방

자치단체 예산제도가 사업예산체제를 기본으로 하기 때문에 성인지 예산제도, 주민참여예산제도, 사업예산제도가 운영면에서 상호 연계되어야 할 필요성에 대해 강하게 피력하고 있다.

제3절

우리나라 지방예산제도의 개요

1. 사업예산제도

가. 개 요

사업예산제도는 중장기 정책과 예산의 연계 및 재정성과 제고를 위해 새롭게 도입된 지방자치단체 예산제도이다. 이는 전통적으로 운용되어 온 품목 중심의 예산체계에서 벗어나 성과관리가 용이하도록 프로그램 단위를 중심으로 운영방식을 구조화한 성과중심 예산체계이다. 일반적으로 사업예산제도는 그 도입 목적으로서 ① 전략적 재원배분, ② 성과목표에 의한 사업별 예산편성 및 성과관리, ③ 재정지출의 성과 제고 등을 추구한다.

지방자치단체의 사업예산제도는 공식적으로 도입되기 이전인 2004년 2월에 시범단체를 지정(9개 단체 : 경기도, 강원도, 부천시, 속초시, 평창군, 대전광역시 및 서구, 광주광역시 및 동구)하였고, 그 후 2005년 8월에는 지방재정법에 법적 근거를 마련하였다. 2006년 4월에는 전 자치단체를 대상으로 시범운영을 확대하는 등 2007년까지 사업예산제도의 도입에 필요한 기반을 구축하였으며, 그 이듬해인 2008년에 동 제도를 전면 시행하였다([표 2-7] 참조).

[표 2-7] 지방자치단체 사업예산제도의 추진일정

일정	주요 추진 내용
2003년～2007년	사업예산제도 도입기반 구축 • 사업예산제도 도입을 위한 시범단체 선정(2004년) • 법적 근거 마련: 지방재정법 제5조(성과중심의 지방재정운용, '05. 8월) • 사업예산 시범편성('05～'06년)
2007년	사업예산서 시범편성
2008년 1.1일	지방자치단체 사업예산제도 전면 시행

나. 이론 및 기본개념1)

프로그램예산(중앙정부는 프로그램예산, 지방자치단체는 사업예산으로 각각 이름을 붙이고 있음)은 예산의 계획·편성·배정·집행·결산·평가·환류의 전 과정을 프로그램 중심으로 구조화하고, 그것을 성과평가체계와 연계시켜 성과를 관리하는 예산기법으로 정의된다. 전통적 예산제도인 품목별 예산제도가 예산의 투입요인과 '목' 중심으로 예산을 관리하는 것과 달리 프로그램예산제도는 프로그램(program)과 단위사업(project, activities)을 핵심예산단위와 성과관리단위로 설정하고 이들을 중심으로 예산집행의 결과인 산출물(output)과 성과(outcome)를 체계적으로 관리하는 시스템을 핵심 개념으로 한다. 전통적인 예산접근방식이 "품목(line-item)"이라고 불리는 경비 성질별(인건비, 장비구입 등) 지출의 통제·관리에 중점을 두는 데 비해 프로그램예산제도는 프로그램의 목표와 그 달성에 초점을 맞추고 자원을 배분하는 데 중점을 둔다(GAO, 1993:3).

프로그램예산체제에서는 조직 및 사업별 성과측정과 그 결과의 예산 반영이 가능하고, 보다 다양한 성과 정보와 자원배분 정보가 정보 수요자에게 제공될 수 있다. 일반적으로 프로그램예산제도가 지니는 장점은 다음과 같다. 그것은 투입·산출·성과의 연계를 통한 객관적 성과평가 가능성, 조직과 프로그램단

1) 이 부분의 내용은 기본적으로 한국지방행정연구원(자율과 성과지향의 지방예산제도의 개편방안, 2004)과 임성일의 글(강원도의 예산회계시스템 구축방안: 프로그램예산제도의 도입을 중심으로, 2005)을 참고·인용하고 있다.

위의 분명한 자금 사용용도 명시, 예산집행의 산출물과 정책 영향의 객관적 파악(정책부문 간, 프로그램 간의 우선순위 결정에 유용한 재정정보 생성), 재정운영의 자율성과 책임성 확보, 재정정책의 의사결정과 이해관계자들에게 유용한 재정정보 생성 등이다.

프로그램예산의 기본구조는 정부의 기능(function)을 정점으로 그 밑에 프로그램, 단위사업(activities, projects)이 자리하는 위계구조를 지니며, 그 속에서 프로그램이 핵심예산단위로서 기능을 한다. 프로그램은 예산단위와 성과관리 단위 중 핵심 역할을 담당하며, 이는 예산체계와 성과관리체계 및 자원배분체계를 연계시키는 기본단위 내지 연계통로에 해당한다. 따라서 프로그램의 실천적 정의를 제시하고 그것을 토대로 예산체제(과목구조 등) 속에 프로그램을 체계적으로 구조화시키는 예산구조 개편작업은 프로그램예산의 구축에 있어서 가장 중요한 요소이다.[2)]

프로그램은 정부의 정책방침 내지 전략목표(strategic objective)를 구체적으로 달성하는 재정사업단위로 구조화되어야 한다. 프로그램은 자신의 정책목표를 실행해주는 복수의 단위사업으로 구성되며, 프로그램과 단위사업은 반드시 단일 관리자에 의해 총괄되도록 구조화되어야 한다. 여러 개의 상이한 조직이 프로그램을 관리할 경우 조직별 성과관리가 어려워지기 때문이다. 프로그램과 그에 속하는 단위사업이 일정한 원리에 의해 수립된 다음에는 각 프로그램별로 프로그램의 존재가치(정책목적, 성과목표)와 소요비용을 명시하고, 이들을 산출물 및 성과와 연계시키는 일련의 재정성과관리시스템을 구축해야 한다.

다이아몬드(J. Diamond)에 의하면 프로그램예산이 성공적으로 도입되기 위해서는 예산프로그램 구조를 광범위한 전략예산계획(strategic budget planning) 및 중기예산의 틀과 연계시키는 구조화 작업이 매우 중요함을 강조한다.

---

2) 프로그램예산제도의 핵심요인으로는 일반적으로 프로그램 구조화, 성과관리체계 구축, 원가산정, 회계 및 재정정보화 인프라 개선 등이 지적된다.

[그림 2-2] 프로그램예산의 기본구조

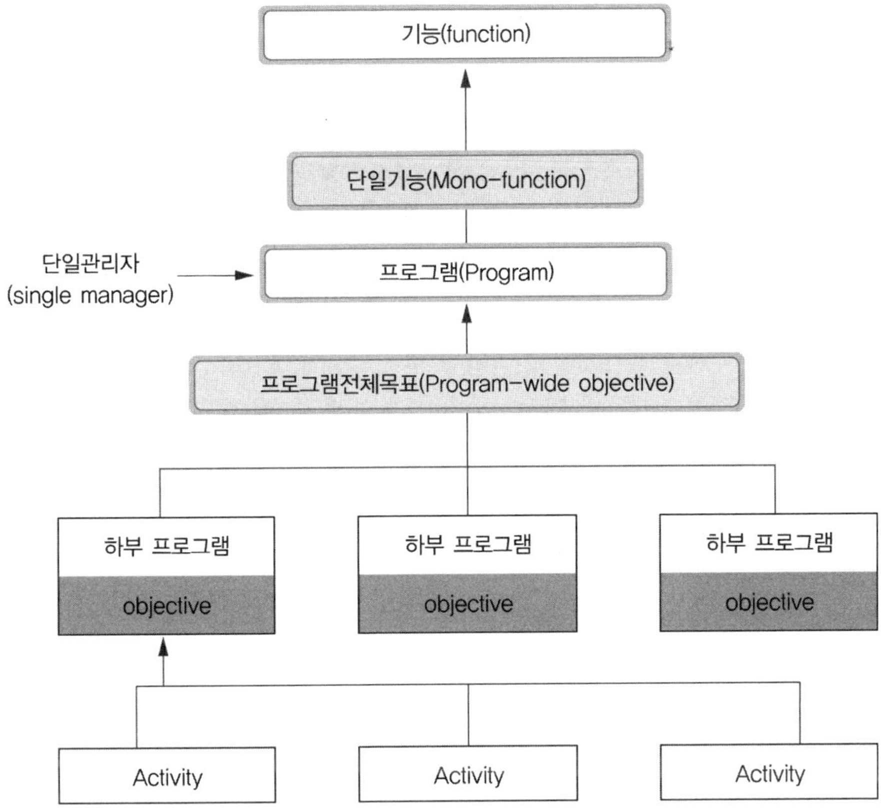

자료: J. Diamond, "From Program to Performance Budgeting: The Challenge for Emerging Market Economies," World Bank Paper, WPP/03/1698, 2003.

다. 현행 사업예산제도의 기본구조

종전의 품목별 예산제도는 투입과 경비지출의 통제에 초점을 두는 예산시스템으로서 부당한 예산사용이나 낭비적 예산집행을 억제하고 예산편성 및 운영에 대한 관리가 용이한 장점을 지닌다. 그러나 앞서 지적한 바와 같이 품목별 예산제도는 사업별로 성과목표를 설정하거나 재정성과를 평가하는 데는 여러 제약과 한계를 지니고 있다.

정부는 그동안 자율과 책임 중심의 재정운영을 추구하면서 경제적 자원의 효율적 배분과 성과관리의 기반 강화에 노력해 왔다. 이러한 노력은 마침내 2007년에 발생주의 기준에 입각하는 정부회계제도가 도입되고, 2008년부터 성과지향의 사업예산제도를 시행하는 일대 제도적 변화를 이루었다.

사업예산제도는 정책부문 간, 프로그램·사업 간 우선순위의 결정에 유용하고, 성과평가가 상대적으로 쉬우며, 평가결과의 환류가 가능한 장점이 있다. 예산제도를 품목별 예산에서 사업예산으로 바꾼다는 것은 사업단위별로 재정투입과 산출(또는 성과)을 연계시켜 줌으로써 재정성과를 효율적으로 관리할 수 있는 예산구조로 전환되는 것을 의미한다.

예산의 관리구조를 살펴보면, 종전의 품목별 예산제도는 개별사업(세세항)과 비목(목-세목) 즉, 투입에 중심점을 두고 예산을 관리해 온 반면에 사업예산은 프로그램(정책)과 그 하부의 재정활동에 중심점을 두고 재정지출의 성과를 도출하고자 하는 성과지향 예산체계임을 알 수 있다. 즉, 품목별 예산은 투입재원의 통제에는 효과적인 반면 정책우선순위에 입각한 전략적 재원배분과 성과관리에는 한계점을 지니고 있다.

[그림 2-3] 성과중심 예산체계의 기본구조

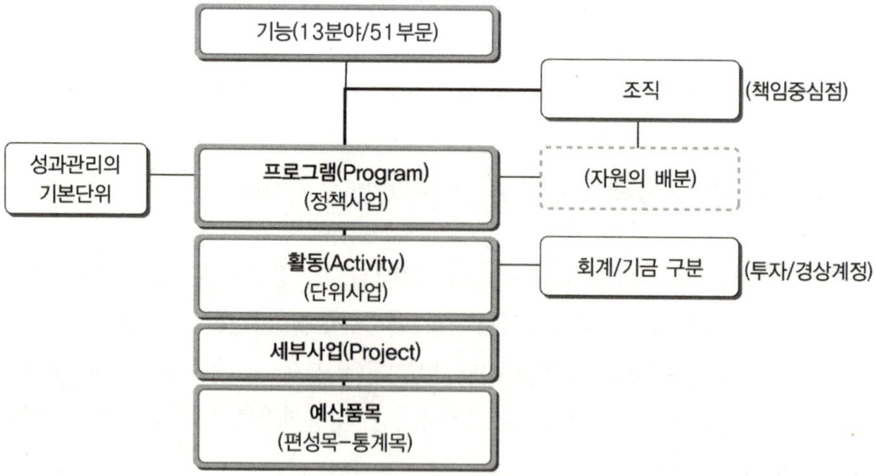

이러한 예산구조의 변화는 예산분류체계의 기본 틀을 근본적으로 바꾸는 것이다. 구체적으로, 종전의 기능별 분류에 해당하는 장-관 구분을 분야-부문으로 재편성하여 자치단체의 기능이 보다 명백하게 표시되도록 하는 동시에 중앙정부의 기능과도 일치시키는 구조 변화가 그에 해당한다. 그리고 조직/사업목적에 속하는 항-세항 구분을 사업단위(정책 · 단위 · 세부사업)로 전환하고 경비유형별 구분인 세세항을 폐지하는 변화도 뒤따랐다. 이러한 예산구조의 변화에 따라 과거에는 의회의 예산심의가 품목 중심의 예산삭감에 치중하는 경향이 있었으나, 사업예산체계하에서는 사업명세서를 통해 성과중심의 정책적 예산심의가 가능해지는 등 의회의 예산심의가 강화될 수 있다.

사업예산제도의 도입은 예산의 관리단위를 품목에서 사업단위로 전환하고 예산편성의 자율성을 부여하는 대신 재정의 책임성을 강화하는 등 성과지향의 재정운영 틀로의 전환을 의미한다.

[그림 2-4] 품목예산제도와 사업예산제도의 비교

[표 2-8] 사업예산제도 도입에 따른 재정관리 방식의 전환

구분	제도 도입 이전	제도 도입 이후
예산의 관리단위	<품목 기준> • 투입중심의 지출품목별 통제 • 예산절감 도모 장점	<사업 기준> • 사업성과목표의 달성 • 중장기 정책목표 설정 및 전략적 재원배분
예산의 편성	• 조직부서의 책임성이 미흡한 상태에서 세부사업별로 품목과 단가를 적용하여 예산을 편성	<예산총량 통제> • 재정운영계획하에서 조직부서의 분야별 예산규모 한도 내의 사업에 기초한 예산편성 • 조직부서의 자율권 확대와 책임성 강화
예산의 집행 및 결산	• 경비의 성질별로 예산집행 • 예산집행결과를 결산하여 확정 마감 • 예산의 편성과 재원의 할당에 중점을 두는 재정운용	• 정책우선순위에 의한 예산할당 • 예산집행에서 부처의 자율권 확대 → 예산집행의 사후평가 → 운영결과에 대한 책임성 강화 • 사업단위의 재정운영성과 제고
예산서 체계	• 숫자로 나열된 예산서 • 분야별로 예산과목의 금액을 나열식으로 표시	자치단체 사업내용을 쉽게 파악하도록 예산서 작성(공설운동장사업, 문화예술회관사업, 함평나비축제사업, 고양세계꽃박람회사업 등 사업별 편성)

특히, 품목별 예산제도는 예산과목을 기초로 여러 사업이 동일한 예산품목에 포함되는 구조를 지니고 있어서, 사업단위별로 사업의 단위원가나 총원가를 파악하기가 곤란하고 사업의 성과를 측정하기가 어렵다. 한마디로, 품목별 예산제도는 사업단위로 예산을 관리하거나 예산의 성과관리를 구현할 수 있는 운영틀을 제시하지 못하는 한계가 있다. 예를 들면, 과거에는 도로관리사업의 경우 품목(예: 시설비 및 부대비) 속에 각 도로구간사업(a구간 도로사업, b구간 도로사업, c구간 도로사업)이 포함되어 각 도로사업별 경비내역을 파악할 수가 없었다. 그러나 사업예산제도하에서는 각 도로사업별로 인건비·물건비 등 경상비는 물론 시설비·감리비·부대비를 모두 포괄하여 편성하기 때문에, 각 사업에 투입되는 총예산액을 쉽게 파악할 수가 있다.

라. 현행 사업예산제도의 예산분류체계

사업예산의 구조는 예산사업이 체계적으로 편성될 수 있도록 일정한 계층구조를 형성하며, 이들은 일관성 있는 정보 위계를 지니고 있다([그림 2-5] 참조). 사업예산은 기본적으로 자치단체의 전체 재정을 정책사업, 행정운영경비, 재무활동으로 구분한다. 사업단위는 정책사업 하위에 단위사업 및 세부사업을 설정하고 세부사업 하위에 편성목과 통계목을 설정하고 통계목 하위에 산출근거를 설정한다. 하나의 실·과에서 여러 개의 정책사업을 설정할 수 있으나 정책사업은 단일 부문으로만 구성하도록 한다. 통계목과 산출근거는 예산서상에 표시되지 않고, 통계관리 등 내부관리 목적으로 사용한다. 기금으로 수행되는 사업도 사업구조화에 포함시킨다.

성과관리 측면에서 사업예산은 조직별 임무, 전략·성과목표에 입각하여 사업을 설정하는 구조를 갖는다. 즉, 조직별 임무에 근거하여 전략목표 및 성과목표를 수립한 후, 이를 달성하기 위한 수단으로서 정책사업, 단위사업 및 세부사업을 설정한다. 이 경우 조직별 임무, 전략목표 및 성과목표는 목적을 의미하며, 정책사업, 단위사업과 세부사업은 이를 실현하기 위한 수단이다.

[그림 2-5] 사업예산 분류구조

자료: 행정안전부, 2013년 예산편성운영 기준 및 기금운용계획의 수립 기준, 2012, p. 77.

이처럼 현행 사업별 분류는 정책·단위·세부사업을 기본단위로 사업구조화를 이루는 체계를 취하고 있다. 사업예산제도는 자치단체의 전략과 정책을 체계적으로 사업에 반영하기 위해 세출예산 기능을 13분야·51부문으로 구분하고 그 하위에 사업단위(정책·단위·세부사업)가 일정한 규칙에 따라 계층을 형성하도록 하고 있다([표 2-9] 참조).

[표 2-9] 지방자치단체 세출예산 기능별 분류

분야	부문	명 칭	분야	부문	명 칭	분야	부문	명 칭
010		**일반공공행정**(4)	**070**		**환경보호**(6)	**110**		**산업·중소기업**(6)
	011	입법 및 선거관리		071	상하수도·수질		111	산업금융지원
	013	지방행정·재정지원		072	폐기물		112	산업기술지원
	014	재정·금융		073	대기		113	무역 및 투자유치
	016	일반행정		074	자연		114	산업진흥·고도화
020		**공공질서 및 안전**(2)		075	해양		115	에너지 및 자원개발
	023	경찰		076	환경보호일반		116	산업·중소기업 일반
	025	재난방재·민방위	**080**		**사회복지**(8)	**120**		**수송 및 교통**(5)
050		**교육**(3)		081	기초생활보장		121	도로
	051	유아 및 초중등교육		082	취약계층지원		123	도시철도
	052	고등교육		084	보육·가족 및 여성		124	해운·항만
	053	평생·직업교육		085	노인·청소년		125	항공·공항
060		**문화 및 관광**(5)		086	노동		126	대중교통·물류 등 기타
	061	문화예술		087	보훈	**140**		**국토 및 지역개발**(3)
	062	관광		088	주택		141	수자원
	063	체육		089	사회복지 일반		142	지역 및 도시
	064	문화재	**090**		**보건**(2)		143	산업단지
	065	문화 및 관광일반		091	보건의료	**150**		**과학기술**(3)
				093	식품의약안전		151	기술개발
			100		**농림해양수산**(3)		152	과학기술연구지원
				101	농업·농촌		153	과학기술일반
				102	임업·산촌	**160**		**예비비**(1)
900		**기타**		103	해양수산·어촌		161	예비비

주: 행정운영경비는 기타(900) 분야로 처리함.

자료: 행정안전부, 2013년 예산편성운영 기준 및 기금운용계획의 수립 기준, 2012, p. 86.

마. 사업예산제도의 문제점

1) 사업예산 구조화 미흡

사업예산제도 운용과정에서 나타나는 첫 번째 쟁점사항은 사업분류가 체계적이지 못한 문제를 들 수 있다. 사업별 예산이 본래의 목적을 달성하기 위해서는 무엇보다도 자치단체가 수행하는 다양한 사업과 업무를 목표-수단 관계에 기초하여 사업을 논리적으로 분류하고 구조화하는 작업이 필요하다. 이런 점에서 보아 현재 각 자치단체는 사업별 예산편성 자체에만 치중한 나머지 프로그램 분류를 체계적으로 구조화하지 못하는 현상을 보이는데, 이는 정책목표와 프로그램 간에 인과관계가 부족한 문제를 야기한다.

이로 인해 정책의 목적을 달성하기 위한 프로그램을 선정하고, 그에 기초하여 사업우선순위를 기준으로 예산을 배분하는 것이 제대로 이루어지지 않고 있다. 이러한 현상을 인식할 때, 사업예산 성과관리를 처음 실시하는 자치단체의 경우 성과지표가 없는 단위사업이나 성과지표가 단순한 경우 새로운 성과지표를 발굴하거나 단위사업을 통・폐합하는 것이 필요할 수 있다.

2) 사업예산과 성과관리 간의 연계 부족

성과목표 설정과 예산집행 결과를 연계하여 목표달성도와 사업효과를 평가하는 지방예산의 성과관리체계가 미비하다. 사업예산제도의 본래적 도입 목적인 중장기 정책과 예산의 연계, 전략적 자원배분, 재정효과의 극대화를 추구하기 위해서는 자치단체 내부 성과관리시스템(BSC 등) 간의 연계가 필수적이나, 현행 제도는 성과관리제도와 별도로 분리, 작동되고 있다([표 2-10] 참조).

실제로 지방자치단체의 경우 예산과 성과 간의 차이는 정책사업의 성과목표, 단위사업, 세부사업, 성과지표에 있어서 성과관리시스템과 사업예산의 성과계획서, 성과예산서와 일관성이 부족하여 목표체계와 사업단위에서 차이를 보인다. 특히, 기초자치단체의 경우 성과목표, 정책사업, 성과지표의 불일치 등이 나타나고 있으며 업무 추진에서도 예산부서와 성과부서 간에 명확한 구분과 절차가 원활하게 이루어지지 못하는 실정이다.

[표 2-10] 사업예산제도와 성과관리시스템 간의 불일치(B군 사례)

구분		성과목표 (정책사업)	단위사업 (전략과제)	성과지표	세부사업	이행과제 실행계획
2011년	예산	94개	188개	329개	866개	-
	성과	115개	145개	245개	-	245개

자료: 행정안전부(2012)

사업예산과 성과관리의 연계를 위해서는 "임무-전략목표-성과목표"는 목적으로, "정책-단위-세부사업"은 수단으로 각각 이해하여 목적과 수단을 합리적으로 연결하여야 한다. 성과지표는 사업목표를 명확히 하고 달성해야 할 목표수준이 어느 정도인지를 나타내는 역할을 한다. 따라서 사업유형별로 핵심 성과지표를 개발하는 한편, 이들 측정된 사업의 성과가 조직의 성과로 연결될 수 있도록 사업예산 성과관리시스템을 구축하는 것이 필요하다.

3) 성과지표의 설정 및 목표치 선정 애로

사업별 집행 결과에 대해 성과목표의 달성도를 측정하기 위한 성과지표가 미흡하다. 특히 현행 시범운영상의 성과지표는 지표로서의 요건과 프로그램의 성과와 핵심내용을 충분히 설명하기에는 여러 가지 문제점을 안고 있다. 성과지표의 설정 문제에서 가장 빈번하게 나타나는 문제점으로 성과지표의 결과지향성 미흡, 핵심내용 반영 미흡, 성과계획서와 성과보고서의 성과지표 불일치 문제를 들 수 있다.

또한 사업예산 성과관리를 위한 성과지표 발굴과 함께 지표의 검증방법 및 산출방식 도출에 어려움이 나타나고 있다. 전년도 실적치를 감안한 4년 간 목표치 조정에 있어서 전년도 실적치에 대한 검증이 이루어지지 않아 목표치 자체의 신뢰도가 낮은 실정이다.

예컨대, 환경 부문의 "대중교통 서비스 향상" 사업의 경우 "대기오염도 감소 정도"를 성과지표로 하는 것이 바람직하겠으나, 기초자치단체의 대부분은 대기 오염도를 측정할 수 있는 여건이 불비한 실정이다.

사업예산의 성과관리 지표와 관련하여 또 하나의 문제점은 BSC 지표의 대부분이 예산관련 지표를 내포하지 못하고 있는 점이다. 따라서 성과관리부서의 BSC지표와 예산사업지표를 연계시켜 주는 조치가 필요하다.

4) 일원화된 성과관리체계 구축 미흡

지방자치단체는 2008년도에 사업예신제도를 도입한 이후, 본래적 도입 목적인 중장기 정책과 예산의 연계, 재정효과의 극대화, 성과와 예산의 연계 등을 통해 재정의 효율성과 책임성을 강화하고 공공서비스의 성과 개선을 위해 노력해 왔다. 그러나 전반적인 재정사업의 목표수립, 예산집행과 사후검증, 재정지출의 성과분석이 상호 분리되어 작동되고 있어서 통합적인 성과관리가 어려운 것이 현실이다.

공공관리 개혁 차원에서 도입한 각종 재정제도들이 성과관리 관점에서 상호 연계되지 못하는 등 실효성이 낮은 문제를 조속히 극복해야 한다. 특히, 중기지방재정계획, 투융자사업심사, 지방채발행제도, 예산편성 및 집행, 회계결산·감사 등이 성과에 초점을 두고 작동되지 않고 있다. 이로 인해 재정부문 성과관리의 기본체계와 관련하여 전략계획이나 성과목표의 설정이 부족하고 집행 단계에서도 추진상의 문제점과 애로사항을 기록하는 상시적인 모니터링시스템이 미비하다. 이러한 관점에서 전략기획으로부터 사업계획, 예산의 편성·집행 및 회계처리, 성과측정·평가의 과정 속에서 상호 유기적으로 연계되는 통합재정관리시스템이 구축되어야 할 것이다.

5) 사업성과(원가) 정보의 부족

행정서비스 원가계산을 위한 기반이 취약하다. 예산관리가 현금회계 원칙에 기초하므로 원가 개념을 정확히 반영하기 어렵다. 그리고 정부회계시스템이 발생주의로 전환되었으나 실제로 원가회계가 발달되지 못하여 원가정보를 사용하여 정부성과를 측정하는 데 필수적인 투입원가정보가 매우 빈약하다.

설령 성과정보를 획득하더라도 신뢰성이 낮기 때문에 성과측정에서 재무정보를 반영하기 어려운 실정이며, 투입원가정보가 불완전하여 사업성과를 객관적으로 측정하는 것이 곤란한 실정이다.

6) 조직개편 및 추경 등 변동 요인

회계연도 개시 후 조직개편, 추경예산 편성 등의 요인으로 인해 성과계획 변경사항이 발생하는 경우 체계적인 성과평가 및 목표값 관리에 어려움이 나타난다. 조직개편이나 추경시마다 새로운 성과지표 추가, 성과계획서 수정 등으로 인해 사업예산 성과를 체계적으로 관리하고 성과관리의 일관성을 유지하기가 곤란하다.

2. 성과예산제도

가. 개 요

성과예산제도는 구조화된 예산사업의 전략목표-성과목표-성과지표, 성과평가 결과 환류의 관리가 가능하도록 성과계획과 예산을 통합한 것으로, 성과와 예산의 긴밀한 연계를 통해 예산활동의 성과를 체계적으로 관리하기 위해 도입된 예산제도이다. 이는 어떤 의미에서 사업예산제도의 도입목적을 촉진하는 기제("facilitator") 내지 수단으로 간주된다. 행정안전부는 근년에 사업예산의 본래 도입 목적을 달성하고자 사업예산 성과관리를 위한 제도적 노력을 추진하고 있다. 우선, 2008년 5월 사업예산 성과관리 선도기관(서울, 강원, 전북)을 선정하고 사업예산 성과관리계획을 작성하는 사전 준비과정을 추진하였다. 그리고 성과예산관리제도의 도입과 관련하여 기반조성단계('08년~'10년), 본격확산단계('11년~'13년), 성숙단계('14년 이후)로 구분한 다음 단계별 실천전략을 강구하고 있다.

행정안전부 자료(2012)에 의하면, 광역자치단체의 경우 2010년에 성과예산서를 작성하고 2011년에 예산 성과보고서를 작성하며, 기초단체는 2012년에 성과예산서 작성, 2014년 예산 성과보고서를 작성할 예정이다. 성숙단계인 2014년에는 성과예산제도 도입을 위한 법제화 및 본격적인 시행으로 성과예산서 및 예산 성과보고서 작성을 의무화하는 것을 골자로 하고 있다.

[표 2-11] 사업예산 성과관리제도 단계별 도입계획

구분		기반조성단계('08~'10년)	본격확산단계('11~'13년)	성숙단계('14년 이후)
대상	광역	성과예산서 작성	예산성과보고서 작성	-
	기초	-	성과예산서 작성	예산성과보고서 작성
관리방법		정책사업명으로 구분	정책사업명으로 구분	예산사업 별도 구분
법제화		-	-	의무화규정 및 본격운영

주: 기초자치단체의 도입시기는 광역자치단체의 시범적용결과에 따라 변경될 수 있음.
자료: 지방자치단체 사업예산 성과관리 담당공무원 워크숍(행정안전부, 2012).

[표 2-12] 사업예산 성과관리 도입단계

일 정	추진내용
'08. 5월	광역 선도기관(서울, 강원, 전북) 선정 및 시범운영('09~'10)
'10. 4월	광역단체 '10년 성과예산서 시범 작성 광역 성과예산 편성 및 사업예산 성과관리 실시: 2011년 당초예산 • 지방자치단체 예산편성 운영기준 개정(2010. 7. 30) • 사업예산 성과관리 전담인력 증원(총액인건비 반영)(2010년 말)
'10. 12월	광역단체 '11년 성과예산서 작성 지방재정관리시스템의 성과관리영역의 수정・보완
'11. 3월	기초단체 성과예산 선도기관(28개 단체) 선정
'12. 3월	전 기초단체 '12년 성과예산서 시범 작성
'12. 12월	전 기초단체 '13년 성과예산서 작성
'13년	'10년 선도 광역단체 예산 성과보고서 시범 작성 및 '11년 전 광역 단체 예산 성과보고서 작성
'14년 이후	전 기초단체의 예산성과 보고서 작성 사업예산 성과관리제도 법제화 및 본격 운영 ※ 성과예산서 및 예산 성과보고서 작성 의무화 및 절차 등 규정

주: 행정안전부, 사업예산 성과관리 워크숍자료(2012)를 토대로 작성하였음.

특히 2011년 3월에는 기초자치단체 사업예산 성과관리 선도기관을 선정하여 성과예산서를 시범 작성하도록 하였다. 이들 기초 시범단체 현황을 살펴보면, [표 2-13]과 같이 총 28개 시・군・자치구(시 6, 군 12, 자치구 10)를 선정하고 있다. 자치구의 수가 5개 이하인 광주광역시와 울산광역시의 경우 각각 1개 구청을 선정하였다.

[표 2-13] 사업예산 성과관리 선도기관 현황(기초자치단체)

시도	선도기관	시도	선도기관
서울(2)	중구	강원(2)	춘천시
	종로구		영월군
부산(2)	중구	충북(2)	청원군
	해운대구		음성군
대구(2)	남구	충남(2)	금산군
	달성군		태안군
인천(2)	부평구	전북(2)	진안군
	강화군		익산시
광주(1)	북구	전남(2)	광양시
대전(2)	동구		목포시
	서구	경북(2)	상주시
울산(1)	중구		영양군
경기(2)	양평군	경남(2)	사천시
	가평군		합천군

자료: 행정안전부, 지방자치단체 사업예산 성과관리 담당공무원 워크숍(2012).

나. 성과예산의 중요성

성과중심의 재정운용에 대하여는 기본적으로 국가재정법, 국가회계법 및 지방재정법, 지방자치단체 예산편성운영기준에서 기본방향과 도입목적 등 관련사항을 규정하고 있다. 여기에서 이에 관한 내용을 간략히 살펴보면 다음과 같다.

① 국가재정법 관련 사항

국가재정법과 동법 시행령에서 성과계획서와 성과보고서의 작성, 재정정보의 공표, 재정사업평가 등 성과지향의 재정운영에 대해 다음과 같이 명문화하고 있다.

첫째, 성과중심의 재정운용에 대해 국가재정법은 '각 중앙관서의 장과 기금관리주체는 재정활동의 성과관리체계를 구축하여야 한다'고 규정하고, 각 중앙관서의 장은 예산요구서를 제출할 때에 다음 연도 예산의 성과계획서 및 전년도 예산의 성과보고서를 기획재정부장관에게 함께 제출하도록 규정하고 있다. 이 경우 성과보고서는 「국가회계법」에서 정하는 바에 따라 예산 및 기금의 성과보고서를 작성하여야 한다.

둘째, 기획재정부장관은 성과계획서 등에 관한 지침을 작성하여 각 중앙관서의 장과 기금관리주체에게 각각 통보하여야 하며, 주요 재정사업에 대한 평가를 실시하고 그 결과를 재정운용에 반영할 수 있다고 규정하고 있다.

셋째, 예산안, 수정예산안, 기금운용계획안, 기금운용계획변경안 및 추가경정예산안과 그에 따라 작성된 성과계획서는 사업내용 및 사업비 등이 각각 일치하도록 노력하여야 한다고 규정하여 성과중심의 재정운용을 위한 법적 기초를 마련하고 있다(국가재정법 제8조).

넷째, 특히 국가재정법은 재정정보의 공표와 관련하여 '정부는 예산, 기금, 결산, 국채, 차입금, 국유재산의 현재액 및 통합재정수지 그 밖에 대통령령이 정하는 국가와 지방자치단체의 재정에 관한 중요한 사항을 매년 1회 이상 정보통신매체・인쇄물 등 적당한 방법으로 알기 쉽고 투명하게 공표하여야 한다'고 규정하고 있다(국가재정법 제9조).

② 국가재정법시행령 관련 사항

재정사업의 성과평가와 관련하여 기획재정부장관은 각 중앙관서의 장과 기금관리주체에게 주요 재정사업을 스스로 평가(이하 "재정사업자율평가"라 한다)하도록 요구할 수 있으며, 다음에 해당하는 사업에 대해서는 심층평가를 실시할 수 있다.[3)]

- 재정사업자율평가 결과 추가적인 평가가 필요하다고 판단되는 사업

---

3) 다만, 「과학기술기본법」 제9조 제2항 제5호에 따른 국가연구개발사업에 대한 평가는 「국가연구개발사업 등의 성과평가 및 성과관리에 관한 법률」에 따른 평가로 이를 대체할 수 있다.

- 부처 간 유사·중복 사업 또는 비효율적인 사업추진으로 예산낭비의 소지가 있는 사업
- 향후 지속적 재정지출 급증이 예상되어 객관적 검증을 통해 지출효율화가 필요한 사업
- 그 밖에 심층적인 분석·평가를 통해 사업추진 성과를 점검할 필요가 있는 사업(국가재정법시행령 제3조)

③ 국가회계법 관련 사항

국가회계법에서는 정부 결산보고서의 구성 및 작성에 관해 다음과 같이 규정하고 있다.

첫째, 정부 결산보고서는 크게 결산 개요, 세입세출결산, 재무제표, 성과보고서로 구성된다. 이 경우 세입세출결산이란, 1) 중앙관서결산보고서 및 국가결산보고서의 경우에는 기금의 수입지출결산을 포함하고, 2) 기금결산보고서의 경우에는 기금의 수입지출결산을 말한다. 재무제표는 재정상태표, 재정운영표, 순자산변동표를 포함한다(국가회계법 제14조).

둘째, 결산보고서의 작성에 있어서는 결산 개요의 경우 결산의 내용을 요약하여 예산 및 기금의 집행 결과, 재정의 운영 내용과 재무상태를 분명하게 파악할 수 있도록 작성할 것을 요구하고 있다. 세입세출결산은 세입세출예산 또는 기금운용계획과 같은 구분에 따라 그 집행 결과를 종합하여 작성한다.

셋째, 국가재무제표는 국가회계기준에 따라 작성하고, 성과보고서는 성과계획서에서 정한 성과목표와 그에 대한 실적을 대비하여 작성하여야 한다(국가회계법 제15조).

④ 지방재정법 관련 사항

지방자치단체의 성과중심 지방재정운용에 대한 기본사항들은 지방재정법과 지방자치단체 예산편성 운영기준에 그 법적 근거를 두고 있다.

첫째, 먼저, 지방재정법 제5조에서 지출성과의 극대화와 관련하여 성과중심의 재정운용을 규정하고 있다.

〈지방재정법 제5조(성과중심의 지방재정운용)〉

① 지방자치단체의 장은 지방재정을 운용함에 있어서 지출성과의 극대화를 위하여 노력하여야 한다.
② 행정안전부장관은 성과중심의 지방재정운용을 위하여 필요한 사항을 정하여 지방자치단체의 장에게 통보할 수 있다.

둘째, 지방자치단체 예산편성운영기준(행정안전부훈령 제129호, 2008. 7. 28)에서 사업예산제도의 도입 목적인 '사업예산 성과관리'를 위하여 자치단체 자율 시행을 전제로 한 예산 성과관리에 대해 선언적으로 규정하고 있다.

〈지방자치단체 예산편성운영기준 제3조(성과계획서 등 작성)〉

① 지방자치단체는 사업예산 성과관리를 위하여 자율적으로 성과계획서 등을 작성할 수 있다.
② 성과관리계획서 작성여부 등은 해당 지방자치단체에서 결정하며, 행정안전부장관은 사업예산 성과관리에 필요한 정보를 제공하여야 한다.

다. 성과예산서 체계와 내용

현행 성과예산서는 『임무-전략목표-성과목표-성과지표』의 체계에 따라 예산을 편성・집행하고 그 성과를 측정・평가하는 시스템을 운영하고 있다. 조직부서의 성과계획서, 성과예산서의 편성 내용을 중심으로 살펴보면 다음과 같다.

① 전략목표 설정: 조직의 임무, 비전, 전략을 수립

조직의 임무(Mission)란 우리가 왜 존재하는가? 하는 존재이유와 조직의 사명을 의미하고, 비전(Vision)은 조직의 미래 모습이다. 그리고 조직의 임무와 비전을 전제로 전략목표를 수립한다. 이러한 과정을 통해 정해진 전략목표에 기초하여 성과목표를 설정하고 이들 목표를 실현하기 위한 핵심영향요인을 주축으로 평가지표를 설정하는 것이 지표의 적합성을 높일 수 있다. 조직의 임무하에 실・과별 전략목표를 설정하되, 전략목표는 조직의 임무와의 연계성을 고려하여 설정한다.

② 프로그램(정책사업)별 성과목표 설정

조직의 임무와 실・과별 전략목표에 기여하는 예산사업의 성과목표를 설정한다. 성과목표는 해당 예산사업의 핵심성공요인(critical success factors)을 도출하고 이에 기초하여 성과목표를 명확하게 설정하는 것이 필요하다. 그리고 사업별 성과목표 달성여부를 측정하기 위한 성과지표를 선정한다. 성과계획서에는 조직부서의 목표, 성과지표, 검증방법, 단위사업, 예산액 등을 포함하도록 한다.

③ 성과지표의 설정

성과지표(performance indicator)는 목표체계에 의한 전략목표와 정책사업의 성과목표에 대한 달성 여부와 사업성과를 평가할 수 있는 측정수단이다. 성과계획서에는 성과지표에 대한 측정산식 및 검증방법을 반드시 제시하여야 한다.

성과예산서의 작성에 있어서는 BSC 성과관리시스템과 사업예산체계와의 연계성을 지니도록 하여야 한다. 현재 성과관리시스템은 부서임무, 부서별 전략목표와 성과목표(핵심성공요인 중심), 성과지표 중심으로 작성되므로 이들 성과계획을 예산체계와 연결하는 것이 필요하다. 사업예산서의 내용 중 가장 구체적인

[그림 2-6] BSC 성과관리와 예산체계의 연계구조

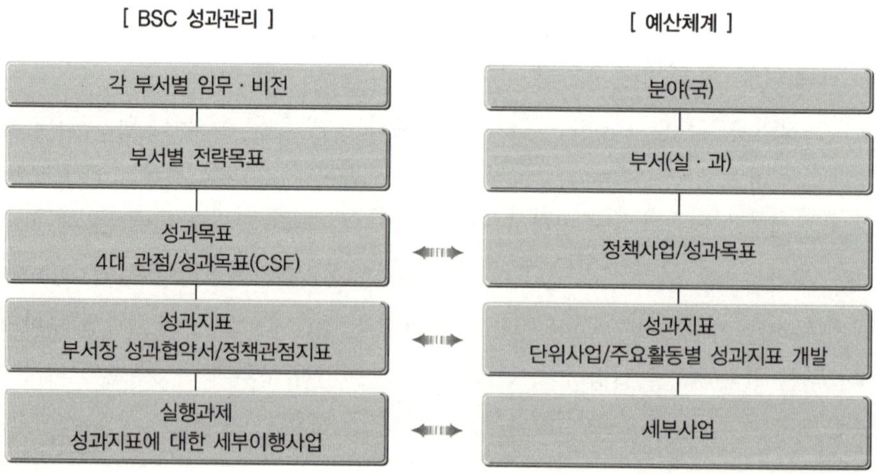

[표 2-14] 지방자치단체 성과예산서(예시)

사업단위	성과지표 (검증방법, 측정산식)	실적 및 목표치				
		'09	'10	'11	'12	'13
도로교통망 확충 (Program 1)						
국가지원지방도 확충 - 국가지원지방도 확포장 - 국지도 사업 토지보상	당해연도 공사구간 확포장에 따른 운행시간 단축(분)	8.8	5	7	8	8
‣ 지방도 도로망 확충 - 지방도 터널화 - 지방도 확·포장 공사	당해연도 공사구간 확포장에 따른 운행시간 단축(분)	20.7	20	15	15	10
· · · · · · ·						
예산액(백만원)		189,000	208,603	210,000	220,000	245,000

정보를 나타내는 "세출예산사업명세서"는 조직별(실·과) 편제이고 성과목표-정책사업, 성과지표-단위사업을 연계시키는 형태를 띠고 있으므로 양자 간의 연계에서 특히 성과목표(정책사업)와 성과지표(단위사업)를 적절하게 연계시키는 것이 중요하다.

현행 성과예산서는 조직부서(실·과) 단위에서 정책사업을 중심으로 성과목표-성과지표를 제시하며, 5년에 걸친 실적 및 목표치를 제시하고 있다([표 2-14] 참조).

라. 현행 성과예산서 체계의 문제점

① 통합적 성과관리체계 구축 미흡

지방자치단체는 사업예산제도를 도입한 이후, 본래적 도입 목적인 중장기 정책과 예산의 연계, 재정효과의 극대화, 성과와 예산의 연계 등을 통해 재정의 효율성과 책임성을 강화하고 공공서비스의 성과 개선을 위해 노력하고 있다. 이와 관련하여 성과관리체계와 성과예산체계 정비를 추진하고 있으나, 전반적인 예산사업의 목표수립, 예산집행과 사후검증, 재정지출의 성과분석이 분리되는 등 통합적인 성과관리가 어려운 실정이다.

특히, 공공관리 개혁 차원에서 도입한 각종 재정제도들이 성과관리 관점에서 상호 연계되지 못하는 등 실효성이 낮은 실정이다. 중기지방재정계획, 투융자사업심사, 지방채발행제도, 예산편성 및 집행, 결산 및 회계감사, 성과측정・평가 등이 일관성 있게 체계적으로 작동되지 않고 있다. 이로 인해 재정부문 성과관리의 기본체계와 관련하여 전략계획이나 성과목표의 설정이 부족하고 집행단계에서도 추진상의 문제점과 애로사항을 기록하는 상시적인 모니터링시스템이 미흡한 실정이다.

② 성과관리체계와 성과예산 간 연계 부족

성과관리(BSC)와 성과예산의 성과지표가 상이하여 성과계획서를 기초로 성과예산서를 작성하는 데 어려움이 발생하고 있다. 따라서 성과관리체계(BSC)와 예산체계를 연계한 일원화된 성과관리체계를 구축하는 것이 요구된다.

[표 2-15] 성과관리와 성과예산의 성과지표 비교(B군 사례)

구분	성과지표 수	비고
성과관리(BSC)	245개	2011년도 평가대상 성과지표
성과예산	329개	2011년도 성과예산 시범편성 결과

자료: 행정안전부(2012)

③ 성과관리 측정지표의 적정성 미흡

성과예산서 작성에 있어서 발생하는 또 다른 문제점은 성과측정을 위한 성과지표 개발이 미흡한 상태에 있는 점을 들 수 있다. 사회복지 분야를 사례로 보면 [표 2-16]에서와 같이 지방자치단체 BSC 표준지표와 성과관리를 위한 예산지표 간에는 차이가 나타나고 있다. 특히, 성과지표 유형 면에서 재무정보를 포함한 지표(예: 산출물 단위당 투입비용 등)는 전무한 실정이고 주로 물량 중심의 지표가 설정되어 있기 때문에 재정 효율성이나 사업성과를 측정하기가 어렵다.

[표 2-16] 사회복지분야 성과지표 설정 사례

BSC 관련 성과지표		성과예산 관련 성과지표	
영역	성과지표	영역	성과지표
복지관리	자원봉사자 등록인원	보육가족 여성	보육아동 이용시설 증가율(%)
	자원봉사참여율		
	사회복지시설 수용인원 증가율		영유아보육료 지원예산액 증가율(%)
	사회복지시설 이용인원 증가율		청소년 수련활동 프로그램 참여자 수 증가율(%)
	사회복지시설종사자 증가율		
	취약가족 수혜대상 증가율		지역아동센터(공부방)확충실적(%)
생활안정	교육만족도	취약계층지원 및 생활안정	여성인력개발 프로그램 참여실적(%)
	자격증취득률		장애인일자리참여자 증가율(%)
			여성취업지원에 따른 취업인원 증가율(%)
저소득 주민보호	자활성공률	기초생활보장	기초생활보장수급자 신규발굴률(%)
	긴급복지지원 결정률		기초생활보장수급자 부적격자 조치율(%)
노인복지	노인일자리사업 참여율	노인복지	노인일자리사업 참여인원 증가율(%)
			노후경제생활 지원율(%)

자료: 행정안전부 및 전라북도 자료를 참조하여 작성한 것임.

④ 성과정보의 제약

공공서비스 제공에 있어서 비용절감, 투입단위당 성과를 측정하고 분석하는 것이 매우 중요시되고 그에 대한 관심이 증대되고 있으나, 실제로 정부부문의 성과를 측정하는 데 필수적인 투입원가정보 등은 매우 빈약하게 제공되고 있다. 무엇보다도 우리나라의 경우 예산관리가 현금회계 원칙에 기초하므로 원가개념을 정확히 반영하기 어렵다. 그리고 정부회계시스템이 발생주의로 전환되었으나 실제로 원가회계가 발달되지 못하여 원가정보의 생성이 어렵고, 설령 성과정보를 획득하더라도 신뢰성이 낮기 때문에 성과측정에서 재무정보를 반영하기 어려운 실정이다. 아울러 투입원가정보가 불완전하여 사업성과를 객관적으로 측정하는 것이 곤란하다.

성과예산제도 운영의 실효성을 확보하기 위해서는 프로그램(정책사업, 단위사업)의 성과목표 달성을 충분하게 설명할 수 있는 핵심성과지표의 개발과 함께 집행부 예산운영 및 의회 사업심의에서 요구되는 수준의 성과정보가 생성 및 활용되는 것이 중요하다. 이러한 측면에서 성과예산에 관한 현황 분석을 토대로 투입, 과정, 결과지표를 개발하는 한편, 사업분석이 제대로 이루어질 수 있도록 투입원가정보를 담고 있는 효율성지표(예: 단위당 비용이나 생산성), 서비스질(예: 이용자만족도, 수요의 충족이나 적시성 등) 관련 성과정보를 다양하게 산출할 수 있는 재정정보시스템을 구축하는 것이 필요하다.

3. 성인지 예산제도[4)]

가. 개 요

1980년대 이후 세계적으로 남성과 여성의 양성 평등(gender equality)에 대한 관심이 고조되면서 시민사회를 중심으로 정부의 정책을 바꾸고자 하는 다양한 노력과 시도가 전개되었다. 이러한 시민사회의 노력과 시도는 마침내 가장 강력한 실천수단이라고 할 수 있는 성인지 예산제도(gender-responsive budgeting)의 도입을 이끌어 내었다.[5)] 예산이 정부의 정책 사고를 행동으로 옮기는 가

4) 여기에서 다루어지는 성인지 예산제도와 다음 절에서 기술하는 주민참여예산제도에 관한 내용 중 상당 부분은 임성일의 글(2011, 2012)을 참조 · 원용하고 있음을 밝혀둔다.

5) 본문에서 구체적으로 언급되지만, "성인지 예산제도"보다 '성인지(성을 고려하는) 예산수립'이나 '성인지(성을 고려하는) 예산편성'으로 번역 또는 해석되는 것이 본래의 개념에 가깝다고 생각한다. 다만, 성인지 예산제도 용어가 현재 법정용어로 사용되고 있고, 전문가 사회에서 통용되고 있는 관계로 부득이 본 보고서에서도 이를 사용하기로 한다. 실제로 "성인지 예산제도", "성인지 예산서"라는 용어가 우리나라에서 통용되면서 사람들이 성인지 예산에 대한 오해와 복잡성을 갖

장 유력한 제도이자 국(주)민의 복지와 사회적 형평을 실질적으로 구현하는 자원배분수단이라는 점을 인식할 때, 성인지 예산제도의 도입은 새로운 사회 변화의 동력이 작동하는 것으로 간주할 수 있다.

성인지 예산제도는 예산의 편성과 집행 그리고 관리 과정에 남성과 여성이라는 '성 변수(gender variable)'의 특성을 인식하고, 양성 평등의 관점을 예산에 투영시키는 새로운 예산운영방식이다. 성인지 예산은 특정 성의 권익과 복지 증진이나 여성문제의 해소를 위한 예산분석수단이 아니고, 모든 재정활동을 대상으로 그것이 남성과 여성에게 어떤 "의미와 영향(implications and impacts)"을 함축하는지를 파악하고 분석하는 예산기법이다(Nallari, R. and B. Griffith, 2011:140). 이는 전통적 예산제도가 예산의 편성 및 집행과 관련하여 남·여성 간에 존재하는 상이한 요인들(재정수요, 상황, 조건, 특성, 예산집행 영향)을 고려하지 않았던 것과는 본질적으로 다르다.[6)]

우리나라는 시민사회(여성단체 중심)의 적극적인 활동과 노력에 힘입어 2006년에 성인지 예산을 국가예산제도의 일부로 채택하는 법제화(국가재정법 개정)를 이루어 내었다. 그 후 2010회계연도에는 우리나라에서 처음으로 국가 성인지 예산서가 국회에 제출되었다. 그동안 중앙정부 차원에서 실시되었던 성인지 예산제도는 2011년 3월에 지방재정법이 개정되면서 2013년부터는 전국의 모든 지방자치단체들이 의무적으로 실시해야 하는 지방의 법적 예산제도로 자리매김을 하게 되었다.

이는 양성 평등의 관점에서 제도적 진보를 의미하는 동시에 지방 성인지 예산제도의 성공적 정착을 위해 국가와 지방이 협력해서 보다 충실하게 준비하고 노력해야 함을 의미한다(임성일, 2012).

는 경우가 있다.

6) 성인지 예산제도는 오스트레일리아에서 창안(1984년 "women's budget" 수립)된 이후 초기에는 소수의 국가에서 실시되었으나 오늘날에는 선·후진국을 망라하여 전 세계 약 100개 국가로 확장되는 일대 변화를 이루었다. 이는 세계의 다수 국가들이 예산을 편성하는 관점과 관리 방식을 종래와 다르게 바꾸어 나가고 있음을 의미하는 동시에 정부예산제도에 양성평등 변수를 필수적으로 장착하는 것이 새로운 글로벌 표준(global standard)이 되었음을 의미한다.

나. 성인지 예산제도의 개념과 지방재정에 주는 의미

① 개념과 의의

전통적인 예산제도는 예산편성과정에서 가구, 소득 수준(소득재분배 차원), 지역낙후도(균형발전 차원), 인구특성(아동・청소년・노인・여성, 교육 수준 등), 사회정의(사회적 약자, 취약계층, 장애 여부 등), 지리적 특성(산악지역, 설해지역 등) 등 인문・사회・경제적 변수들을 중요하게 다루어 왔다. 그러나 전통적 예산제도는 예산의 운영과 관련하여 남성과 여성을 인식하거나 이들을 대비하는 '성 변수'들은 고려대상에서 배제해 왔다. 이는 다시 말해서 예산의 운영이 성 중립적(gender neutral)이라는 전제하에서 운영되었음을 의미한다. 그러나 현실 상황을 보면 동일한 예산이라도 남성과 여성에게 상이한 혜택과 영향이 주어지는 경우가 적지 않음을 발견할 수 있다. 즉, 예산의 편성과 집행에 있어서 남성과 여성을 구분하여 달리 접근하지 않으면 사회적・경제적 불평등이 발생할 수 있는 경우가 적지 않다. 이러한 사실을 인식하고 성인지 예산은 예산배분에 영향을 미치는 사회적 가치변수로서 성 변수와 성 관점(gender perspective)을 적극적으로 도입, 적용한다. 이때 관건이 되는 것은 가능한 모든 예산대상(수입 징수와 재정지출사업)에 대해 성 관점을 적용하여 재정자원의 남녀 차별적 배분효과를 시정하려는 정부의 책임감 있는 의지와 그를 뒷받침하는 역량 구비이다. 뒤에서 구체적으로 기술되지만, 성인지 예산은 전통적 예산이 예산운영 과정에서 철저히 도외시하였던 남성과 여성 변수를 예산운영의 핵심변수로 간주한다는 점과 성별통계와 성별영향분석평가라는 객관적 증거에 기반을 둔다는 점에서 그 독자적 영역을 인정받게 되었다.[7)]

성인지 예산은 예산이 여성과 남성에게 미칠 영향을 미리 분석하여 이를 예산편성에 반영하고, 예산집행 결과 여성과 남성이 동등하게 예산의 수혜를 받게 되었는지(또는 수혜를 받는 방향으로 변화되고 있는지)를 평가하는 예산기법 내

---

7) Stotsky(2006)는 성인지 예산이 예산연구의 비주류로 간주되는 경향에 대해 성인지 예산이 내포하는 긍정적 외부효과(positive externality)론을 가지고 정면으로 반박하고 나섰다. 그것은 성인지 예산이 건강, 교육, 고용 분야에서 여성의 기회가 신장됨에 따라 유발되는 긍정적 외부효과를 적절히 책임지는 "좋은 예산수립(good budgeting)"이라는 주장을 골자로 한다.

지 방법론으로 정의된다(Budlender and Hewitt, 2002, 2003). 성인지 예산은 남성과 여성이 처한 상황과 필요 그리고 예산배분의 영향 및 수혜와 관련된 내용을 수치로서 측정하고 평가하는 데 중점을 둔다. 일반적으로 성인지 예산은 정부의 예산(세입과 세출)이 결코 "성 중립적(gender neutral)"이지 않다는 인식하에 가능한 모든 예산대상을 양성(불)평등의 관점에서 점검하는 것을 기본으로 한다. 이는 다시 말해서, 성인지 예산이 중앙 및 지방정부가 제공하는 모든 공공서비스에 대해 이들이 남성과 여성의 수요와 특성 및 여건 차이를 공평하게 반영하는 방식으로 공급되고 있는지를 점검하고 교정하는 예산시스템임을 의미한다(예산지출과 공공서비스(예산지출의 산출물 내지 결과임)는 동전의 양면관계에 있다).

Schultz(2002)에 의하면 2000년대 이전에는 인권(human rights) 영역과 정부예산 영역이 분리되어 다루어졌으나, 그 후 관련 시민사회 간에 공동 작업이 이루어지고 협력적 관계가 형성되면서 점차 두 영역이 조화를 이루는 방향으로 발전하고 있다고 한다. 그 단적인 예로 아동의 권리에 관심을 두는 시민사회가 본격적으로 정부의 예산을 검토하기 시작한 것이나, 여성의 사회·경제적 권리 향상을 목표로 "성인지 예산조치(Gender Budget Initiatives)"가 취해진 사례를 지적할 수 있다(Elson, 2006). 이러한 맥락에서 볼 때, 성인지 예산은 인간의 권리나 사회적 형평을 다루는 사회·정치적 원리(또는 지향가치)를 경제·재정적 영역에 접목시키는 시도로 간주된다.[8] 즉, 성인지 예산은 사회적 형평, 구체적으로 남성과 여성 간에 형성되어야 하는 사회적 형평문제를 정부의 예산운영시스템 속에 투입시켜 정치·경제적으로 해결하고자 하는 시도이다.[9] 따라서 성인지 예산을 실시한다는 것은 정부의 예산에 포함되는 예산항목과 예산수치(재정수입

8) 성인지 예산은 정부예산에 인권을 적용하는 접근(rights-based approach to government budget: 가치 절하, 차별, 불이익, 소외·배제 등의 인권문제를 반영하는 접근)의 일부로 간주될 수 있다. 이러한 접근에서는 경제원리를 반영하는 예산원리들(신중성, 건전성, 지속가능성, 효율성)과 상충되는 상황이 발생할 수 있다(Elson, 2006:12).

9) 예산은 본질적으로 정치적 과정(political process)으로 가치 지향적 특성을 지니는데, 이는 성인지 예산에도 적용된다. 성인지 예산이 추구하는 가치를 구현하는 과정에서는 정치적 측면과 재정·경제적 측면이 동반된다. 정치적 측면은 남성과 여성의 평등한 예산수혜권한(국민의 평등권 보호)의 구현에 초점이 맞추어지고, 경제·재정적 측면은 성인지 예산사업의 경제적 효율성 달성(일반 예산사업과 마찬가지임)에 초점이 맞추어진다. 전자를 지배하는 원리는 형평성(equity)이고, 후자를 지배하는 원리는 효율성(efficiency)이다.

및 지출사업 금액) 중 일부가 남성과 여성의 재정혜택 균등화를 구체적으로 실현하고 있음을 의미한다.

제도의 도입초기에는 성인지 예산이 여성중심 예산사업에 치중하는 경향이 강하였다. 그러나 그 후 성인지 예산이 전 세계로 확산되면서 차츰 그러한 경향에서 벗어나 성 주류화(gender mainstreaming) 개념[10]을 예산부문에서 실행하는 제도로 발전하기 시작하였다. 성 주류화를 실천한다는 의미는 성인지 예산이 특정 성의 권익과 복지를 위한 정책이나 여성문제의 해소를 위한 예산분석수단이 아니고, 모든 재정활동을 대상으로 그것이 남성과 여성에게 상이하게 부여되는 "의미와 영향"을 파악하고 분석하는 예산기법임을 뜻한다(Nallari, R. and B. Griffith, 2011). 최근에는 성인지 예산제도가 예산분석기법의 수준을 넘어 성별수혜 효과와 영향 등 분석결과를 정책형성에 반영(미래의 정책 창안, 기존 정책의 재형성 등)하는 방향으로 한 단계 진보하는 동시에 광의의 공공재정 관리시스템(Public Finance Management Systems) 속에 포함되는 자리매김을 하고 있다. 우리나라에서는 아직 성인지 예산이 성 주류화를 구현하기보다 여성의 권익과 예산혜택 불이익을 해소하는 방향으로 치중하는 경향을 보이고 있다. 이것은 그동안 우리나라의 예산 운영이 남성과 여성의 상황과 수요를 고려하지 않은 상태에서 무의식적으로 남성 위주의 예산을 운영해온 데 대한 교정과정으로 보인다.[11]

---

10) 성 주류화란 정부가 수행하는 모든 활동, 정책개발, 연구, 주창, 소통과 대화, 입법, 자원배분, 계획, 프로그램 시행 및 모니터링에 대해 양성 평등적 시각과 인식을 적용해서 궁극적으로 양성평등을 확보하는 것을 의미한다(Sarraf, 2003). 이는 다시 말해서, 공공자금을 사용하는 모든 공공부문 주체가 예산 및 비예산활동의 과정과 결과에 있어서 남성과 여성의 '무차별, 동등 상태'가 달성될 수 있도록 유도하는 것이 성 주류화임을 의미한다.

11) 성인지 예산의 관점에서 볼 때, 정부의 재정지출은 일반적으로 다음의 세 가지 유형으로 구분, 접근되어 왔다(Sarraf, 2003). 그것은 (1) 특정 성을 위한 지출(Gender-specific expenditures: 특정한 성별 목표집단(여성, 남성, 소년・소녀)에게 예산혜택을 높여줄 목적으로 집행되는 특정 재정지출을 의미함), (2) 양성평등 향상을 위한 지출(Expenditures on promoting gender equality: 공공서비스 부문의 양성평등 향상을 목표로 집행되는 재정지출로서 주로 고용기회의 평등과 임금보장의 공정성에 중점을 두는 경향이 있음), (3) 일반・주류지출(General and mainstream expenditures: 위의 두 부분에 해당하지 않는 재정지출로서 성인지 예산분석의 핵심대상으로 부상되어 있음)이다.

② 성인지 예산이 지방재정에 주는 의미

성인지 예산제도가 내년부터 지방자치단체의 예산시스템에 접목된다는 것은 다음과 같은 측면에서 중요한 의미가 있다(임성일(d), 2012를 직접 원용함).

첫째, 국(주)민에 대한 세금 부과와 국민의 세금을 사용하는 재정활동 전반에 걸쳐 남성과 여성의 재정 형평성이 구현될 수 있는 기회와 공간이 크게 확장된다는 점에서 중요한 의미가 있다. 우리나라의 재정은 중앙재정과 지방재정으로 구분되는데, 현재 수입은 중앙재정이 많은 반면 지출은 지방재정(지방교육재정 포함)이 더 많은 상태이다. 2012년도 예산 기준으로 중앙재정은 전체 재정의 43%를 사용하는 데 비해 지방재정은 57%(일반지방재정 42%, 교육지방재정 15%)를 사용하고 있다(행정안전부(b), 2012). 이러한 상황에서 지방 성인지 예산의 도입은 성별 재정혜택의 불공평 상태를 개선할 수 있는 예산 파이(pie)와 사업의 대상과 공간적 범위가 명실상부하게 국가 전체로 확대되는 중요한 계기가 마련된다는 점에서 큰 의미가 있다. 특히, 지방의 입장에서 보면 지방자치단체의 예산운영에 성 관점과 성 인식이 투영되어 경제·재정적 양성평등이 추구될 수 있는 발판이 마련될 뿐 아니라 재정활동의 책임성(accountability), 참여(participation), 투명성(transparency)을 제고시키는 제도적 기반이 강화되는 것을 의미한다(Budlender and Hewitt, 2003:7).

둘째, 중앙재정에 비해 국민의 일상생활과 밀접한 공공서비스를 더 많이 공급하는 지방재정의 특성을 감안할 때, 지방 성인지 예산제도의 도입은 국민이 체감할 수 있는 성인지 예산사업을 크게 확대시키는 의미를 갖는다. 외국의 경험에 의하면 성인지 예산대상이 교육, 노동, 경제 활동, 사회복지, 보건, 농림수산 분야에 집중되는 경향이 있는데, 이들 기능의 상당 부분이 지방자치단체 차원에서 수행되고 있는 것이 현실이다. 따라서 지방 성인지 예산의 도입은 국가 성인지 예산에 비해 보다 동태적이고 주민 밀착적인 예산 운영을 유도할 것으로 예상된다.

셋째, 지방 성인지 예산제도는 성인지 예산사업의 중앙·지방 간 연계성을 강화시키는 측면에서 중요한 의미가 있다. 현재 중앙정부가 관리하는 성인지 예산사업 중 상당수가 국고보조사업인데(지방단위에서 자금이 지출되고 사업이 실시됨),[12] 지금까지는 지방의 여건과 실태를 반영하지 않는 중앙 관점에서의 성인지 예산 관리가 이루어지는 문제가 있었다. 그러나 앞으로 지방 성인지 예산제도가 실시되면 국고보조 성인지 예산사업들은 개별 자치단체 차원과 전국 차원의 성별영향분석(미시 · 거시분석)을 병행 실시하는 등 한 단계 발전된 예산관리가 가능해진다.

넷째, 지방 성인지 예산의 실시는 중앙 · 지방 간 재정이전(fiscal transfers)의 운영방식에 영향을 미친다. 구체적으로, 앞으로 모든 국고보조사업은 그 실시에 앞서 양성(불)평등의 의미와 영향을 내포하는지를 사전에 점검하는 절차를 반드시 거쳐야 할 것이다. 이때 선정되는 성인지 예산 국고보조사업에 대하여는 일반 국고보조사업과 달리 성인지 예산의 취지를 구현할 수 있는 새로운 운영방식(매칭 방식과 비율, 성과관리 등)을 국가와 지방이 협의, 확정해야 한다. 경우에 따라서는 앞으로 지방교부세의 배분과정에서 지방의 재정수요(기준재정수요)를 산정할 때, 기존의 인구 수, 인구특성 변수 외에 남성과 여성 변수를 고려해야 할 필요가 있다.

다섯째, 지방 성인지 예산제도는 지방자치단체 간에 선의의 경쟁을 촉발시켜 지방재정제도의 발전을 촉진시킬 수 있는 잠재력을 갖는다. 이는 다양성과 개방성을 기본특성으로 하는 지방의 속성에서 비롯된다. 비록 초기 도입단계에서는 지방이 중앙으로부터 많은 경험과 지식을 학습하겠지만,[13] 일정한 기반이 형성된 이후에는 선도 자치단체가 탄생해서 리더 역할을 할 수 있고 경우에 따라서는 지방이 중앙정부 성인지 예산을 '밀고 끌어당기는(push and pull)' 역할을 수행할 수도 있다. 이는 중앙 · 지방 간에 경쟁 및 협력관계를 유도하는 견인차 역할을 하면서 성인지 예산의 발전에 중요한 원동력으로 작용할 것으로 기대된다.

---

12) 2011년 기준으로 전체 245개 성인지 예산사업 중 국고보조 성인지 예산사업은 68개로 파악되는데, 이는 전체 성인지 예산사업의 약 30%에 해당한다.

13) 지방이 중앙정부의 경험으로부터 배워야 할 것은 성인지 예산의 제도화(institutionalization), 실천수단, 운영주체, 운영방식, 성공 및 실패요인, 시행착오, 갈등 및 장애요인 등이다(임성일(b), 2011).

여섯째, 중장기적으로 지방 성인지 예산은 지출부문 외에 지방세와 사용료・수수료 등의 부과・징수방식 등(부과대상, 부과방법, 정책효과)에도 성 관점을 투입하여 현재와 다른 변화를 초래할 가능성이 크다. 이는 성인지 예산이 지방재정의 수입을 확보하고 조달하는 방식과 내용에 변화를 초래할 가능성이 있음을 시사한다.

다. 성인지 예산제도 운영의 과제

1) 중앙정부 성인지 예산제도에 대한 비판적 고찰과 지방에의 시사

2012년도 예산 기준으로 중앙정부의 성인지 예산은 총 13조 6,702억원이고, 이는 34개 중앙정부 기관의 254개 세부사업(일반회계, 특별회계, 기금)을 망라한다(여성가족부, 2012). 성인지 예산이 중앙정부 전체 예산에서 차지하는 비중은 지난 3년 간 3% 대에서 크게 변하지 않은(2010년 3.6%, 2011년 3.3%, 2012년 3.9%) 반면 대상사업 수는 비교적 많이 늘어나는 경향을 보이고 있다([표 2-17] 참조).

우리나라의 성인지 예산제도가 법적 기반을 갖고 전 부처를 망라하여 제도를 적용하는 형식적 틀을 갖춘 데 대하여는 어느 정도 긍정적으로 평가할만하다. 그러나 제도 도입 이후 3년 차에 진입한 현재도 공무원의 성인지 예산 인식이 크게 부족하고, 관련 인프라가 제대로 구축되지 못하고 있는 점은 제도운영의 본질적인 문제로 간주된다. 이에 대해 구체적으로 언급하면, 현행 성인지 예

[표 2-17] 중앙정부 성인지 예산의 변화 추이(2010~2012)

구 분	2010년	2011년	2012년
예산 규모(억 원)	73,144(3.6%)	101,748(3.3%)	136,702(3.9%)
대상사업 수	195	245	254
중앙부처 기관 수(개)	29	34	34

주 1: 여성가족부 자료를 토대로 정리한 것이며, ( ) 안의 수치는 중앙정부 예산대비 성인지 예산비중을 의미함.

주 2: 대상사업은 세부사업 기준이며, 2011년부터는 일반회계와 특별회계 외에 기금회계가 추가됨.

산제도는 이해관계자의 인식 변화와 공감대 형성 부족, 관련 인프라(성별통계와 관련분석정보, 대상사업 선정기준 등) 구축 미흡, 형식적 성별수혜분석, 관계공무원의 지식 습득 및 전문성 부족, 예산계획 시간 및 여건 제약 등의 문제와 한계에 직면하고 있다(임성일(b), 2011). 비슷한 맥락에서 국회예산정책처는 중앙정부 성인지 예산제도가 안고 있는 문제점으로, 사업규모의 영세성, 성 평등 목표와 재정운용 방향의 연계성 미흡, 대상사업 선정의 합리성과 실용성 결여, 적절한 성별통계 및 원인분석 미흡, 성인지 예산서 작성절차의 체계성 결여, 성인지 예산서와 예산안 편성심의의 연계성 부족 등을 지적하고 있다(국회예산정책처a, 2011). 그리고 국회예산정책처가 지난 해에 최초로 보고된 2010년도 성인지 결산서를 종합적으로 검토한 결과 성인지 예산사업이 지니는 가장 큰 문제점으로 국가재정운용 전반에 대한 성인지적 관점의 평가 미흡, 대상사업과 성 평등 구현 간 연계성 부족, 성 평등 효과분석 부적절성(보육지원사업 등), 성 평등 제고를 위한 사업집행 미흡 등이 지적되었다(국회예산정책처b, 2011).

성인지 예산서를 작성하는 공무원을 대상으로 한 설문조사결과(정가원, 2011)에 의하면 대상사업의 선정기준에 대한 이해와 공감이 상당히 부족한 것으로 파악되었다. 그리고 관계공무원들은 예산서 작성시 성별수혜분석을 가장 어려워하고, 결산서 작성시 성 평등 효과분석을 가장 어려워하는 것으로 파악되었다.[14] 대상사업 선정이 성인지 예산의 기본접근에 해당하고, 성별영향분석과 성별수혜분석이 성인지 예산의 핵심 작동기제(기법)인 점을 인식할 때, 이러한 설문조사결과는 현행 성인지 예산이 제도의 본질과 도입 취지에 부합하는 방향으로 운영되지 못하고 있음을 단적으로 입증한다. 한마디로, 현재의 중앙정부 성인지 예산은 성별통계가 충실하게 구축되지 못한 상태에서 성별영향분석평가를 실시할 수 있는 여건과 역량(인력, 시간, 기법 개발, 비용투자 등)을 제대로 구비하

14) 이와 같은 조사결과는 일견 성인지 예산제도를 실시하는 거의 모든 나라에서 공통적으로 감지될 수 있는 것처럼 보인다. 그런데 중요한 것은 문제의 수준과 내용 면에서 국가 간에 크게 다르다는 점이다. 성인지 예산이 발달한 국가에서는 상대적으로 높은 수준의 분석을 실시하면서도 여전히 기법과 방법론 그리고 미시통계의 부족을 느끼는 반면 성인지 예산이 발달하지 못한 국가에서는 인식의 변화와 인프라 구축이 제대로 되지 못한 상태에서 관련기법의 어려움을 호소하는 면에서 큰 차이가 있다.

지 못하고 있다.

요약하면, 우리나라는 아직도 기본과 원칙에 충실한 성인지 예산을 운영하는 궤도에 진입하지 못한 채 다분히 형식적인 제도운영에 머무르고 있다. 이러한 현실 상황을 냉철하게 인식할 때, 중앙정부에 비해 여러 면에서 어렵고 불리한 여건에 처해 있는 지방은 중앙정부와 다른 전략적 접근을 취하지 않으면 안 될 것으로 판단된다. 일반적으로 성인지 예산세도는 크게 보아 (1) 제도의 이해와 인식과 관련된 인프라('soft infrastructure')와 (2) 예산기법과 관련통계와 관련된 인프라('hard infrastructure')의 두 축을 강화하면서 발전해 나가는데, 현재 지방은 사실상 양자 모두를 갖추지 못한 상태에서 제도 실시를 기다리고 있다.

2) 지방자치단체 성인지 예산제도 도입의 주요 과제

외국의 경험과 중앙정부의 성인지 예산 실시 경험을 면밀히 살펴볼 때, 지방 성인지 예산제도를 도입하는 과정에서 중점적으로 다루어져야 할 사항은 크게 보아 다음의 세 부문으로 압축될 수 있다(임성일(b), 2011). 그것은 (1) 성인지 예산 인프라 구축, (2) 관계공무원의 성인지 예산기법 및 지식 함양, (3) 이해관계자의 성인지 마인드 함양의 세 부분이며, 각 부문별로 해소해야 할 주요 과제들이 [표 2-18]에 기술되어 있다. 이 중에서도 특히 중요한 것은 자치단체장과 지방공무원의 성인지 예산에 대한 이해와 인식을 철저히 고취시키는 문제와 성인지 대상사업 선정, 성별통계 구축, 성별영향분석평가 역량 강화와 방법론 개발, 성인지 예산과 성별영향평가의 연계, 시민사회와의 유대 모색 문제이다. 이들은 각각 독립된 과제이면서도 전체적으로 연계와 조화를 이루어야 하는 특성을 지닌다.

① 성인지 예산 대상사업 선정

지방자치단체가 성인지 예산제도를 효과적으로 실시하기 위해서는 무엇보다도 대상사업을 선정하는 기준이 객관적이고 실용적으로 정립되어야 한다. 현재 중앙정부가 제시하는 성인지 예산 대상사업 선정기준은 튼튼한 원리나 지향가치, 논리적 일관성에 근거하는 것이 아니고 기존 제도에 힘입어 편의적으로

[표 2-18] 지방 성인지 예산제도의 도입·발전을 위한 주요 과제

주요 부문	주요 과제
제도 인프라 구축	• 성인지 예산의 지방예산회계제도 및 중앙·지방정부 연계 • 대상사업 선정기준 개발 • 성별통계 구축, 분석기법 개발, 성과관리시스템 구축 • 성인지 예산서 및 결산서 개발 • 성인지 예산과 성별영향평가 연계 • 추진체계와 가버넌스 • 운영주체, 이해관계자 간 연계(networking) • 제도의 정착 및 발전을 위한 로드맵(road map) 구축 • 전담인력 배치 및 전문가 자문·지원 등
전문성 함양 (기법, 지식, 정보 등)	• 예산회계기법, 성인지 예산기법의 습득, 함양 • 성별영향·수혜분석 기법, 성과목표 선정 및 관리 • 대상사업 선별, 성인지·양성평등에 대한 지식습득, 교육
이해관계자 인식 및 행태 변화	• 자치단체장의 인식 변화와 헌신 • 선의의 경쟁, 사회적 압력(social pressure) • 성인지, 양성평등에 대한 교육 • 홍보, 대화와 소통, 정보 투명성 확보 • 지역별 전문연구기관, 시민사회조직, 전문가집단의 가교 역할

접근하는 실무지침적 성격을 지닌다. 성인지 예산제도가 도입된 이후 금년까지 3년간 제시된 대상사업 선정기준을 살펴보면 이러한 비판적 논거가 설득력을 갖게 된다([표 2-19] 참조). 2012년 대상사업 선정기준으로 제시된 것은 (1) 제3차 여성정책기본계획 추진사업 중 예산사업, (2) 2011년도 성인지 예산서 작성사업(작성사업 중 분석의 용이성과 실익이 있는 사업), (3) 기타 성별영향분석이 가능한 사업(성별 수혜분석이 가능하고, 분석결과 성 불평등 개선 여지가 큰 사업)의 세 가지 기준이다(여성가족부 매뉴얼, 2011). [표 2-19]를 통해 알 수 있는 바와 같이, 현행 기준은 제도와 영역과 사업 등이 혼재된 상태에서 업무 편이성 측면에서 접근하고 있다. 이러한 접근은 일견 편리한 것처럼 보이나 중장기적으로 지속성을 갖기 어렵고, 서로 다른 사업 간의 수준 조정과 일관성·형평성 유지를 어렵게 만든다.

[표 2-19] 중앙정부의 성인지 예산 대상사업 선정기준(2010~2012)

2010년	2011년	2012년	비고
• 양성평등정책사업 • 성별영향분석사업	• 제3차 여성정책기본 계획 추진사업 중 예산사업 • 2010년도 성인지 예산서 작성사업 • 기타 성별영향분석 가능 사업	• 제3차 여성정책기본 계획 추진사업 중 예산사업 • 2011년도 성인지 예산서 작성사업 • 기타 성별영향분석 가능 사업	연도 간 본질적인 제도변화 없음

② 성별영향평가제도 활성화와 성별통계 구축

성인지 예산이 정상적으로 수립되어 목적을 달성하기 위해서는 각 예산사업이 가져다주는 성별 재정혜택에 관한 정보가 객관적으로 생성되어야 하고, 또한 이것이 성인지 예산을 편성하는 근거로 작용해야 한다. 이때 성별 재정혜택 정보는 성별영향분석평가(Gender Impact Assesment)를 통해 제공되는데, 성인지 예산사업의 핵심 내역(사업, 예산금액, 세부내역 등)은 다름 아닌 성별영향분석결과를 반영하는 것이어야 한다. 극단적으로 말해서, 성인지 예산의 성공 여부는 성별영향분석평가를 얼마나 충실히 수행해서 그것을 예산에 반영하는지에 달려있다고 해도 과언이 아니다. 이는 다시 말해서, 성인지 예산이 발전하기 위해서는 예산편성과정에서 성별영향분석을 적극적으로 실천하고 관련 방법론을 지속적으로 보완·발전시켜 나가야 함을 의미한다.

세계 각국에서 운영되는 성인지 예산은 국가 간에 일정한 차이가 존재하지만, 정책 형성과 실행을 뒷받침해 주는 다음의 다섯 가지 기본단계는 대부분의 국가에서 공통적으로 활용하고 있다(CBMS, 2004:22; Nallari, R and B. Griffith, 2011:12 참조). 그것은 상황분석(situation analysis), 정책분석(policy analysis), 자원배정(resource allocation), 서비스 전달(제공)에 대한 모니터링(monitoring of delivery), 영향평가(evaluation of impact)이다. 어떤 의미에서 이러한 기본단계는 일반예산사업에도 비슷하게 적용되고 있다. 하지만 성인지 예산사업과 일반예산사업 간에 가장 뚜렷하게 구분되고 강조되는 단계는 상황분석과 영향평가단계이다. 기존 예산사업의 경우 상황에 대한 분석은 대상사업의 수행을 통해 생산되는 산출물(다리, 도로, 주민회관, 박물관 건설 등)이나 수혜자의 적격성(연령, 소득, 재산, 장애, 기타 사회복지 수혜자격 등)에 관한 비교적 단순한 정보를 필요로 한다. 이에 비해 성인지 예산사업에 대한 상황분석은 대부분 심층적인 분석정보를 요구하고(그것은 항상 남성과 여성을 비교하여 분석한 통계 내지 결과를 요구함), 영향평가는 산출과 성과(결과)를 요구한다. 즉, 특정 예산사업의 수행과 관련하여 남성과 여성이 처한 상황과 수요가 어느 정도 다르고, 왜 다른지, 그리고 어떻게 예산을 배분하는 것이 합리적인지를 판단할 수 있는 심층분석과 관련통계의 뒷받침을 필요로 한다. 이것은 앞서 강조한 바와 같이, 성인지 예산이 예산체제의 틀과 구조를 설정하고 관리하는 본원적인 예산시스템이기보다 예산수립의 근거를 제시하는 기법 내지 방법론이라는 점을 뒷받침한다. 이러한 사실은 성인지 예산의 성공 여부가 이러한 기법과 방법론이 얼마나 튼튼하게 마련되고 충실하게 실시되는지에 의해 결정될 수 있음을 암시한다. 이것은 다름이 아닌 성별영향분석과 성별수혜평가의 중요성을 강조한다. 성인지 예산은 성별영향분석보고를 반드시 수반해야 하는데, 이는 일반적인 예산서 형식이기보다 별도의 보고서(부속서류, 첨부서류)의 형태를 취하는 것이 합리적이다. 이때 보고서의 핵심은 성인지 예산사업이 일반예산사업에 비해 고유의 추가정보(배경정보, 심층분석정보)를 제공하는 데 있다.

③ 성인지 예산의 성과관리: 체제변화와 성과관리

현재 성인지 예산에 대한 성과관리시스템은 사실상 체계적으로 구축되어 있지 않은 것으로 파악된다. 그것은 성인지 예산사업에 대한 종합적 성과관리 위계가 정립되어 있지 않은 상태에서 각 성인지 예산 세부사업 단위의 성과목표가 설정되도록 요구되고 있다. 지방자치단체의 예산시스템이 종합적, 거시적 차원에서 정책과 사업의 성과를 잘 관리하기 위해서는 성인지 예산제도와 사업예산제도 간에 긴밀한 연계성을 확보하여 두 제도의 성과정보를 최대한 활용하는 방식으로 구조화되어야 한다. 성과관리 측면에서 사업예산사업으로서의 성과목표와 성인지 예산사업으로서의 성과목표를 기본적으로 연계시켜 종합적으로 관리해 나갈 때 예산시스템 전체의 성과가 극대화될 수 있기 때문이다.

현행 국가와 지방자치단체의 성인지 예산제도는 성과관리 측면에서 다음과 같은 중대한 문제를 안고 있다. 첫째, 프로그램 예산제도의 성과관리시스템과 성인지 예산의 성과관리시스템을 연계하는 제도적 장치가 결여되어 있다(어떤 의미에서 성인지 예산의 성과관리시스템이 존재하는가 하는 근본적인 문제도 제기된다). 둘째, 성인지 예산제도 전반을 체계적으로 관장하는 성과관리시스템이 구조화되어 있지 못하다. 현재 중앙정부와 지방자치단체의 성인지 예산사업은 모두 세부사업을 중심점으로 실시되고 있는 데 비해 사업의 성과관리는 중앙·지방 성인지 예산 모두 중심점을 분명히 설정하지 못하고 있다. 다만, 성인지 예산서에서 각 성인지 예산사업별로 성과목표를 제시하고 있는 점을 감안할 때, 성과관리 또한 세부사업을 중심으로 이루어지고 있는 것으로 간주할 수 있다. 그런데, 문제는 세부사업 수준에서 제시된 성과목표가 세부사업의 상위 항목인 단위사업 및 정책사업과의 연계성이 없고, 또한 부서조직과 연계하는 시스템이 부재하다는 것이다. 성인지 예산사업의 성과를 올바로 관리하기 위해서는 무엇보다도 목표체계가 논리적 일관성을 갖고 실천 가능성을 담보할 수 있도록 구조화되어야 한다.

[표 2-20] 지방자치단체 성인지 예산의 예산편성 단위와 성과관리 단위

<table>
<tr><th rowspan="2"></th><th colspan="2">사업예산제도 성과관리</th><th rowspan="2">비고</th></tr>
<tr><th>기존
성과관리체제</th><th>성인지 예산
성과관리체제</th></tr>
<tr><td>분야</td><td></td><td>○</td><td rowspan="6">• 사업예산제도는 예산 체제의 중간단위(정책/단위사업) 중심으로 성과관리
- 거시 성과관리 취약
* 최소 성과관리체제 구축
• 성인지 예산제도는 예산체제의 하위단위(세부사업) 중심으로 성과관리
- 거시·중간 성과관리 취약
* 예산사업을 고려하는 성과관리 체제 미비</td></tr>
<tr><td>부문</td><td></td><td></td></tr>
<tr><td>정책사업(program)</td><td>○</td><td></td></tr>
<tr><td>단위사업</td><td>○</td><td></td></tr>
<tr><td>세부사업</td><td></td><td>○</td></tr>
<tr><td>기타
(세사업/편성목 등)</td><td></td><td></td></tr>
</table>

라. 지방자치단체 성인지 예산 운영 내용 : 성인지 예산서

성인지 예산서는 남성과 여성 간에 차등적인 영향이 주어지는 예산사업들에 대해 각 사업별 정보와 전체 사업을 합친 총체적 예산정보를 담고 있는 보고시스템이라고 할 수 있다.[15] 현행 국가 성인지 예산서는 성인지 예산의 도입취지와 외국 사례 등을 반영하여 일정한 기본체제를 갖추고 있다(성인지 결산서는 성인지 예산에 대한 결산개요, 집행실적, 성 평등 효과 및 평가 등을 작성하고 있다). 구체적으로, 성인지 예산서는 크게 성 평등 목표, 사업총괄표, 사업별 설명자료의 세 부분으로 구성된다. 성 평등 목표는 해당부처 기획재정담당관실에서 작성하며, 제3차 여성정책기본계획에 따라 해당부처의 개별사업을 총괄하는 성 평등 목표를 제시

[표 2-21] 성인지 예산서의 중앙·지방 간 비교(기본체제와 핵심 사항)

주요 부문	중앙정부	지방자치단체
성 평등 목표· 사업총괄표· 성인지 예산 편성방향· 성인지 예산서 개요 및 분야별 규모	• 성 평등 목표 - 제3차 여성정책기본계획상 성평등 목표 • 사업총괄표 - 회계별 사업 목록과 예산액 - 사업별 예산 - 총계	• 성 평등 목표 - 국가 여성정책기본계획, 단체장 공약사항 등 고려 • 성인지 예산 편성방향 • 성인지 예산 개요, 분야별 규모 - 회계별 사업수, 예산액 증감, 기능 및 조직별 총괄표 등 작성
사업별 설명자료· 부서별 성인지 예산서 (사업총괄표, 사업별 설명자료)	• 사업별 설명자료 - 사업명, 예산액, 사업목적, 정책대상, 사업내용, 성 평등 목표분야, 성 평등 기대효과 - 성별수혜분석: 사업대상자, 사업수혜자, 예산현황 • 성과목표	• 부서별 성인지 예산서 - 사업총괄표 • 사업별 설명자료 - 사업개요, 성인지 대상사업 및 선정 사유, 재원별 예산내역 - 성별수혜분석, 성별 격차 원인 분석 - 향후 추진계획 - 성 평등 기대효과, 성과목표

주: 여성가족부, 행정안전부의 성인지 예산관련 자료(2012)를 토대로 작성한 것임.

15) 이러한 관점에서 볼 때, 성인지 예산서라는 용어는 성인지 예산보고서로 수정되는 것이 합리적이다. 이때 성인지 예산은 각 사업별로 해당사업이 왜 성인지 예산사업으로서의 적합성을 갖게 되는지, 그리고 구체적으로 현 단계에서 남성과 여성에게 어떤 차별적인 영향이 발생하고 있고 동 예산을 통해 교정될 양성 평등적 영향 및 효과가 무엇일지에 대한 객관적 정보를 제공하는 것을 소임으로 한다.

하고 있다(부처의 여건에 따라 1-3개 수준의 목표를 제시함). 사업총괄표는 회계별로 사업의 목록과 예산액을 표로 제시하는 것으로 부처의 성인지 예산 대상사업별 예산정보와 총계 정보를 담고 있다. 그리고 사업별 설명자료는 성인지 대상사업에 관한 주요 내역(사업명, 예산금액, 정책대상, 사업내용, 성 평등 목표분야, 성 평등 기대효과, 성별 수혜분석, 사업수혜자, 예산현황 등)에 관한 정보를 수록한다.

지방자치단체 성인지 예산제도의 기본체계와 내용은 그동안 확정되지 못하다가 2012년 7월에 지방예산편성에 관한 기준이 확정, 전달되면서 그 내용이 드러났다. 그에 따르면 지방의 성인지 예산서는 큰 틀에서 중앙정부와 비슷한 구조를 가지면서 세부적으로 일정한 차별성을 보이는 것으로 간주된다. 예를 들어, 사업별 설명자료 속에 성인지 예산 대상사업 선정 사유, 성별 격차 원인분석, 향후 추진계획 내용을 포함시킨 것은 중앙정부와 차별성이 있을 뿐 아니라 중앙정부에 비해 진일보한 것으로 간주된다. [표 2-22]에는 중앙정부 성인지 예산제도와 지방 성인지 예산제도 간의 주요 공통점과 차이점 비교가 수록되어 있다.

[표 2-22] 사업예산제도와 성인지 예산서의 주요 내용 비교

주요 부문	사업예산제도	성인지 예산제도
예산서 체계 (* 예산총칙 및 예산의 주요 내용)	• 예산총칙 • 예산규모 - 회계별 예산규모 - 세입총괄표 - 세출총괄표(기능, 조직, 성질별) • 세입예산서/세출예산서 • 채무부담행위/계속비사업조서 등	• 성 평등 목표 - 국가 여성정책기본계획, 단체장 공약사항 등 고려 • 성인지 예산 편성방향 • 성인지 예산 개요, 분야별 규모 - 회계별 사업 수, 예산액 증감, 기능 및 조직별 총괄표 등 작성
부서별 사업명세서 (* 부서별 예산서 작성 내역)	• 세입사업명세서 • 부서별 성과예산서(성과예산서 작성 체계 및 해설) - 부서임무, 조직현황 예산규모, 전략목표, 성과목표, 성과지표 • 세출사업명세서 • 부문/전략/성과목표별 성과지표 현황	• 부서별 성인지 예산서 - 사업총괄표 • 사업별 설명자료 - 사업개요, 성인지 대상사업 및 선정 사유, 재원별 예산내역 - 성별수혜분석, 성별 격차 원인 분석 - 향후 추진계획 - 성평등 기대효과, 성과목표

주: 행정안전부, 2013 지방자치단체 예산편성 운영기준 및 기금운영계획 수립기준, 2012를 참조하여 작성한 것임

성 평등 목표는 성인지 예산의 고유한 것으로 사업예산제도에는 없다. 성인지 예산편성방향도 성인지 예산의 고유한 것으로 사업예산제도에는 없는 항목이다. 성인지 예산개요, 분야별 규모, 기능 및 조직별 총괄표 등은 성인지 예산의 고유한 것이지만, 기본특성 면에서 사업예산의 내용들과 비슷한 면모가 많이 있다.

4. 주민참여예산제도

가. 개 요

우리나라에서는 2003년부터 시민단체의 활동이 활발한 일부 자치단체를 중심으로 주민참여예산제도가 실시되기 시작하였다.[16] 하지만 동 제도는 2011년에 법적 기반을 구축함에 따라 마침내 전국의 모든 지방자치단체들이 의무적으로 시행해야 하는 새로운 예산운영시스템으로 자리매김을 하였다.[17]

이는 주민참여예산제도가 종전의 소극적, 제한적 운영방식에서 벗어나 적극적, 경쟁적 방식으로 활성화될 수 있는 새로운 공간으로 나서게 됨을 의미한다. 이러한 국면 전환의 상황에서 가장 중요한 것은 주민참여예산제도가 본질적으로 추구하는 목표와 과정들이 주민, 행정부, 의회, 시민사회, 언론 등 이해 당

16) 참여정부에서는 지방분권 추진과정에서 주민참여와 주민통제를 활성화하기 위한 제도적 장치의 하나로 주민참여예산제도의 도입방안이 제시되었다. 참여정부 지방분권 추진로드맵에서는 주민참여를 확대하기 위한 제도적 장치의 하나로 참여예산제도의 도입방안을 제시하였으며, 2004년도 지방자치단체 예산편성기본지침에서는 지방재정 운영방향의 일환으로 예산편성 전 인터넷 설문조사, 주민공청회, 간담회 등을 통해 지역주민들이 예산편성과정에 참여하는 '주민참여형 예산편성제도'의 정착을 제시하였다(곽채기, 2003:2).

17) 2011년 초(2011. 3. 8)에 주민참여예산제도를 의무화하는 법안(지방재정법 개정안)이 국회를 통과하였으며, 그 핵심 내용은 지방재정법 제39조(지방예산편성과정에 주민참여)에 명기되어 있다:
① 지방자치단체의 장은 대통령령이 정하는 바에 따라 지방예산편성과정에 주민이 참여할 수 있는 절차를 마련하여 시행하여야 한다.<2011. 3. 8 개정>
② 지방자치단체의 장은 제1항에 따라 예산편성과정에 참여한 주민의 의견을 수렴하여 그 의견서를 지방의회에 제출하는 예산안에 첨부할 수 있다.<2011. 3. 8 신설>

사자들에게 올바로 인식되고 이해되는 일이다.

주민참여예산제도의 도입에 즈음하여 대두되는 가장 큰 과제는 어떻게 하면 불특정 다수인 주민들을 참여예산의 광장으로 불러들일 수 있을 것인가에 관한 문제이다. 그리고 누가 주민을 대표해서 최종적으로 예산편성에 영향력을 행사하는 권한을 갖도록 해줄 것인가에 대한 문제도 핵심쟁점으로 부각된다(이는 참여자의 주민 대표성 문제와 주민의 의견·수요·선호 대표성 문제를 내포한다). 대표성 문제가 어느 정도 해소되더라도 그 다음으로 극복해야 할 것은 주민이 예산과정 중 어떤 단계와 수준과 범위에 참여해서 의사결정에 영향력을 행사하는 것이 합리적인가를 결정하는 문제이다. 이와 관련하여 예산관여 영향력의 공정성(시민위원회의 객관적 위상과 영향력 등)과 효과성 문제가 뒤따른다. 그리고 자치단체장과 지방공무원의 인식전환 문제, 예산참여 주민과 대의민주주의의 실천기구인 지방의회와의 관계설정 문제도 민감한 사안으로 떠오른다. 그 밖에 제도의 운영과 관련되는 비용-혜택(cost-benefit) 문제를 비롯하여 각종 절차와 기법 및 교육과 관련된 문제들도 극복해야 할 과제이다.[18)]

나. 법적 의무화의 의의

주민참여예산제도는 전통적으로 정부(행정부)가 독점해 왔던 예산편성의 기능과 권한을 주민과 더불어 나누는 새로운 협력적 예산운영시스템이다. 이것은 제도와 관행에 의해 예산과정(budget process)에서 배제되었던 주민을 예산편성과정에 불러들여 일정한 관여와 영향력을 행사하도록 해주는 새로운 공적 장치이다. 주민에게 직접 또는 간접(자신이 지지하는 대표를 통해 간접)으로 예산의 계획, 편성, 집행 등 전 예산과정에 적극적으로 관여할 수 있는 기회와 여건이 주어진다는 점에서 주민은 종전의 수동적 객체에서 능동적 주체로 변화된다. 그리고 정부는 그동안 독점적 지위와 관료적 시각에서 예산을 편성해 왔던 관행과

---

18) 본 연구가 지방예산제도 간의 연계성과 종합성을 확보하는 데 중점을 두는 만큼 본 연구에서는 주민참여예산제도의 실시 과정에서 보편적으로 직면하게 되는 쟁점들을 전반적으로 다루기보다 예산 연계성 주제들을 중심으로 연구하고자 한다.

타성에서 벗어나 주민수요에 민감하게 반응하고 예산의 성과관리에도 신경을 쓰게 된다. 이러한 반응과 변화는 총체적으로 정부의 재정 책임성(fiscal accountability)을 향상시키는 기제로 작동한다.

주민참여예산제도는 1989년에 브라질의 포르투 알레그레(Porto Alegre)시에서 처음 실시되었다. 동 제도는 일정 기간 브라질과 남미지역에서 활성화되다가 1990년대 중반 이후 유럽을 비롯하여 전 세계로 확산되기 시작하였다. 그 배경에는 무엇보다도 주민참여예산이 지향하는 바가 범세계적 공통 목표와 연계될 수 있고, 정부 재정운영에 대한 실망과 불만이 세계 보편적 현상으로 선·후진국 도처에 팽배해 있었기 때문인 것으로 분석된다.

주민참여예산제도는 포르투 알레그레시를 포함한 브라질 도시에서 성공 사례의 모범을 보이면서 세계적인 주목을 끌기 시작하였다. 동 제도는 남미지역으로 급속히 전파된 다음 대륙을 넘어 유럽, 아시아, 아프리카 등 전 세계로 확산되었다. 남미지역의 경우 16,000여 개의 도시 중 1,000개 이상의 도시에서 주민참여예산제도를 실시 중에 있고, 서유럽의 경우 2008년 현재 100개 이상의 도시들이 주민참여예산제도를 실시하고 있다. 그 중에는 스페인의 세비예(Seville)와 같이 인구 70만 명이 넘는 대도시를 비롯해서 파리, 로마, 리스본, 베를린의 자치구(district)들이 포함되어 있다(Sintomer 외, 2008:164). 아시아 지역에서는 시민사회를 주축으로 태국, 인도, 필리핀 등지의 여러 지방 도시들에서 주민참여예산이 비교적 활발히 가동되는 가운데 우리나라도 이제 그 대열에 적극적으로 합류하게 되었다.

주민참여예산제도의 핵심은 전통적으로 지방자치단체(행정부)가 독점해 왔던 예산편성 활동에 주민이 직접 관여해서 영향력을 행사하는 데 있다. 이때 주민의 관여 범위와 영향력의 행사 수준에 따라 행정부와 의회의 기존 의사결정 방식과 권한에 크고 작은 변화가 생겨난다. 주민참여예산제도가 갖는 가장 큰 특징적 현상은 비록 운영 형태에 따라 차이가 있지만, 예산에 관한 의사결정 방식과 권한의 변화를 수반한다는 것이다. 주민의 예산참여 방식은 공청회, 설문조사(인터넷 조사 포함), 위원회 참여, 직접 면담 등을 통한 소극적 의사표현 형태로부터 주민이 예산편성과정에 직접 참여해서 의사결정에 영향력을 행사하거나 예산의 일부를 할당받는 적극적 참여 형태에 이르기까지 다양하다.

이러한 다양성에도 불구하고 주민참여예산제도가 공통적으로 지향하는 바는 정부와 자치단체가 예산을 편성하고 사용함에 있어서 더 이상 일방적이고 독점적으로 권한을 행사하지 않고 주민과 더불어 협의하여 공동선을 도모하는 것이다. 이러한 관점에서 보면 주민참여예산제도는 특성상 예산권한의 공유나 이양의 형식을 취하지만 그 본질은 주민과 행정부, 지방의회 간에 예산결정의 의사소통을 원활히 하는 데 있다. 다시 말해서, 주민참여예산은 지방재정의 수입과 지출을 결정하는 의사결정 과정에 이해관계자(stakeholder)들이 머리를 맞대어 논의하고 대화함으로써 조세부담에 대한 합의와 지역의 사업우선순위에 대한 결정을 보다 합리적으로 도출하는 데 그 핵심이 있다. 이것은 그동안 구현해 보지 못하였던 직접 민주주의의 한 단면을 정부의 예산분야에서 실험해 보면서 지방민주주의를 강화하는 것이라고 말할 수 있다. 그러므로 주민참여예산제도가 성공하기 위해서는 주민의 적극적인 관심과 참여가 필수적임은 물론 행정부와 의회가 주민의 참여를 존중하고 적극적으로 소통하려는 인식과 행태의 변화가 반드시 필요하다. 참여와 관심, '배제(exclusion)로부터 포용(inclusion)', 대화와 소통, "불신에서 신뢰로" 라는 개념들은 실로 주민참여예산의 핵심을 관통하는 기본가치들이다.[19)]

그러나 거시적 발전 차원에서 볼 때, 주민참여예산제도는 기득권에 대한 관여・조정・감독의 역할을 수행하는 시스템으로서보다 정부와 주민 사이에 존재하는 소통 부재와 막힌 담을 허무는 제도적 장치로서 순기능을 발휘하는 것이 바람직하다. 그것은 주민참여예산이 일관적으로 관통하는 원칙과 개념이 소통과 이해와 신뢰에 기반을 두기 때문이다.

그러나 주민참여예산제도가 적절한 조건을 구비하지 못한 상태에서 실시될 경우 심각한 위험이 초래될 수도 있다(Shah, 2007:1-2). 가장 큰 위험성은 주민참

19) 특히, 브라질이나 유럽 등에서 주민참여예산을 논하면서 가장 강조하는 개념 중 하나가 "사회적 포용(social inclusion)"이다. 이는 그동안 예산과정에 소외되었던 일반주민은 물론 특히, 저소득층, 여성, 장애인 등 사회적 약자와 소외자의 적극적 참여를 통해 그들의 목소리와 바람을 예산에 반영하는 의미를 함축한다. 이러한 관점에서 혹자는 참여예산을 "빈곤자 배려 예산(pro-poor budgeting)"이라고 부르기도 한다.

여예산제도가 이익집단에 휘둘릴 수 있는 점이다. 이 경우 주민참여예산은 민주적이고 내포적(참여적)인 공적 의사결정과정을 창출하기보다 오히려 비민주적이고 배타적이며 엘리트 주도에 의한 가버넌스 체제로 변질될 수 있다. 만일 주민참여예산제도가 엘리트와 이익집단에 의해 주도될 경우 사회적 불공평, 부정과 불법 및 부패가 제도 속에 감추어지고 강화되는 역기능이 나타나게 된다. 한마디로, 주민참여 예산제도는 "이익(유력)집단의 힘에 의한 전횡(tyranny of group dynamics)"에 포획당할 수 있는 위험성이 있다. 이를 경계하고 차단하기 위해서는 절대 다수의 주민참여가 필요하고, 지방의 정치와 비공식 역학관계(power relations)에 대해 정통할 필요가 있다.

다. 주민참여예산제도의 유형

국내의 전문가들에 의하면 우리나라 주민참여예산의 유형화는 다음과 같이 파악되고 있다. 나중식(2004)은 주민참여예산제도 기본모델로서 정부가 주도권을 갖는 정부주도형, 정부와 시민 간의 대등한 상호작용이 이루어지는 민관협의형(정부의 의사전달에 따라 적극적, 소극적 구분), 시민들이 의사결정 과정에 적극적으로 참여하는 시민주도형으로 구분하고 있다. 박광우(2006)는 주민참여예산제도를 소극적 민관협치형, 적극적 민관협치형, 소극적 민관협의형, 적극적 민관협의형의 네 유형으로 구분하였다. 이 중에서 ① 소극적 민관협치형은 시민참여의 보장이 없는 자치단체장 중심의 예산편성 형태(광주 북구)이고, ② 적극적 민관협치형은 주민이 예산편성과정에 직접 참여하고 사업우선순위를 결정하는 권한을 보유하는 형태(울산 동구)이다. 그리고 ③ 소극적 민관협의형은 주요 사업에 대한 주민의견을 예산편성에 반영하는 형태(인천광역시)이고, ④ 적극적 민관협의형은 예산운영과정 자료의 주민 공개, 예산편성 이전과 일부 예산편성단계에 주민 참여를 허용하는 형태(광주광역시)이다.

곽채기(2005)는 주민참여예산제도의 유형을 주민협의(consultation), 민관공동 결정(cooperation), 주민주도 결정(control)의 세 유형으로 구분한 다음 각 유형별로 주민참여가 가능한 예산의 범위(단위사업, 일반회계, 통합재정으로 구분함)

[표 2-23] 주민참여예산제도의 유형

나중식(2004)의 예산참여유형	정부주도형 예산참여형	소극적 관민협의적 예산참여형	적극적 관민협의적 예산참여형		시민주도적 예산참여형
박광우(2006)의 주민참여예산제도 모형	관주도형	소극적 민관협의형	적극적 민관 협의형	소극적 민관 협치형	적극적 민관 협치형
곽채기(2005)의 주민참여예산제도 모형		주민협의형	민관공동결정형		주민주도결정형
안성민(2009) 분석		광주 북구 · 서구 모형(제한적 의사결정과정 참여형)	대전 대덕구 모형 (자체사업 중 투자사업 우선순위 결정)		울산 동구 · 북구 모형(자체사업예산 전체 검토 및 우선순위 결정)

자료: 곽채기(2011, 55) 및 안성민(2009, 1377-1381)의 연구결과를 정리한 것임.

를 제시하고 있다.[20] 구체적으로, 주민협의의 경우 주민의 예산점검대상은 일반회계와 통합재정이고, 주로 예산편성 전 인터넷 설문조사, 공청회 · 간담회 등의 방식을 통해 이루어진다. 민 · 관공동결정의 경우 그 대상은 일반회계와 통합재정이며, 조례 제정을 통해 주민참여 예산제도가 가동된다. 주민주도 결정의 경우 단위사업을 대상으로 참여예산이 가동된다. 안성민(2009)은 우리나라 5개 자치구의 주민참여예산제도 운영실태를 분석한 다음 시민들의 의사결정과정 참여정도를 기준으로 광주 북구 · 서구 모형, 울산 동구 · 북구 모형, 대전 대덕구 모형으로 유형화하였다.

라. 순기능과 위험성

주민참여예산제도는 여러 면에서 사회적으로 유용한 순기능을 발생시키는 것으로 알려져 있다. 일반적으로 제시되는 주민참여예산제도의 순기능으로는 정부의 책임성(accountability) 제고, 부패 축소, 공공서비스 공급 개선, 예산우선순

20) 곽채기(2005)는 유형화의 분류를 특정 자치단체의 운영 실태와 연계하지 않고 각 유형별 특성 및 기능의 규정에 초점을 맞추고 있다.

위 전환(빈곤층 선호정책), 자원배분 과정에서의 사회정의와 재분배 강화, 효율성 증진과 합리적 행정 도모 등이다(Zamboni, 2007:2). 세계은행(World Bank), 유네스코(UNESCO), 유엔(UN)과 같은 국제기구들은 주민참여예산제도가 특히, 행정의 책임성과 투명성 제고, 부패 축소, 재정자원의 사회정의와 재분배 강화에 효과가 있음을 간파하고 개발도상국을 대상으로 다양한 지원프로그램을 제공하는 등 제도의 발전을 위해 적극적으로 나서고 있다.21)

주민참여예산 체제에서는 지방자치단체가 예산과정의 일부와 예산관련정보를 주민과 공유해야 하는데, 이는 필연적으로 지방자치단체장, 집행부, 지방의회에 대한 주민통제 내지 주민압력의 힘을 동반한다. 그 결과 주민과의 소통강화, 재정정보공개의 비율과 빈도 증가, 재정규율(fiscal discipline) 강화, 예산낭비 차단, 주민생활밀착 사업의 실용성 제고, 재정성과 진작 등 다양한 긍정적 효과가 나타날 수 있다. 항상 집행부 내부에서만 협의·조정을 거쳐 확정되던 예산안이 유래 없이 주민의 관여를 거치게 되면 집행부는 원하든 원하지 않든 주민의 의견과 영향력 행사에 대해 민감하게 반응할 수밖에 없다. 한 걸음 더 나아가 만일 주민들이 일부 예산의 결정에 직접적인 영향력을 행사하거나 예산의 집행과정과 결과에 대해 감시·감독을 하게 된다면 지방자치단체는 자연히 긴장하게 된다. 이제 주민이 예산분야에 새로운 조언자이자 실력자이면서 견제자로서 부상한 것이다. 이는 외견상 작은 변화처럼 보일 수 있지만, 실제로는 지방자치단체의 운영방식에 새로운 변화를 불러일으킬 수 있는 동인과 폭발력을 내포한다.

그러나 거시적 발전 차원에서 볼 때, 주민참여예산제도는 기득권에 대한 관여·조정·감독의 역할을 수행하는 시스템으로서보다 정부와 주민 사이에 존재하는 소통 부재와 막힌 담을 허무는 제도적 장치로서 순기능을 발휘하는 것이 바람직하다. 그것은 주민참여예산이 일관적으로 관통하는 원칙과 개념이 소통과

---

21) 이것은 주민참여예산제도가 궁극적으로 재정운영의 효과성(주민의 의사, 수요, 선호의 최적 반영), 투명성, 재원배분의 사회적 형평 제고를 지향하고 있는 사실과도 부합한다. 세계은행을 비롯한 다양한 국제기구와 전문가들은 주민참여예산제도의 목표를 지방 가버넌스의 투명성, 책임성, 사회적 동참의 향상에 있음을 이구동성으로 강조한다(임성일(a), 2011).

이해와 신뢰에 기반을 두기 때문이다.

주민참여예산제도가 암묵적으로 전제로 하는 것은 (1) 주민 대표성과 주민의 의견 및 수요 대표성 확보 가능성, (2) 주민 의견의 합리성, (3) 주민의 의사결정 영향력의 책임성 담보이다. 그런데 만일 이러한 전제조건들이 제도의 실시 과정에서 제대로 충족되지 못한다면 주민참여예산제도는 도입 취지와 목표를 실현할 수가 없을 뿐 아니라 제도의 실시에 따른 사회적 혜택보다 사회적 비용이 더 크게 소요되는 문제가 발생한다. 이는 앞서 지적한 바와 같이 주민참여예산제도가 적절한 조건을 구비하지 못한 상태에서 실시될 경우 "이익(유력)집단의 힘에 의한 전횡(tyranny of group dynamics)"에 포획당할 수 있는 위험성이 있음을 시사한다.

마. 주민참여예산제도 실시 현황

우리나라에서는 시민사회의 영향에 의해 그동안 일부 지방자치단체를 중심으로 주민참여예산제도가 시행되었다.[22] 2003년 8월에 광주광역시 북구가 주민참여예산제도를 처음으로 도입하였고, 그 후 소수의 자치구들이 제도 실시에 편승하였다. 이러한 가운데 중앙정부(현재의 행정안전부)는 당시 지방예산편성지침을 통해 주민참여형 예산편성제도를 권장하였고, 그 후 주민참여예산제 표준조례(안) 통보(2006. 8), 주민참여예산제 조례모델(안) 제시(2010. 10) 등 나름대로 제도의 유용성을 인식하고 활성화를 모색하였다.

우리나라는 세계적 조류에 비추어 다소 늦게 주민참여예산제도를 도입한 국가에 속한다. 제도의 도입이 이루어지기까지는 시민사회의 부단한 노력이 가장 큰 원동력으로 작용하였지만, 현재는 정부가 전면에 나서서 제도의 활성화를

22) 그동안 우리나라의 일부 지역에서 시행되어 온 주민참여예산제도는 대부분 몇 가지 제한된 방법(공청회 · 간담회 · 설명회 · 설문조사 실시 등에 의한 주민의견 수렴방법)으로 주민의 의견과 선호를 파악하는 수준에 머무르고 있었다. 이러한 상황에서는 주민의 실질적인 예산참여와 영향력 행사가 불가능하고, 포르투 알레그레시 타입의 주민참여예산 운영과는 한참 거리가 있다. 다만, 소수의 자치단체들(대부분 자치구임)이 주민의 의견수렴 수준을 넘어 시민위원회와 예산학교를 가동하고 집행부 권한의 최소 일부를 주민과 공유하는 등 비교적 적극적인 시도를 하고 있다.

주도하는 형태로 변화되었다. 우리나라는 다른 나라와 비교할 때, 국가가 적극적으로 나서서 법과 제도를 정비하고 전국에 걸쳐 전면적으로 실시하는 특징을 보인다.[23)] 이것은 주민참여예산제도 외에 앞으로 도입될 성인지 예산제도의 경우에도 마찬가지이다.

지금까지 우리나라의 일부 지역에서 시행되어 온 주민참여예산제도는 대부분 몇 가지 제한된 방법(공청회 · 간담회 · 설명회 · 설문조사 실시 등에 의한 주민의견 수렴방법)으로 주민의 의견과 선호를 파악하는 수준에 머무르고 있다. 이러한 상황에서는 주민의 실질적인 예산참여와 영향력 행사가 불가능하고, 포르투 알레그레시 타입의 주민참여예산 운영과는 한참 거리가 있다. 다만, 소수의 자치단체들(대부분 자치구임)이 주민의 의견수렴 수준을 넘어 시민위원회와 예산학교를 가동하고 집행부 권한의 최소 일부를 주민과 공유하는 등 비교적 적극적인 시도를 하고 있다. 하지만 이들 자치단체에서도 실제로 참여하는 주민의 수가 미미하고 주민참여예산이 전체 예산의 5%에도 미치지 못하는 것으로 파악된다. 아울러 운영 과정에서 적지 않은 문제와 애로가 표출되고 있다. 종합적으로, 현재까지 일부 지방자치단체를 중심으로 실시되어 온 주민참여예산제도는 전국의 다른 자치단체들에게 깊은 인상과 영향을 주지 못한 것으로 평가된다.

지금까지 주민참여예산제도를 실시하고 있는 것으로 표방하는 전국의 자치단체들을 살펴보면, 지역을 불문하고 모든 곳에서 주민의 참여 실적이 매우 저조한 것으로 나타난다. 여기에는 여러 가지 원인이 있지만,[24)] 분명한 사실은 이러한 현실을 두고 주민참여예산제도가 실시 중에 있다고 말하기 어렵다는 점이

23) 국가가 주도하는 것은 분명 중요한 의미가 있다. 하지만 동시에 제도 활성화의 핵심주체인 주민과 시민사회를 도외시하는 법적 제도에는 한계가 있음을 인지하는 것도 중요하다. 외국의 경험을 살펴보면 시민단체를 포함한 시민사회의 적극적인 노력과 헌신이 뒷받침되지 않고서는 주민참여예산이 성공할 수 없음을 알 수 있다. 따라서 주민참여예산제도는 앞으로도 계속해서 시민사회와 연계성을 갖고 추진되어야 할 것이다. 건전한 시민사회는 정부(지방자치단체)와 주민과의 튼튼한 연계 고리로서 역할을 수행한다.

24) 그 원인으로는 지방자치단체(장)의 인식 부족 내지 소극적 접근, 주민의견의 수렴 · 반영 절차의 정교성 미흡, 주민의식 및 주민의 참여유인 부족, 주민 · 시민단체의 전문성 결여 등이 주된 원인으로 작용하고 있다. 그 밖에도 물리적 · 지역적 여건에 따른 참여의 어려움, 시간 할당에 대한 기회비용 등의 요인들도 지적될 수 있다(임성일(a), 2011).

다. 그러므로 주민참여예산제도의 본격적인 실시를 앞둔 현 시점에서 정부가 가장 큰 관심을 두고 주력해야 하는 것은 지역주민에게 주민참여예산의 존재와 취지를 알려주고, 실질적으로 주민이 참여할 수 있도록 유도하는 전략을 강구하는 일이다.

① 운영조례 모델(안)

주민참여예산제도는 지방재정법(제39조)과 동법 시행령(제46조)에 법적 근거를 두고 있다. 동 법령에서는 지방예산의 편성과정에 주민이 참여할 수 있는 절차를 마련할 것과 아울러 주민의 참여범위와 운영절차 및 방법 등에 관한 세부 실시사항을 조례로 정할 것을 의무사항으로 규정하고 있다.[25)]

현재 중앙정부(행정안전부)가 제시하는 주민참여예산제도의 운용조례 모델안은 세 유형이다. 지방자치단체는 제시된 모델안을 토대로 지역의 실정에 부합하는 조례를 구체적으로 제정할 수 있다(임성일(a), 2011). 운영조례 모델은 기본적으로 목적, 용어 정의, 법령준수의무, 자치단체장의 책무, 주민의 권리, 운영계획 수립 및 공고, 의견수렴 절차, 의견 제출, 결과 공개, 주민참여예산위원회와 그 세부운영 등에 관한 내용을 제시하고 있다([표 2-24] 참조).

25) 행정안전부에 의하면 2011년 초 기준으로 총 119개 지방자치단체(전체의 50.9%)가 주민참여예산 조례를 제정하였지만, 2012년 11월 현재는 전국의 거의 모든 자치단체들이 조례 제정을 완료하였다.

[표 2-24] 주민참여예산제도 운영조례 모델안

구분	모델안 비교		
	모델안 1	모델안 2	모델안 3
총칙	제1조(목적) 제2조(용어의 정의) 제3조(법령준수의무) 제4조(시장의 책무) 제5조(주민의 권리)	제1조(목적) 제2조(용어의 정의) 제3조(법령준수의무) 제4조(군수의 책무) 제5조(주민의 권리)	제1조(목적) 제2조(용어의 정의) 제3조(법령준수의무) 제4조(구청장의 책무) 제5조(주민의 권리)
운영계획	제6조(운영계획 수립 및 공고) 제7조(의견수렴 절차 등) 제8조(의견 제출)	제6조(운영계획 수립 및 공고) 제7조(의견수렴 절차 등) 제8조(의견 제출)	제6조(운영계획 수립 공고 및 적용범위) 제7조(의견수렴 절차 등) 제8조(의견 제출)
위원회	제9조(결과 공개) 제10조(위원회 운영 등)	제9조(결과 공개) 제10조(주민참여예산위원회) 제11조(위원회의 기능) 제12조(위원회 구성) 제13조(위원회의 운영) 제14조(연구회 운영 등)	제9조(결과 공개) 제10조(위원회 구성) 제11조(위원의 위촉 및 임기) 제12조(위원장 및 간사의 직무) 제13조(기능) 제14조(운영원칙) 제15조(분과위원회) 제16조(회의 및 의결) 제17조(회의록 공개의 원칙) 제18조(해촉) 제19조(의견청취) 제20조(관계기관 등의 협조요청) 제21조(주민참여 등 홍보) 제22조(위원에 대한 교육)
지원			제23조(재정 및 실무지원)
기타	제11조(시행규칙)	제15조(시행규칙)	제24조(시행규칙)
부칙	부 칙	부 칙	부 칙

자료: 행정안전부

운영조례 모델안에 의하면 주민참여예산제도의 목적(제1조)은 주민의 예산편성과정 참여 보장과 예산 투명성 증대에 있다. 이러한 목적은 예산편성단계부터 주민의 정보 접근성과 의견표명 기회를 높여 주민의 참여를 보장해 주어야 하는 지방자치단체장의 책무(제4조)로 이어진다. 이를 위해서 지방자치단체장은 예산편성방향, 주민참여예산의 범위, 주민의견수렴 절차 및 방법 등을 종합적으로 규정하는 주민참여예산운영계획을 수립하여 인터넷 홈페이지, 게시판 등을 통하여 일정 기간 공고해야 한다(제6조). 그리고 지방자치단체장은 예산편성에 대한 주민의견 수렴을 위해 설명회, 공청회, 토론회 등을 개최할 수 있고, 필요시 주요사업에 대한 서면 또는 인터넷 설문조사 및 사업공모 등을 통해 의견을 수렴할 수 있다(제7조). 그 밖에 운영조례 모델안에서는 주민참여예산운영계획에서 정하는 바에 따른 예산편성관련 의견 제출(제8조), 자치단체장의 의견수렴 결과 인터넷 홈페이지 등 공개(제9조)에 관한 사항을 다룬다. 특히, 제10조에서는 지방자치단체장이 예산편성에 대한 주민들의 의견을 수렴하고 주민참여예산제도의 효율적 운영을 위해 위원회, 협의회, 연구회 등을 둘 수 있도록 규정하고 있다. 그리고 위원회 체제를 적극적으로 활용하는 지방자치단체를 위해 위원회의 기능, 구성, 운영방식, 기타 사항에 대한 구체적인 내용들을 제10조 이하에서 제시하고 있다. 운영조례 모델안에서는 주민참여예산위원회가 담당할 기능을 예산편성 방향에 대한 의견 제출, 예산편성에 대한 의견의 수렴 집약 활동, 기타 위원회의 목적 달성을 위한 활동 등에 중점을 두고 있다.

운영조례 모델안은 주민참여예산의 운영과 관련된 필수기본사항에 대해 비교적 잘 제시하고 있다. 그러나 모델안은 자치단체 수준별 차이와 지역 특수성(고유성)을 감안하지 않고 있을 뿐 아니라 전반적으로 '소극적인 주민참여예산'의 기조를 견지하는 한계를 노정한다. 현실적으로 주민참여예산제도는 도시지역과 농촌지역, 대도시와 중소도시, 자치단체의 계층 수준, 기타 인구·사회·자연적 여건 등에 따라 제도의 운영방식과 핵심쟁점 면에서 상당한 차이를 보일 수 있다. 따라서 각 자치단체는 표준모델을 준거로 하되 지역의 실정을 충실히 반영하는 조례를 제정하는 접근을 취하는 것이 합리적이다. 그리고 운영조례 모델안은 주민의견 수렴에 한정하는 소극적 주민참여예산제도에 치중하는 경향이 있다. 지역의 다양성과 창의성을 감안할 때, 일부 예산(보조금사업 등)을 지역주민에게 할당해 주거나 주민이 적극적으로 예산에 관여할 수 있는 보다 적극적인 주민참여예산 방식에 대하여도 포괄적으로 제시할 필요가 있다. 그리고 운영조례 모델안에서는 주민참여의 결과(의견수렴의 반영 내역, 상태 등)를 주민에게 알려주는 내용(절차, 방법, 공시내용)에 관한 조항을 추가할 필요가 있다. 아울러 주민참여예산과 지방의회와의 관계(유기적 협력관계, 주민과 의회와의 역학관계)를 설정하는 내용도 일부 추가되어야 할 것이다.

행정안전부가 제시하는 운영조례 모델안은 비록 지방에 법적 구속력을 가하는 것은 아니나 일종의 가이드라인 내지 지침적 성격을 지닌다. 따라서 향후 중앙정부는 기존의 운영조례 모델을 주기적으로 수정·보완해 줄 필요가 있다(이 경우 기존의 3개 모델에 추가하여 제4의 운영조례 모델안을 제시하는 방안도 고려할 수 있다).

② 주민참여예산제도 조례 제정 및 위원회 구성 현황

행정안전부의 내부자료에 의하면 2012년 1월 현재 전국의 지방자치단체들 중 거의 대부분이 주민참여예산제도의 도입에 필요한 조례의 제정을 완료한 것으로 파악되고 있다. 그리고 조례의 제정에 있어서는 앞서 살펴본 행정안전부 제시 모델 중 첫 번째 모델(모델 1)을 가장 많이 선택한 것으로 나타났다. 지방자치단체들 중에서 조례를 채택하지 못한 3개 자치단체를 제외하면 134개 자치단체가 모델 1을 채택하였고, 그 다음으로 모델 2 채택 자치단체 72개, 그리고 모델 3 채택 자치단체 34개인 것으로 파악된다.

[표 2-25] 주민참여예산제도 운영 조례 제정 현황(2012년 1. 1일 기준, 단체 수)

구분	조례제정 대상			조례제정 현황			조례제정 유형		
	계	광역	기초	계	광역	기초	1유형	2유형	3유형
계	244	16	228	239	15	224	134	72	35
서울	26	1	25	25	-	25	8	12	5
부산	17	1	16	17	1	16	4	11	2
대구	9	1	8	9	1	8	8	1	-
인천	11	1	10	11	1	10	2	4	5
광주	6	1	5	6	1	5	-	2	4
대전	6	1	5	6	1	5	3	2	1
울산	6	1	5	5	1	4	2	1	2

구분	조례제정 대상			조례제정 현황			조례제정 유형		
	계	광역	기초	계	광역	기초	1유형	2유형	3유형
경기	32	1	31	31	1	30	15	9	7
강원	19	1	18	19	1	18	11	5	3
충북	13	1	12	13	1	12	8	4	1
충남	17	1	16	17	1	16	10	7	-
전북	15	1	14	15	1	14	12	1	2
전남	23	1	22	23	1	22	12	8	3
경북	24	1	23	24	1	23	21	3	-
경남	19	1	18	19	1	18	18	1	-
제주	1	1	-	1	1	-	-	1	-

자치단체	조례유형			예산위원회 등 구성			
	모델 1	모델 2	모델 3	예산위원회	분과위원회	예산학교	연구회
계	134	72	35	107 (5,684명)	34	17	7

자료: 행정안전부

2011년도 말 현재 주민참여예산제도의 운영 내실화와 관련이 있는 예산위원회 등의 구성을 파악하면 다음과 같다(행정안전부 내부 자료 참조; [표 2-25] 참조). 전국의 지방자치단체 중 예산위원회를 설치한 곳은 107개이고, 그 외에 분과위원회 34개 자치단체, 예산학교 17개 자치단체, 그리고 연구회 7개 자치단체로 파악된다. 전체의 절반이 넘는 지방자치단체들이 예산위원회를 구성하지 않고 있는데, 이에 대하여는 추후 심층 분석을 통해 주민예산제도의 운영 실태를 보다 객관적으로 파악할 수 있을 것이다.

③ 주민참여예산제도 운영 실태

주민참여예산제도를 운영함에 있어 가장 주요한 과제는 주민참여의 범위를 어느 단계에서 어느 정도 범위까지 허용할 것인가이다(곽채기, 2003:5-6). [그림 2-7]의 예산과정 흐름으로 볼 때, 주민참여예산제도는 예산편성 단계에서의 참여에 초점을 맞추는 제도이다. 주민참여의 기본취지를 충분히 살리기 위해서는 예산편성 지침작성 단계, 각 실/국별(광역자치단체) 또는 실/과/소별(기초자치단체) 예산안 요구서 작성 단계, 잠정예산 편성안 작성 및 공개 단계, 그리고 예산안 확정 단계로 설정해 볼 수 있다. 다만, 예산순기로 인한 시간적 제약조건을 감안할 때 주민참여의 핵심적인 대상은 예산편성안 작성 이후의 단계라고 볼 수 있다.

예산편성지침 작성과정, 각 부서별 예산안 요구서 제출 과정, 잠정예산 편성안 작성 후 주민의견을 수렴할 필요가 있으며, 예산안 확정과정에서 의사결정 과정에 주민참여가 허용되느냐 여부 및 어느 정도 허용되는가에 따라 주민참여 예산제도의 유형이 결정된다고 볼 수 있다.

지방재정법 제39조에 의하면 지방예산 편성과정에 주민이 참여할 수 있는 절차를 마련하여 시행토록 하고 있으며(의무적 조항), 예산편성에 참여한 주민의 의견을 수렴하여 그 의견서를 지방의회에 제출하는 예산안에 첨부할 수 있도록(임의적 조항) 하고 있다. 또한 지방예산 편성과정에 주민이 참여할 수 있는 방법으로 동법 시행령에서 주요사업에 대한 공청회 및 간담회, 주요사업에 대한 서

[그림 2-7] 예산과정과 주민참여의 대상

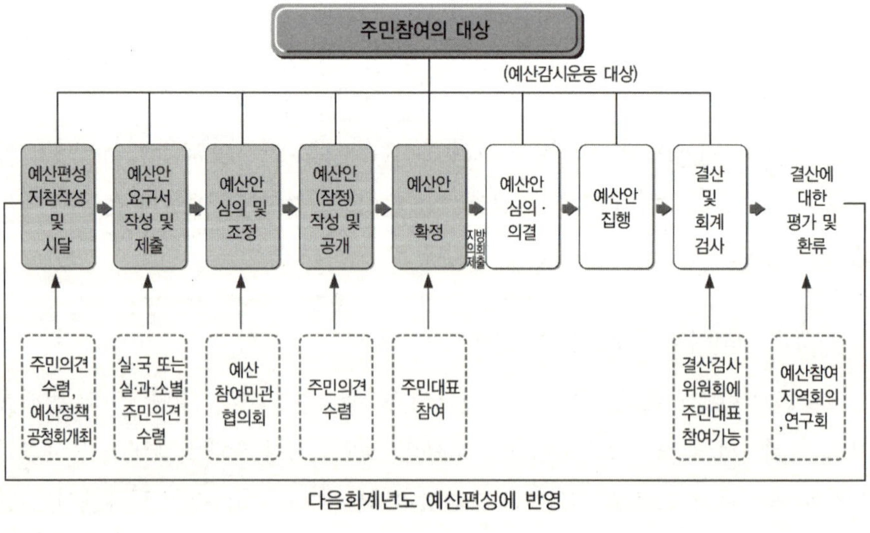

면 또는 인터넷 설문조사, 사업공모, 기타 조례로 정하는 방법으로 규정하고 있다. 그리고 수렴된 주민의견을 검토하고 그 결과를 예산편성시 반영할 수 있도록 하고 있다(임의적 조항). 한편 주민참여예산의 범위, 주민의견수렴에 관한 절차, 운영방법 등 구체적인 사항은 지방자치단체의 조례로 정하도록 하고 있다.

지방자치단체에서는 각 자치단체별로 "주민참여예산제 운영조례"를 제정하고 내년 주민참여예산제도 운영계획을 수립하여 시행하고 있다. 주민참여예산의 범위와 관련하여 인건비, 공공운영비 등 법정경비는 제외된다. 사업범위는 대략 주민숙원사업이나 재정운영 전반에 대한 예산편성 분야를 포괄한다. 이 때 주민숙원사업은 가용재원 범위 내에서 제한하며 공모사업으로 추진되며, 재정운영 전반의 예산편성사업은 설문조사, 공청회 및 주민참여위원회의 제안사업이 선정되어 예산에 반영되고 있다. 지방자치단체에서는 매년 주민참여예산제를 운영하여 그 결과를 반영한 예산평성을 하여 예산을 확정하고 다음 연도에 성과분석 등을 실시하는 절차로 이루어진다. 주민참여예산제의 운영방법은 각 자치단체별로 다르며, 사업대상이나 예산 범위도 지역특성 고려 및 주민참여예산제의 운영에 대한 적극성 정도에 따라 다르다.

천안시의 주민참여예산제는 예산과정에서 볼 때 예산편성 전 단계에서 운영되며 예산편성에 반영된다. 주민참여는 예산편성 전 의견수렴 과정에 참여하여 의견을 제출하는 과정으로 볼 수 있다. 참여방법은 공청회 및 설명회, 설문조사, 홈페이지를 통한 의견조사, 공모 등으로 이루어지며 이는 사업부서의 타당성

[그림 2-8] 주민참여예산제도의 운영 흐름

검토 및 주민참여위원회의 심의 등을 거쳐 예산편성에 최종적으로 반영된다. 주민참여예산제의 운영과 예산편성 반영절차의 흐름에 대해 대략적으로 도식화하면 [그림 2-8]과 같다. 현재 우리나라의 대부분 지방자치단체들이 주민참여예산제도를 이와 같은 형태로 운영하고 있다.

전라북도의 주민참여예산제도를 사례지역으로 살펴보면, 경상적 경비, 인건비 등 법적·의무적 경비를 제외한 재정투자사업을 중심으로 주민의견을 수렴하여 예산에 반영하고 있다. 이를 위해 전라북도에서는 주민참여예산학교 운영, 예산연구회 운영, 실·국 주민참여예산협의회 운영, 주민참여예산위원회 운영, 주민의견 수렴 등을 아래의 [표 2-26]과 같이 운영하고 있다.

[표 2-26] 주민참여예산제도 운영 추진일정(전라북도)

업무명	주요 내용	일정
• 운영 기본계획 수립	- 주민참여예산제 운영 기본계획 수립 • 운영방향, 운영범위, 운영체계, 운영절차 등	'12. 4월중
• 주민참여 예산학교 운영	- 운영시기: 연 2회(상·하반기) • 1차: '12. 3. 16일 개최 - 대상: 위원회 위원, 일반 주민 사회단체 및 민간보조사업자 등 - 내용: 도 재정여건 및 예산제도의 이해	'12. 8월중
• 예산연구회 운영	- 운영시기: 연 2회(상·하반기) - 1차: '12. 3. 28 개최 - 방법: 전북재정포럼과 연계 추진 • 예산위원 및 전문가가 초청토론자 또는 방청객으로 참여 - 주제: 지방재정 건전성 제고방안 주민참여예산제 효율적 운영 등	'12.11월중
• 실·국 주민참여예산협의회	- 구성: 11실국 163명 - 운영: 수시(예산편성시) - 내용: 분야별 예산방향 및 우선투자 순위 등 논의 ※ 운영결과 예산위원회에 통보	예산편성시 (수시)
• 주민참여예산위원회	- 운영: 수시 • 추경, 신규시책발굴~예산확정시까지 - 내용: 도 예산편성 방향 및 투자우선순위 등 논의	수시

업무명		주요 내용	일정
주민 의견 수렴	• 분야별 간담 · 토론회	- 대상: 분야별 전문가, 일반주민 - 내용: 도정방향 설정 및 분야별 주요시책 발굴 · 확정	'12.8~9월중
	• 도민여론조사	- 대상: 일반주민 3,000세대 - 방법: ARS 전화 여론조사 - 내용: 예산편성방향 및 투자우선 투자순위 등 선호도	'12.9월중
	• 도민 재정고 운영	- 대상: 일반주민 - 방법: 도 홈페이지 "도민 재정고" 운영 - 내용: 예산관련 도민 의견수렴	'12.8~9월중
	• 분야별 대토론회	- 대상: 전문가 및 일반주민 - 내용: 도 역점추진 시책(일자리, 민생, 새만금, 삶의 질 등)	'12.10월중

자료: 전라북도, 2012년도 주민참여예산제 운영 기본계획 참조

우리나라에서 비교적 선진적인 주민참여예산제도를 운영하고 있는 광주 북구(시민의 '제한적 의사결정 참여형')의 사례를 보면 예산참여시민위원회, 예산참여지역회의, 예산참여민관협의회, 주민참여예산제연구회를 운영하는 등 주민참여예산 운영기반의 틀을 갖추고 있음을 알 수 있다. 광주 북구의 주민참여예산제도 운영시스템을 보면 전년도 결산안과 다음 연도 일반회계 본예산 편성안에 대한 의견을 표출하고 시민참여를 조직화하는 제도적 장치, 수렴된 의견을 조정하고 심의하여 예산안에 반영하는 제도적 장치, 주민참여를 활성화하기 위한 정보제공 및 지원활동, 주민의견수렴 및 반영결과 평가 및 환류활동 등으로 구성되어 있다.

[그림 2-9] 광주 북구 주민참여예산제도 운영시스템

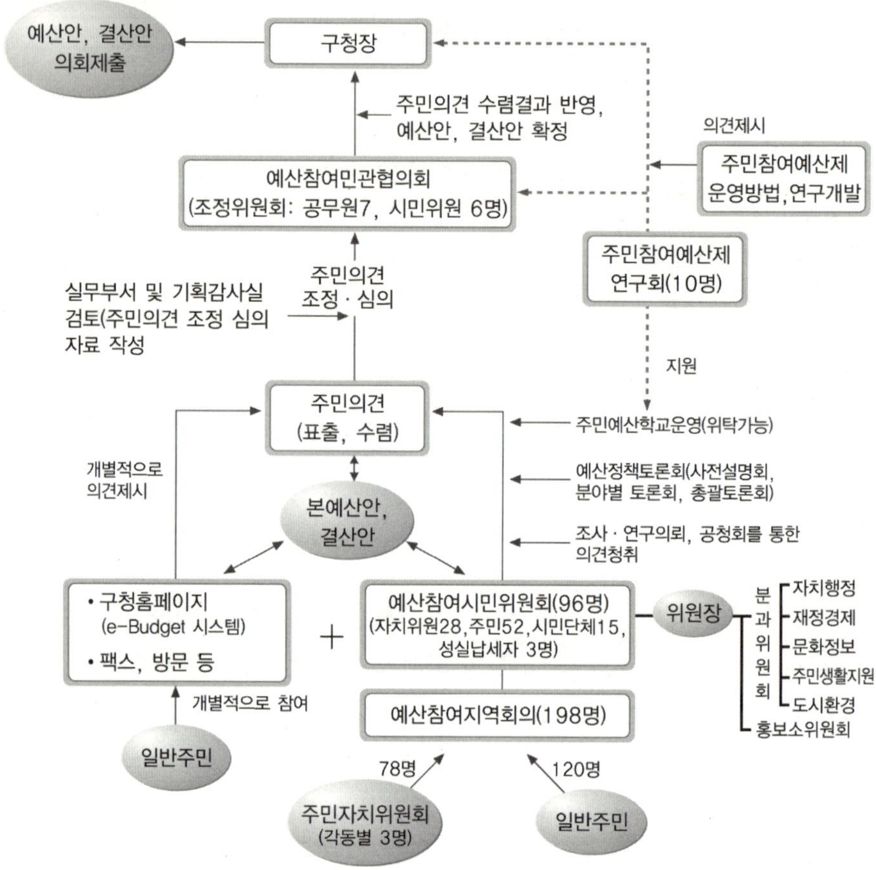

자료: 곽채기(2012)에서 인용

바. 주민참여예산제도의 문제점과 핵심쟁점

그동안 주민참여예산제도를 운영해 본 결과 드러난 문제와 한계점을 정리하면 다음과 같다. 무엇보다도 주민참여 저조, 지방자치단체 내부의 부정적 시각(공무원, 의원의 인식), 지방의회 예산심의권 침해 논란, 시민위원의 전문성 부족에 따른 부실편성 우려, 예산편성 기간의 제약으로 인한 다양한 주민의견 수렴 한계, 의사결정 지연, 공무원 업무부담 가중, 집단갈등 조장 등이 주민참여예산

[표 2-27] 주민참여예산제도의 실시와 관련된 핵심쟁점

구분	주요 쟁점사항	관련 원리
1. 대표성 - 구성원 대표성 - 의사 · 선호 대표성	• 누가 지역주민을 대표할 것인가의 문제 • 대표성 없는 참여, 불평등 참여 • 주민의 의사 · 수요 · 선호 대표성 • 주민대표기구(주민참여예산위원회 등) 구성, 기능, 권한 정당성 • 낮은 주민 참여율 • 참여 문호의 개방성과 기회의 공평성	• 대표성 • 공평성 • 비용효과성
2. 참여단계와 수준	• 예산과정 중 어떤 단계와 수준에 참여할 것인지의 문제 • consultation, empowerment 등 수준 문제 (단순한 의견제시, 예산관여 및 영향력 행사) • 어떤 예산사업을 대상으로 관여(의견, 의사결정)할 지의 문제 • 세입예산 등 기타 예산회계 참여문제 등 • 참여자 전문성 문제	• 공정성 • 공평성
3. 불평등 영향	• 참여자의 자기이익 추구와 공동체 이익 반영문제 • 주민의견 수렴 및 반영 관련 문제 • 시민단체 등 주도적 주체의 영향 공정성 문제 • 낮고 약한 주민참여, 높고 강한 이익집단 참여의 위험성	• 공정성 • 대표성
4. 자치단체장/공무원 인식 및 행태	• 자치단체장의 인식 및 태도 변화 • 공무원의 인식 및 태도 변화	• 공정성 • 공평성
5. 지방의회 관계	• 제도적 완전분리와 대의민주주의 보완의 선택 • 제도적, 형식적 관계와 실질적 관계 설정 문제 • 지방의회의 부정적, 소극적 시각 • 지방의회에 대한 부정적, 과도한 압력 행사의 위험성	• 대표성 • 공정성
5. 제도운영비용 등	• 참여예산제도와 관련된 직 · 간접적 비용 - transaction cost, opportunity cost 각종 포럼/위원회, 교육, 학습관련 비용, 관계공무원 비용 - 공무원의 인식 · 태도 변화 유도 비용 등 • (지역) 언론의 지속적 관심 유발	• 비용효과성

주: 임성일의 글(2011a)을 일부 수정, 재인용한 것임.

제도의 문제점으로 나타났다. 학계에서는 열악한 지방재정 여건하에서의 제도 성공에 대한 우려(임동욱, 2003), 예산결정과정에서 지방의회와의 갈등 초래 소지, 참여예산제도에 의한 예산편성이 단기성·분배성·정치성·복지성 위주로 결정될 경우 예산지출의 경제적 효율성 저하현상 발생 가능성(나중식 2004, 이강원 2003 등), 불평등한 영향력 문제(안성민·최윤주), 주민 대표성 한계(낮은 주민참여율)와 참여대상 예산의 수준·범위·대상의 혼란 등을 현행 주민참여예산제도가 안고 있는 대표적인 문제점과 장애요인으로 진단하고 있다.

종합적으로, 지방자치단체의 인식 오류 및 소극적 행태, 낮은 주민참여와 주민 대표성 한계, 집행부 및 지방의회와의 관계, 참여 공정성(이해주체 간 갈등, 불평등 영향력, 편협한 관심), 참여수준·영역 등과 관련된 사항들이 지금까지 실시되어 온 주민참여예산제도의 주요 문제와 장애요인으로 파악된다. 이와 관련하여 주민참여예산제도가 앞으로 성공적으로 실시될 수 있는 핵심쟁점에 대하여 기술한 것이 [표 2-27]에 요약되어 있다. 이러한 사실을 인식할 때, 앞으로 주민참여예산제도를 실시하는 과정에서 극복해야 할 핵심과제와 장애요인들은 크게 보아 이해관계자의 인식 변화와 관심도 제고, 대표성, 공정성, 공평성, 비용-효과성(cost-effectiveness)과 관련되는 이슈들이 될 것으로 전망한다.

지금까지 살펴본 주민참여예산제도의 내용을 상기할 때, 동 제도와 사업예산제도, 성과예산서, 성인지 예산제도 등과의 실질적인 연계성은 다음의 관점에서 설정될 필요가 있다. 그것은 주민의 예산참여 시기(예산계획과 편성 시점), 참여 수준과 범위(세입·세출, 예산과목, 집행상황과 관련된 내용), 대상사업, 성과관리(주민제안사업, 주민직접실시사업) 등이다. 이들은 구체적인 사업과 예산금액, 예산과목, 관련재정정보 등의 측면에서 다른 예산제도들과 연계성을 갖게 된다. 특히, 주민참여예산제도가 사업예산제도나 성인지 예산제도와 달리 예산을 둘러싼 이해주체 간(지방자치단체와 주민, 시민사회 등)의 대화와 협력이라는 정치적, 정책적 요소들이 강조되는 점을 인식할 때, 다른 예산제도들이 갖는 정치적, 정책적 요소들을 발견하여 상호 연관성을 높여주는 접근이 요구된다. 그리고 주민참여예산제도와 성인지 예산제도는 비록 도입목적은 달리하더라도 참여, 재정의 책임성과 투명성 제고를 목표로 하기 때문에 이들 지향가치를 중심으로 두 제도의 연계성을 강화하는 것도 중요한 의미가 있을 것이다. 성과관리의 경우 주민참여 예산제도에는 상대적으로 덜 강조될 가능성이 있지만, 그럼에도 불구하고 여전히 제한된 범위에서라도 성과관리가 이루어져야 할 것이다.

제 3 장

지방자치단체 예산제도 간의 연계 실태

제1절

개　　관

지방자치단체는 사업예산제도를 중심으로 예산을 운영하면서 또 다른 형태의 예산제도로서 성과예산, 주민참여예산, 성인지 예산제도를 도입하거나 시범적용하는 단계에 있다. 현재로서는 아직 이들 예산제도 간의 관계 설정과 위상이 명확하지 않고 실제로 자치단체 실정상 지방예산운영시스템이라는 종합적 틀 속에서 체계적으로 관리되지 못하고 있다. 현재 각 예산제도들은 전체 관점에서 종합성과 체계성이 불확실한 관계 속에서 개별적으로 운영되고 있으며, 예산시스템 차원에서 제도 간 균형과 조화를 이루지 못하고 불안정한 상태라고 말할 수 있다.

따라서 각 예산제도 간의 연계 실태를 분석하여 각 예산제도들이 내포하는 업무의 복잡성으로 인한 혼란과 갈등을 해소하고 예산의 기능과 효과를 최대한 구현하도록 하기 위해서는 예산제도 간에 연계의 초점(예: 정보교류, 예산과목, 예산과정, 성과관리 등)을 밝히는 것이 필요하다. 새로운 제도의 도입과 시행에 있어서 각 제도 간에 정합성과 일관성을 유지하고 제도운영의 실효성을 담보하는 것이 매우 중요하다는 점을 생각할 때, 이들 예산제도 간의 연계 실태와 그에 따른 문제점과 주요 쟁점을 분석하는 것이 필요하다.

본 연구에서는 앞에서 살펴 본 4개 예산제도 간의 운영 실태를 크게 제도운영 측면과 공무원 인식 측면으로 구분하여 파악하고자 한다. 제도운영 측면은 다시 예산과정, 조직/부서 간 협력, 예산운영단위(예산과목), 성과관리, 이해관계자, 정보공유 관점으로 구분하여 살펴보고, 공무원 인식 측면은 설문조사 분석결과에 의해 파악하고자 한다.

첫째, 예산과정 측면은 지방자치단체가 예산계획을 수립하고 예산의 편성·집행, 결산 및 회계감사, 성과평가에 이르는 전 예산운영 과정에 걸쳐 각 예산제도와 관련된 사항과 자료를 준비하고 점검하는 것이다. 예컨대, 성인지 예산이나 주민참여예산의 경우 해당 예산사업에 대해 사업예산의 편성과정에서 성별영향분석과 주민참여위원회 등을 통해 대상사업과 예산요구 등을 사전 협의하는 것을 들 수 있다. 따라서 예산과정 측면에서의 제도 간 연계는 예산의 흐름과 진행 절차에 따라 각 예산제도가 관련되는 사항을 상호 협의하고 조정하는 것으로 이해할 수 있다.

둘째, 조직/부서 간 협력 측면은 각 예산제도를 담당하는 주무부서와 기타 관련 부서들이 매우 다양한 형태로 운영되고 있는 점에 초점을 두고 있다. 따라서 각 예산제도를 담당하는 주무부서와 관계부서 및 그에 해당하는 주요 참여자들이 공감대를 형성하고 의사소통을 하는 것이 매우 중요하다. 새로운 제도의 도입에 있어서 관련 조직/부서들이 각 제도에 대해 명확하게 인식하고 각종 정보와 자료를 교류하는 것은 사실상 제도를 성공적으로 정착시키는 데 결정적인 요소라고 생각된다. 예컨대, 예산총괄부서는 사업예산제도 뿐 아니라 성과예산, 주민참여예산, 성인지 예산제도 등 모든 예산제도와 긴밀한 관계를 맺고 있으나, 실제 각 예산제도의 핵심적인 내용은 각 예산제도를 담당하는 조직/부서(즉, 성과예산서는 성과관리부서, 성인지 예산제도는 여성정책부서, 그리고 주민참여예산제도는 해당사업 주관 부서)가 담당하고 있는 점을 지적할 수 있다. 따라서 조직/부서 간의 연계와 협력이야말로 전체적 관점에서 예산제도의 기능을 강화하는 데 매우 중요하다. 새로 도입되는 제도에 대해 정확한 인식이 부족하고 상호 공감대가 형성되지 않은 상태에서는 당연히 제도 이해에 소홀하게 되고 제도 간의 연계 및 협력은 거의 불가능하다고 볼 수 있다. 따라서 조직/부서와 참여자 측면에서 각 예산제도 간의 연계는 필수적이라고 말할 수 있다.

셋째, 예산운영단위(예산과목) 측면은 각 예산제도들 간에 예산과목분류나 대상사업의 수준을 어떻게 설정할 것인가의 문제에 초점을 둔다. 예컨대, 성과예산서의 핵심정보는 주로 정책사업과 단위사업을 중심으로 파악되는데 비해 성인지 예산제도는 세부사업을 중심으로 운영되고 있는데, 이 경우 성과목표와 성과지표를 어느 수준에서 어떻게 설정하는 것이 타당한지를 결정해 주어야 한다. 이를 위해서는 정책목표와 사업내용을 분석하는 과정을 통해 예산운영단위를 조정하거나 관련 정보가 상호 교류될 수 있도록 사업단위를 연계 운영하는 것이 필요하다.

넷째, 성과관리 측면은 예산활동의 결과(성과)를 체계적으로 관리하기 위한 것으로 사업예산제도의 성과관리 연계, 성과예산서와 성인지 예산서 간에 성과목표와 성과지표의 일관성과 정합성을 확보하는 것을 의미한다. 이는 동일한 조직부서나 예산사업에 대해 성과예산과 성인지 예산제도 간에 성과목표가 상이하거나 양성평등 목표를 포함하지 않게 되면, 예산사업의 성과를 제대로 파악하기 곤란하기 때문이다. 특히, 예산운영의 공공서비스 책임성 및 성과 향상의 중요성에 비추어 볼 때, 향후 성과관리 측면에서의 예산제도 간 연계 강화는 필수적인 요소라고 말할 수 있다.

다섯째, 이해관계자 측면은 각 예산제도 운영에 있어서 지역주민, 지방의회(의원), 시민단체, NGO그룹, 투자자, 채권자 등 자치단체 예산운영에 직·간접적으로 관여되는 이해관계자들의 다양한 의견을 수렴하고 상호 간에 발생할 수 있는 갈등요인을 사전에 충분히 검토하는 것을 의미한다. 이는 예산의 편성이 다양한 계층과 참여자들의 이해를 조정하는 기능을 담고 있는 의사결정과정이며 예산이 정보를 담는 그릇이라는 인식에서 비롯된다. 이러한 관점에 입각할 때, 이해관계자 입장에서 예산제도 간 연계를 통해 제도 운영의 혼란과 불안정을 해소하고 책임성과 정책 대응력을 높일 수 있을 것이다.

여섯째, 정보공유 측면은 예산의 전 과정을 통해 각 예산제도에서 생성되는 정보를 상호 인식하고 활용하는 것으로 정보의 흐름과 교류를 통해 예산의 기능과 효과를 높이는 것을 의미한다. 이를 위해서는 조직/부서, 참여자, 이해관계자들 간에 관련 자료와 정보를 상호 교류하고 의사소통이 이루어지고 정보의 일관성과 정합성을 확보하여야 한다. 예컨대, 대상사업이나 성과목표 설정에서 성과예산과 성인지 예산제도가 동일한 사업을 대상으로 하는 경우 관련 정보를 공유하여야 하는 것을 의미한다.

일곱째, 공무원 인식 측면은 실제 예산을 편성하고 운영하는 공무원들이 4개 지방예산시스템에 대해 어떤 인식과 태도를 갖고 있는지를 파악하는데 초점을 둔다. 이에 대하여는 설문조사를 통해 4개 예산제도에 대한 인식 정도와 연계 필요성, 예산제도 간의 연계의 내용 및 연계 운영 방안을 분석하고 있다.

제2절

예산제도 간 연계의 문제점

1. 예산과정 측면

예산과정은 지방자치단체가 주민으로부터 세금을 징수하고 수입된 재원을 사용하는 모든 절차와 과정을 체계화(예산의 계획, 편성, 집행, 결산 및 평가)한 것이다. 따라서 예산과정이 순조롭게 진행되기 위해서는 4개 예산제도가 추진되는 시기, 정보수집과 분석방법, 행정부 내부 협의사항, 지방의회 관계, 이해관계자 의견수렴 등을 상호 간에 연계 조정하는 일이 긴요하다. 이러한 관점에 입각할 때 현행 4개 예산제도는 상호간의 연계 운영이 유연하게 이루어지도록 설계되어 있지 못하다.

이와 같은 문제는 예산제도의 도입과정에서 2008년도에 사업예산제도를 시행한 이후에, 예산활동에 영향을 미치는 다른 제도들 즉, 성과예산, 주민참여예산, 성인지 예산 등이 도입되거나 시범운영을 실시하였기 때문에 발생하고 있다. 이는 새로운 제도의 도입에 치중한 나머지 이들 예산제도 간에 관계 설정이나 연계를 위한 틀을 마련하지 못하고 있는 현실에서 비롯된다. 따라서 전반적인 예산운영시스템 차원에서 여러 예산제도가 병렬적으로 시행되는 경우 자칫 개별 목적, 대상사업, 산출되는 정보 간에 혼란과 갈등이 발생하고 예산과정에서도 체계적으로 정리되지 않아 일관성을 갖고 조화롭게 예산을 편성하는 것이 어려워진다. 이와 같은 예산과정상에서 나타나는 주요 문제점을 정리하면 다음과 같다.

첫째, 사업예산제도와 성인지 예산서는 전체 예산과정에 관여되는 반면 성과예산서와 주민참여예산은 일부 예산과정에만 관여되는 제도적 속성을 갖는다. 예를 들어, 성인지 예산은 성별영향평가(gender impact assessment)라는 남・여성 간의 예산수혜 격차의 원인분석 등 심층적인 분석결과를 사전에 파악하여 이를 예산의 계획 및 편성단계에서 반영하는 것이 중요하다. 또한 주민참여예산은 예산의 계획 및 편성과정에서 주민들 의견을 수렴하고 예산의 집행과정에 대한 모니터링이 중요하며, 성과예산서는 조직부서의 전략・성과목표를 사업예산과 연계시키는 것이 매우 중요하다. 이와 같은 점을 종합적으로 고려하면 현재 각 예산제도는 도입 자체에 초점과 관심이 집중되는 반면, 제도 간의 유기적 연계나 종합적 관점에서의 효과에 대하여는 거의 무관심한 상태라고 볼 수 있다.

둘째, 성과예산서의 대상사업이면서 성인지 예산의 대상사업인 경우 이 예산사업에 대한 핵심내용과 관련 정보는 상호 밀접하게 연계되어야 한다. 두 예산제도 간의 연계는 대상사업에 대한 성과목표와 성과지표의 정합성이 필수적인데, 현실적으로 성과예산서와 성인지 예산제도 간에 동일한 사업임에도 불구하고 실제 운영과정에서 두 제도가 사실상 별개의 시스템으로 작동되는 문제가 노정되고 있다. 현재와 같은 미스매치(mismatch) 상태에서는 두 제도의 시너지 효과를 기대할 수 없다. 따라서 성과예산서의 어떤 사업이 성인지 예산 대상사업인 경우에는 성과목표와 성과지표 설정시에 양성평등과 성 격차 해소에 관한 핵심 내용을 반영하여 성과체계를 구성하는 것이 필요하다.

셋째, 전반적인 예산과정에서는 예산제도와 주요 재정제도(예: 중기재정계획 등) 간의 연계성 확보가 매우 중요하다. 현재 예산제도는 중장기 정책과 재정운영계획, 투융자사업심사, 지방채발행제도, 회계 및 감사제도, 성과관리제도 등이 상호 연계되지 못하여 예산운영의 실효성이 낮은 실정이다. 매년도 예산운영은 단년도에 중점을 두고 있지만, 대다수 자본투자사업 중에는 중장기 관점에서 지출의 효과가 나타나는 경우가 적지 않으므로 중기재정계획과 각 예산제도를 연계하는 접근은 매우 중요하다. 중기지방재정계획(지방재정법 제33조 등) 사업 중 특히, 다년도 예산사업을 대상으로 성과예산서를 작성하거나 성인지 예산분석을 시도할 경우 중장기 관점에서 재정운영을 접근하는 것이 필요하다.

2. 예산운영단위(예산과목) 측면

지방자치단체는 사업예산제도를 도입한 이후, 본래적 도입 목적인 중장기 정책과 예산의 연계, 재정효과의 극대화, 성과와 예산의 연계 등을 통해 재정의 효율성과 책임성을 강화하고 공공서비스의 성과 개선을 추구한다. 즉, 예산운영단위(예산과목) 측면에서 사업예산제도는 기본적으로 조직의 목표체계에 따라 사업단위(정책 · 단위 · 세부사업)를 체계화하고 이를 예산품목과 연결하는 예산과목분류체계를 갖추고 있어 모든 사업단위와 관련성을 맺고 있다. 이 경우 정책사업은 조직목표와 직결되고 성과관리를 위한 기본단위이며, 단위사업과 세부사업은 정책사업의 하위단위로 주요 활동과 그에 따른 세부내역을 나타낸다. 이렇게 볼 때 현재 각 예산제도들 간에 핵심적으로 운영하는 대상사업이 불일치하며 상호 혹은 계층적 연계가 이루어지지 않고 있는 실정이다. 예산운영단위(예산과목) 상에서 나타나는 주요 문제점을 정리하면 다음과 같다.

첫째, 대상사업 측면에서 보면 성과예산서는 보다 상위에 해당하는 정책사업과 단위사업에 중점을 두는 반면에 성인지 예산서와 주민참여예산은 세부사업에 초점을 둔다. 따라서 사업단위의 위계나 대상사업 분석(사업목적, 성인지적 성격, 주민의견 수렴, 예산절차 조치 등)이 미흡하고 각 예산제도 간에 별도 분리되어 운영되는 모습을 보이고 있다.

둘째, 사업예산제도와 성인지 예산제도를 효과적으로 연계하여 운영하기 위해서는 무엇보다도 대상사업을 선정하는 기준이 체계적이고 실용적으로 정립되어야 한다. 지방자치단체 성인지 예산이 대상사업을 선정하는 기준을 설정하더라도 그것을 예산과목구조와 연계시켜야 하는 실무적, 관리적 이슈가 제기된다. 이 경우 성인지 예산 대상사업은 세부사업을 중심점으로 설정하고, 상위 항목인 단위사업 및 정책사업 그리고 조직을 연계해 나가는 접근이 합리적이다.

그러나 현실적으로 세부사업의 상위계층인 단위 · 정책사업 및 조직(실/과/소 등)을 고려하여 예산을 관리하지 않고 있어 사업 관련 핵심내용과 주요 명세가 예산제도 간에 충분히 교류되지 않고 있는 실정이다. 예를 들어, 예산사업을 포괄하는 성별영향평가 대상사업 중에서 성인지 예산 대상사업을 설정하는 경우 양 사업 간의 관계를 살펴보면 [그림 3-1]과 같다.

[그림 3-1] 성별영향평가제도와 성인지 예산제도의 관계

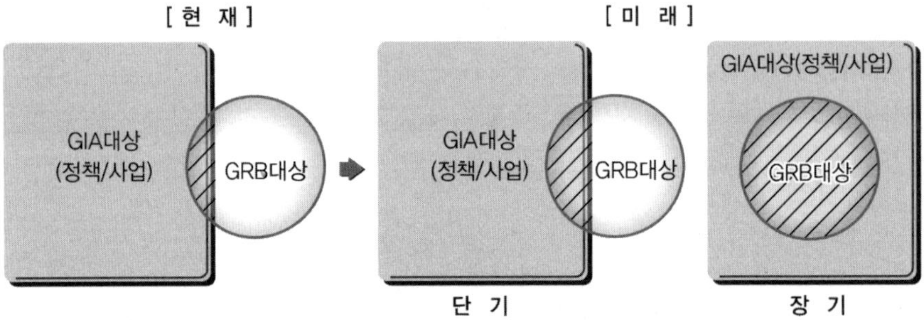

주: GIA, GRB는 각각 성별영향평가제도와 성인지 예산제도를 의미함(한국지방행정연구원, 2011에서 인용).

3. 조직/부서 간 협력 측면

지방자치단체는 예산부서를 중심으로 사업부서의 예산요구액을 받아 사업예산을 편성하고 집행한다. 이에 비해 성과예산서는 성과계획을 처리하는 성과관리부서와 밀접하게 관련되고 성인지 예산제도는 여성정책부서에 대해 직접적인 협조와 의견을 반영하는 것이 필요하다. 이러한 측면에서 볼 때, 현행 예산제도들은 각 예산제도에 대한 인식과 공감대가 부족하고 예산운영 가버넌스 차원에서 별도로 분리되고 독립적으로 운영되어 제도 운영의 복잡성과 혼란이 나타나고 있다. 여기에서 조직/부서 간의 협력 측면에서 나타나는 주요 문제점을 정리하면 다음과 같다.

첫째, 성인지 예산의 경우 기획 및 운영지침 업무는 중앙정부가 담당하고,

성인지 예산의 분석 및 예산서 작성은 지방자치단체가 수행한다. 중앙정부 가운데 행정안전부는 지방자치단체 예산총괄기관으로서의 역할을 수행하며, 여성가족부는 성인지 예산제도를 전반적으로 지원하는 역할을 수행한다. 이와 관련하여 중앙정부와 지방자치단체 간의 연계・협력 및 예산부서와 여성정책부서 간에 상호 각 제도에 대한 인식이 부족하고 협력체제(partnership)가 형성되어 있지 못하는 것이 현실 상황이다.

둘째, 지방자치단체 내의 성인지 예산 담당부서(예산총괄 부서, 여성정책 담당부서, 세부사업 담당의 사업부서)간 관계에 있어서 관련 부서가 서로 협업하고 사업부서에서 분석한 정보가 곧바로 예산총괄부서에 전달되는 것이 바람직하나 현재 상황은 그러하지 못하다. 현실적으로 사업예산을 주관하는 예산부서와 여성정책담당부서, 각 사업부서 간에 대상사업에 대한 정보나 분석 자료의 교류가 원활하지 못하여 예산수립을 위한 자료준비, 예산편성을 위한 협의・조정에 어려움을 겪고 있다.

4. 성과관리 측면

예산 성과관리는 예산 투입에 대해 목표달성도나 집행성과를 평가하고 그 결과를 다음 정책형성이나 예산수립에 환류・반영하기 위한 일련의 과정을 말한다. 따라서 성과관리 측면에서 4개 예산제도 간에 연계성 확보는 성과목표-성과지표, 성과관리의 기본단위 등에 대한 검토를 필요로 한다. 각 예산제도의 성격을 보면, 사업예산제도는 성과계획을 토대로 예산집행 결과와 사업성과를 향상시키는데 초점을 맞추고 자치단체가 작성하는 성과예산서를 통해 예산의 성과를 관리한다. 또한 성인지 예산서는 양성평등과 성별 격차 해소 차원에서 성평등 목표를 제시하고 그 달성도를 점검하는 시스템을 갖는다. 이 점에서 볼 때 전반적으로 예산제도 간에 성과관리를 위한 사업구분, 책임중심점, 성과목표와 성과지표의 체계성이 부족하고 각 제도의 특성을 충분히 반영하지 못하고 있다. 성과관리 측면에서 나타나는 주요 문제점을 정리하면 다음과 같다.

첫째, 현재 자치단체는 사업예산제도를 주축으로 하면서 성과예산서, 성인지 예산, 주민참여예산제도를 시행하거나 시범적용하고 있다. 이 경우 어떤 예산사업이 성인지 대상이거나 주민참여예산의 대상인 경우 성과목표와 성과지표 개발시 이들의 관점과 내용을 포함하여야 하나, 현재로서는 이들 예산제도에 대해 충분한 공감대 형성이 부족하고 관련 정보교류, 예산수립을 위한 협의과정이 제대로 이루어지지 못하여 연계성이 떨어지고 있다.

둘째, 사업예산제도 운용과정에서 나타나는 첫 번째 쟁점으로는 사업분류가 체계적이지 못한 문제를 꼽을 수 있다. 사업별 예산이 본래 목적을 달성하기 위한 가장 기본적인 사항은 자치단체가 수행하는 다양한 사업과 업무를 목표-수단 관계에 기초하여 사업을 논리적으로 분류하고 구조화하는 것이다. 현재 각 자치단체는 사업별 예산편성 자체에 치중한 나머지 사업예산제도의 성과관리 연계에는 문제점을 드러내고 있다. 즉, 정책목표-프로그램-예산체계 간에 인과관계가 부족하여 적합한 성과목표와 성과지표의 설정에 어려움을 겪고 있다. 이러한 현상은 성과예산을 처음 실시하는 기초자치단체의 경우 성과지표가 없는 단위사업이나 성과지표가 단순한 단위사업을 통·폐합하는 사례가 발견된다. 따라서 향후 정책목적을 달성하기 위한 프로그램을 선정하고 이들 사업우선순위에 입각하여 예산을 적정하게 배분하기 위해서는 체계적인 예산사업 구조화 작업이 요구된다.

셋째, 사업예산제도와 성과예산의 연계에 있어서 나타나는 또 다른 문제로는 시범적용 단계이기는 하지만, 전략·성과목표와 성과지표를 사업예산과 연계시키는 성과관리체계가 미흡하다는 점이다. 사업예산제도의 본래적 도입 목적인 중장기 정책과 예산의 연계, 전략적 자원배분, 재정효과의 극대화를 추구하기 위해서는 자치단체 내부 성과관리시스템(BSC 등)과 사업예산 간의 연계가 필수적이나, 현재 성과관리제도와 긴밀하게 연결되지 못하고 분리 작동되고 있는 실정이다. 실제로 자치단체 예산과 성과관리제도 간에 성과목표, 사업단위, 성과지표 측면에서 일관성이 부족하여 양자 간에 차이가 나타나는 현상이 쉽게 발견된다. 특히 기초자치단체의 경우 [표 3-1]과 같이 성과목표, 정책사업, 성과지표의 불일치 현상 등이 나타나고 있으며 업무 추진에서도 예산부서와 성과부서 간에 명

[표 3-1] 사업예산제도와 성과관리시스템 간의 불일치(B군 사례)

구분		성과목표(정책사업)	단위사업(전략과제)	성과지표	세부사업	이행과제 실행계획
2011년	예산	94개	188개	329개	866개	-
	성과	115개	145개	245개	-	245개

자료: 행정안전부(2012)

확한 구분과 절차가 원활하게 이루어지지 않고 있다. 사업예산제도와 성과예산관리의 연계를 위해서는 "임무-전략목표-성과목표"는 목적으로, "예산사업단위(정책·단위·세부사업)"는 수단으로 이해하여 목적과 수단을 합리적으로 연결하는 것이 절실히 요구된다.

넷째, 주민참여예산제도는 아직 성과관리에 대한 정책적 접근이 이루어지지 않고 있다. 앞으로 주민참여예산제도의 경우에도 지역단위로 일정한 예산이 배정되면 이에 대해 성과를 관리하는 것이 필요할 것이다. 예를 들어, 특정지역에 1억원의 사업비가 배정되고, 이를 토대로 지역주민들이 사업을 수행할 경우 자치단체는 주민수행사업에 대한 성과관리 프로그램을 개발해야 한다. 이러한 상황에 비추어 볼 때, 각 예산제도에서 성과목표를 수립하고 예산집행에 대한 성과를 관리하고자 노력하고 있으나, 전체 예산운영시스템 관점에서 조직부서의 전략·성과목표의 협의조정, 표준성과지표의 개발, 성과관리에 대한 부서(성과관리부서, 예산부서, 성인지 관련 부서 등) 간 의견 조율 등이 부족한 실정이다.

다섯째, 사업별 집행 결과에 대해 성과목표의 달성도를 측정하기 위한 성과지표가 지표로서의 요건과 프로그램의 성과와 핵심내용을 충분히 설명하기에는 미흡하다. 가장 빈번하게 나타나는 문제로는 성과지표의 결과지향성과 사업내용 반영 미흡, 성과계획과 성과예산 간에 지표 불일치, 지표의 검증방법 및 산출방식 문제를 들 수 있다. 예컨대, 환경 부문의 "대중교통서비스 향상" 사업의 경우 "대기오염도 감소율"이 성과지표로 바람직하나, 기초자치단체는 대부분 대기오염도를 측정할 수 있는 여건이 불비한 실정이다. 지표의 목표값 설정에서도 전년도 실적에 대한 검증이 이루어지지 않아 목표값 자체의 신뢰도가 낮은 실정이다. 또한 성과관리시스템(BSC) 지표 대부분이 예산사업지표와 무관한 상태에 있어서 양자 간에 연계가 필요한 실정이다. 사회복지분야의 사례를 살펴보면, 지방자치단체 BSC 표준지표와 성과예산지표 간에는 차이가 나타난다. 특히, 성과지표 유형 면에서 재무적 정보를 포함한 지표(예: 산출물 단위당 투입비용 등)는 전무한 실정이고 주로 물량 중심의 지표가 설정되어 있기 때문에 재정 효율성이나 사업성과의 측정이 현실적으로 어려운 실정이다([표 3-2] 참조).

[표 3-2] 사회복지분야 성과지표 설정 사례

<table>
<tr><th colspan="2">BSC 관련 성과지표</th><th colspan="2">성과예산 관련 성과지표</th></tr>
<tr><th>영역</th><th>성과지표</th><th>영역</th><th>성과지표</th></tr>
<tr><td rowspan="6">복지관리</td><td>자원봉사자 등록인원</td><td rowspan="6">보육가족
여성</td><td rowspan="2">보육아동 이용시설 증가율(%)</td></tr>
<tr><td>자원봉사 참여율</td></tr>
<tr><td>사회복지시설 수용인원 증가율</td><td>영유아보육료 지원예산액 증가율(%)</td></tr>
<tr><td>사회복지시설 이용인원 증가율</td><td rowspan="2">청소년 수련활동 프로그램 참여자 수 증가율(%)</td></tr>
<tr><td>사회복지시설종사자 증가율</td></tr>
<tr><td>취약가족 수혜대상 증가율</td><td>지역아동센터(공부방)확충실적(%)</td></tr>
<tr><td rowspan="3">생활안정</td><td rowspan="2">교육만족도</td><td rowspan="3">취약계층지원
및 생활안정</td><td>여성인력개발 프로그램 참여실적(%)</td></tr>
<tr><td>장애인일자리 참여자 증가율(%)</td></tr>
<tr><td>자격증 취득률</td><td>여성취업지원에 따른 취업인원 증가율(%)</td></tr>
<tr><td rowspan="2">저소득
주민보호</td><td>자활 성공률</td><td rowspan="2">기초생활보장</td><td>기초생활보장수급자 신규 발굴률(%)</td></tr>
<tr><td>긴급복지지원 결정률</td><td>기초생활보장수급자 부적격자 조치율(%)</td></tr>
<tr><td rowspan="2">노인복지</td><td rowspan="2">노인일자리사업 참여율</td><td rowspan="2">노인복지</td><td>노인일자리사업 참여인원 증가율(%)</td></tr>
<tr><td>노후경제생활 지원율(%)</td></tr>
</table>

자료: 행정안전부 및 전라북도의 자료를 참조하여 작성하였음.

5. 이해관계자 측면

이해관계자 측면에서 예산은 지역주민과의 약속이고 다양한 이해관계 속에서 이루어지는 정치적 과정(political process)이므로, 이해관계자의 의견을 수렴・조정하는 것이 필수적 요소라고 말할 수 있다. 지방자치단체의 경우 지역주민을 비롯하여 지방의회, 시민단체, 투자자, 공무원 등 다양한 내・외부 이해관계자들이 존재한다. 따라서 사업예산제도를 포함하는 4개 예산제도의 연계성을 점검하는 과정에서는 이들 이해관계자의 관점에서 파악되어야 할 당위성과 필요성이 있다. 우선 모든 해당사업을 포괄하고 있는 사업예산제도는 전반적으로 거시적, 미시적 측면에서 지역주민의 관심과 수요를 적극적으로 반영하는 반면 주민참여예산과 성인지 예산서는 해당되는 특정사업에 대해 주민 등 이해관계자의 의사를 반영할 필요성이 있다. 이해관계자 측면에서 보면, 각 예산제도별로는 이해관계자와의 관계에 적극 노력하고 있으나, 종합적 연계 관점에서 지역주민, 지방의회 등 이해관계자들의 의견을 조율하는 데는 미흡한 실정이다. 그동안 각 예산제도의 운영과정에서 나타난 주요 문제점을 살펴보면 다음과 같다.

첫째, 이해관계자 측면에서 주민참여예산제도를 운영해 본 결과 드러난 문제와 한계점으로는 무엇보다도 주민참여 저조, 지방자치단체 내부의 부정적 시각(공무원, 의원의 인식), 지방의회 예산심의권 침해 논란, 시민위원의 전문성 부족에 따른 부실편성 우려, 예산편성 기간의 제약으로 인한 다양한 주민의견 수렴 한계, 의사결정 지연, 공무원 업무부담 가중, 집단갈등 조장 등이 주요 문제점으로 나타났다. 이와 관련하여 주민참여예산제도가 앞으로 성공적으로 실시될 수 있는 핵심쟁점에 대하여 기술하면 [표 3-3]에 요약되어 있다. 이러한 사실을 인식할 때, 앞으로 주민참여예산제도를 실시하는 과정에서는 극복해야 할 핵심과제와 장애요인들은 크게 보아 이해관계자의 인식 변화와 관심도 제고, 대표성, 공정성, 공평성, 비용-효과성(cost-effectiveness)과 관련되는 이슈들이 될 것으로 전망한다.

[표 3-3] 주민참여예산제도의 실시와 관련된 핵심쟁점

구분	주요 쟁점사항	관련 원리
1. 대표성 - 구성원 대표성 - 의사·선호 대표성	• 누가 지역주민을 대표할 것인가의 문제 • 대표성 없는 참여, 불평등 참여 • 주민의 의사·수요·선호 대표성 • 주민대표기구(주민참여예산위원회 등) 구성, 기능, 권한 정당성 • 낮은 주민 참여율 • 참여 문호의 개방성과 기회의 공평성	• 대표성 • 공평성 • 비용효과성
2. 참여단계와 수준	• 예산과정 중 어떤 단계와 수준에 참여할 것인지의 문제 • consultation, empowerment 등 수준 문제 (단순한 의견제시, 예산관여 및 영향력 행사) • 어떤 예산사업을 대상으로 관여(의견, 의사결정)할 지의 문제 • 세입예산 등 기타 예산회계 참여문제 등 • 참여자 전문성 문제	• 공정성 • 공평성
3. 불평등 영향	• 참여자의 자기이익 추구와 공동체 이익 반영문제 • 주민의견 수렴 및 반영 관련 문제 • 시민단체 등 주도 주체의 영향 공정성 문제 • 낮고 약한 주민참여, 높고 강한 이익집단 참여의 위험성	• 공정성 • 대표성
4. 자치단체장/공무원 인식 및 행태	• 자치단체장의 인식 및 태도 변화 • 공무원의 인식 및 태도 변화	• 공정성 • 공평성
5. 지방의회 관계	• 제도적 완전분리와 대의민주주의 보완의 선택 • 제도적, 형식적 관계와 실질적 관계 설정 문제 • 지방의회의 부정적, 소극적 시각 • 지방의회에 대한 부정적, 과도한 압력 행사의 위험성	• 대표성 • 공정성
5. 제도운영비용 등	• 참여예산제도와 관련된 직·간접적 비용 - transaction cost, opportunity cost - 각종 포럼/위원회, 교육, 학습관련 비용, 관계공무원 비용 - 공무원의 인식·태도 변화 유도 비용 등 • (지역) 언론의 지속적 관심 유발	• 비용효과성

주: 임성일의 글(2011a)을 일부 수정, 재인용한 것임.

둘째, 주민참여예산제도와 사업예산제도, 성과예산서, 성인지 예산제도 등과의 실질적인 연계성은 주민의 예산참여 시기(예산계획과 편성 시점), 참여 수준과 범위(세입 · 세출, 예산과목, 집행상황과 관련된 내용), 대상사업, 성과관리(주민제안사업, 주민직접실시사업) 등에 초점이 주어진다. 그러나 현실적으로 주민참여예산제도를 운영하기 위한 독립적인 주민의견 수렴에 그칠 뿐, 예산사업과 예산금액, 예산과목, 관련 재정정보 등의 측면에서 다른 예산제도들과 연계성은 이루어지지 않고 있는 실정이다.

셋째, 특히, 주민참여예산제도가 사업예산제도나 성인지 예산제도와 달리 예산을 둘러싼 이해주체 간(지방자치단체와 주민, 시민사회 등)의 대화와 협력이라는 정치적 · 정책적 요소들이 강조되는 점을 인식할 때, 다른 예산제도들이 갖는 정치적, 정책적 요소들을 발견하여 상호 연관성을 높여주는 접근이 요구된다(다만, 제도의 본래적 목적에 비추어 매우 제한적일 것으로 추측된다). 특히, 주민참여예산제도와 성인지 예산제도는 아직까지 두 제도 간에 실질적인 연계가 이루어지지 않으나, 주민참여예산과 성인지 예산 모두 참여와 재정의 책임성과 투명성 제고를 목표로 하기 때문에 이들 지향가치를 중심으로 두 제도 간에 연계성을 강화하는 것이 필요하다.

6. 정보공유 측면

사업예산제도를 주축으로 하여 지방재정운용시스템이 작동되고 있으나, 각 제도들 간에 생성되는 정보와 자료들이 종합적 관점에서 연계 · 조화되지 않은 채, 각 제도를 중심으로 생산, 전달됨으로써 정보이용자들에게 혼란을 초래하고 있다. 예산제도(사업예산, 성과예산, 주민참여예산, 성인지 예산) 뿐 아니라, 재무회계 및 원가계산, 사업별 성과정보들이 상호 간에 공유할 수 있도록 지방재정 정보인프라(e-호조시스템)에서 종합 관리하는 방안을 마련하여야 한다. 정보공유 측면에서 각 예산제도 간에 나타나는 주요 문제점을 살펴보면 다음과 같다.

첫째, 행정서비스의 성과관리 측면에서 원가계산 기반이 취약하여 사업성과를 객관적으로 측정하는 것이 곤란하다. 현재로서는 예산관리가 현금회계 원칙에 기초하므로 원가 개념을 정확히 반영하기 어렵고, 정부회계시스템이 발생주의로 전환되었으나 실제로 원가회계가 발달되지 못하여 성과측정을 위한 투입원가정보가 매우 빈약한 실정이다. 지방예산에서 비용절감, 투입단위당 성과를 측정하고 분석하는 것이 매우 중요시되고 그에 대한 관심이 증대되고 있으나, 실제로 정부성과를 측정하는 데 필수적인 사업별 원가정보 등은 매우 빈약하다. 이에 따라 성과예산에서도 집행부 예산운영 및 의회 사업심의에서 요구되는 수준의 성과(비용)정보가 생성되는 것이 어려운 실정이다.

둘째, 사업예산의 성과관리에서 재정사업의 분석·평가가 제대로 이루어질 수 있도록 효율성지표(예: 단위당 비용이나 생산성), 효과성지표(예: 이용자만족도, 수요의 충족이나 적시성 등)와 관련한 성과정보를 다양하게 산출하는 것이 타당하나, 현실적으로 성과정보를 활용한 의사결정지원 기능은 매우 제한적인 수준에 머무르고 있다.

셋째, 성인지 예산과 주민참여예산은 현행 지방예산제도(사업예산제도 등)와 긴밀한 연계성을 확보하면서 각 제도의 정보를 최대한 활용하는 형태로 개발되어야 한다. 이들 예산제도는 사업예산의 기본정보에 더해 성인지 내지 양성평등과 관련된 정보와 주민참여 관련 예산정보를 논리적·기법적으로 연계시킴으로써 제도의 실시효과를 극대화할 수 있으나, 현재는 각각의 제도 운영에 중점을 둘뿐 연계 운영을 통한 정보공유는 거의 이루어지지 않고 있다. 이들 성인지 예산제도, 프로그램예산(사업예산)제도, 주민참여예산제도의 연계 운영에 대한 주요 정보 내용으로는 다음의 사항을 제시할 수 있다([표 3-4]) 참조.

7. 세입·세출 측면

지방재정의 세입 측면에서 사업예산제도를 제외한 나머지 3개 예산제도는 현 단계에서는 거의 관련성이 없는 실정이다. 사업예산제도는 지방세, 세외수입 등 자체수입 뿐 아니라 지방교부세, 보조금 등 이전재원을 포함하는 모든 세입

[표 3-4] 지방자치단체 재정운용의 기반이 되는 예산제도

예산제도	주요 내용	비고
프로그램 예산제도 (Program budget)	• 목적별 지출 통제 • 프로그램 단위 투입 통제 • 관리자, 조직 자율성 허용 • 재정성과관리 효과	• 2008년부터 공식 지방예산제도(사업예산제도)로 채택 • 중앙정부: 프로그램 예산제도
주민참여예산제도 (Participatory budget)	• 주민의 예산의사결정 관여 • 지출통제, 사업우선순위 조정 • 재정책임성, 투명성 제고 • 정부 가버넌스 체제 변화	• 2011년 9월부터 지방의 법정제도로 도입, 실시 • 중앙정부는 미실시
성인지 예산제도 (Gender-responsive budget)	• 예산의 성별영향 분석 • 성 관련 세입·세출 통제 • 양성평등, 재정책임성 제고	• 2010년부터 중앙정부 실시 • 2013년부터 지방자치단체 실시

요소를 관리하는 장치를 갖고 있으나, 그 외 성과예산서, 주민참여예산, 성인지 예산서는 주로 세출부문의 예산사업을 대상으로 실시하고 있다. 그러나 중장기적으로는 전체 예산시스템을 통해 세입부문과 세출부문이 상호 연계되어 다양한 기능을 수행할 것으로 예상한다. 예를 들면, 성인지 예산서의 경우 선진국에서는 지방세 정책과 관련해서 성인지적 관점을 분석·평가하는 시도를 하고 있다.

8. 지방자치단체 공무원 인식 측면[1]

사업예산제도(2008년)와 주민참여예산제도(2011년)는 시행되고 있으나 성인지 예산서와 성과예산서는 현재 시범적용 단계를 거쳐 각각 2013년과 2014년에 시행될 예정이다. 이러한 점에 비추어 이들 4개의 지방예산제도는 전체적인 예산시스템 틀 속에서 유기적으로 연계 운영되기보다는 현 상황에서는 사실상 거의 연계성을 갖지 않은 채 개별적, 독자적으로 분리 운영되고 있다고 볼 수 있다.

---

1) 제3절의 지방자치단체 공무원 대상의 설문조사 분석결과는 예산제도 간의 연계 문제를 종합·정리하는 차원에서 미리 정리하였다.

이러한 연계성 부재에 따른 문제와 제약점이 지방자치단체에서 인식되고 있는 것으로 나타났으며, 아울러 각 예산제도가 갖는 기본원리와 특성을 살리면서 전체적인 관점에서 지방재정의 효율성, 형평성, 투명성, 책임성을 확보할 수 있도록 예산제도 간의 연계성을 강화하는 것이 필요한 것으로 분석되었다. 여기서 "지방예산제도 간의 연계 방안에 관한 설문조사" 분석결과를 토대로 예산제도 간의 연계 실태를 요약하면 다음과 같다.[2)]

첫째, 지방공무원들은 4개 예산제도의 운영목적이 다르므로 문제가 발생할 수 있다고 인식하고 있으며, 일부 제도를 정비하여 예산제도 간에 연계를 확보해야 하며 그렇지 않을 경우 제도운영상에 문제가 발생할 수 있다고 인식하고 있다. 이에 대해 응답자의 52.7%가 제도 정비로 문제를 해소할 수 있다고 응답하였고, 특히 응답자의 29.0%는 제도 간의 연계가 이루어지지 않을 경우 심각한 문제가 발생할 수 있다고 응답하였다.

- 연계 문제 없음(4.3%),
- 제도적 정비를 통해 해소 가능(52.7%)
- 심각한 문제 발생(29.0%)
- 기타(14.0%)

둘째, 지방자치단체에서 다양한 예산제도를 동시에 시행함에 따라 발생할 수 있는 주요 문제점으로는 ① 예산절차 및 과정(예산준비, 예산편성, 예산심의, 예산집행, 결산검사)에서 협의·조정 미흡, ② 예산관련 정보의 혼란과 일관성 부족, ③ 담당부서(성과관리부서, 예산부서, 사업부서, 여성담당부서) 간의 네트워킹 부족 등이 중요한 것으로 나타났다.

- 예산절차 및 과정의 협의 조정 미흡(29.2%)
- 예산정보의 혼란과 일관성 부족(21.1%)
- 부서(예산부서, 성과관리부서, 사업부서, 여성관련 부서) 간의 네트워킹 부족(18.9%)
- 성과목표 설정시 일관성 부족(17.2%)
- 대상사업(정책·단위·세부사업) 불일치로 인한 문제(13.5%)

2) 지방공무원(예산부서, 기획·사업부서) 인식 측면에서 각 예산제도 간의 문제점은 '지방자치단체 예산제도 간의 연계에 관한 설문조사' 결과에 기초하여 분석한 내용이며, 공무원 인식에 대한 구체적인 설문조사 결과분석은 제3절에서 별도로 기술한다.

셋째, 자치단체 예산부서 및 기획·사업부서 공무원들은 다양한 예산제도 운영에 대하여 업무의 복잡성으로 인한 혼란, 각 예산제도에 대한 공감대 부족 등을 제시하고 있다. 즉, 예산정책에 많은 제도가 급격히 도입되는 현실에서 이러한 제도의 이해와 인식이 많이 부족한 실정이다. 성인지 예산, 성과예산 등 다양한 예산방식이 도입되고 있으나, 이에 대한 공무원의 의식이나 사회 전반의 의식이 함께 따라가지 못하는 상황에 있다. 제도 도입 이전에 새로운 제도에 대한 어느 정도의 공유가 먼저 선행된다면, 도입 이후의 여러 문제발생 소지가 크게 줄어들 것으로 판단하고 있다. 성과예산, 성인지 예산, 주민참여예산 등 새로운 예산제도의 시행은 우선 담당하는 공무원들이 사업에 대한 정확한 지식과 마인드가 있어야 되므로 지속적인 교육이 이루어져야 한다. 이 경우 대부분의 업무가 전산화로 이루어짐에 따라 자료입력(정리) 등 매뉴얼을 사용자 위주로 교육하는 것이 필요하다.

넷째, 지방자치단체의 예산부서 공무원은 예산제도의 통합이 필요하다는 의견을 제시하고 있다. 성과예산, 성인지 예산제도, 사업예산제도 등 다양한 예산제도의 도입도 중요하지만, 이들 예산제도를 통합·운영할 수 있는 프로그램을 개발하여 한 번의 예산작업이 성과예산, 성인지 예산, 사업예산으로 분류가 가능하도록 정보시스템이 뒷받침되어야 한다고 느끼고 있다. 즉, 지방공무원들은 성과예산, 성인지 예산, 주민참여예산 등 복잡 다양한 예산체계로 인해 제도 간 혼란과 실효성에 문제가 발생할 수 있으므로, 이들 예산을 하나로 묶을 수 있는 예산체계의 마련이 필요하다고 의견을 제시하였다.

다섯째, 지방공무원들은 대체로 예산제도 간의 연계가 필요한 것으로 인식하고 있다. 예를 들면, 성인지 예산과 성과예산의 경우 양자 간에 성과목표와 성과지표가 일치되었을 때 사업추진효과를 얻을 수 있다. 각각 개별적으로 운영하면 예산편성을 위한 형식으로만 인식될 수 있다. 성과예산에 성인지가 필요한 사업에 대하여 양성평등 관점의 성과목표와 성과지표를 포함하여 정책을 수립함으로써 불필요한 업무량을 줄일 수도 있고 정책목표의 일관성을 부여할 수 있을 것이다.

여섯째, 예산부서와 성과관리부서 및 성인지 관련 부서 간의 조화가 이루어지지 않아 예산편성에 있어서 어려움이 나타난다. 성과예산 및 성인지 예산 편성과정에서 성과부서와 여성담당부서의 업무와의 연계가 제대로 이루어지지 않아 업무수행에 차질이 빚어지고 있다. 즉, 성과지표 설정 및 성별영향분석평가사업 선정이 우선적으로 정립된 후 순차적으로 예산과의 조합이 이루어져야 원활한 예산편성이 이루어질 것이다.

일곱째, 예산부서 직원들이 업무 부담을 호소하고 있다. 사업예산제도를 중심으로 운영하면서 주민참여예산, 성과예산, 성인지 예산 등 새로운 예산제도가 모두 예산부서 중심으로 이루어지고 있어서, 향후 결산서 작성 등 많은 업무 부담이 생길 수 있으므로 명확하게 부서 조정이 필요한 것으로 조사되었다. 또한 예산은 예산부서에서 결산은 지출부서에서 작성하고 있는데, 성과보고서 및 성인지 결산서 작성 및 보고에 대한 업무분장이 필요하다는 의견을 제시하기도 하였다.

제3절

지방자치단체 예산제도 연계에 대한 설문조사 결과

1. 조사개요

지방자치단체 예산제도는 2008년부터 품목예산제도에서 사업예산제도로 전환되어 시행되고 있으며, 이와 더불어 2011년 주민참여예산제도 시행 의무화, 2013년 성인지 예산제도 시행 및 2014년도 성과예산제도 도입을 앞두고 있다. 아직 사업예산제도가 완전히 정착되기도 전에 다양한 예산제도가 동시에 각자의 목적을 가지고 추진될 계획이다. 이 과정에서 각기 다른 이들 예산제도가 시행되더라도 예산과정이나 대상사업 등에 있어서 상호 간에 연계와 조화가 이루어져야 지방자치단체에서 업무의 혼란을 방지하고 각 제도 도입의 효과를 극대화할 수 있을 것이다.

이에 본 연구에서는 우리나라 전 자치단체를 대상으로 지방자치단체의 예산담당부서 및 각 예산제도 운영과 관련이 있는 사업부서 담당자에게 시행되거나 도입 예정에 있는 예산제도의 인지도, 각 예산제도 운영에 따르는 문제점과 쟁점, 예산제도 간 연계의 필요성 및 효과적인 연계 방안에 대하여 설문을 실시하였다.

설문응답자는 총 207명이며, 응답자의 구성은 광역·기초자치단체의 예산부서 공무원41.5%, 사업부서 공무원 55.1%이며, 남자 53.1%, 여자 38.6%로 구성되어 있다.

▸ 광역·기초자치단체 간 구성

		빈도	퍼센트
유효	광역시, 도	11	5.3
	시, 군, 구	189	91.3
	계	200	96.6
무응답		7	3.4
합계		207	100.0

▸ 예산·사업부서 간 구성

		빈도	퍼센트
유효	예산담당부서	86	41.5
	기획, 사업부서	114	55.1
	계	200	96.6
무응답		7	3.4
합계		207	100.0

▸ 남·여 간 구성

		빈도	퍼센트
유효	남자	110	53.1
	여자	80	38.6
	계	190	91.8
무응답		17	8.2
합계		207	100.0

2. 설문조사 결과

가. 지방예산제도에 대한 인식

현재 지방자치단체 예산부서 및 사업부서의 설문 응답자 중에는 사업예산, 주민참여예산, 성과예산, 성인지 예산제도에 대하여 81.2%가 잘 알고 있다고 응답한 반면 18.4%는 보통으로 응답하여 다양한 예산제도가 동시에 도입됨에 따른 혼란을 어느 정도 발생시키고 있는 것으로 나타나고 있다

▸ 지방자치단체의 예산제도는 사업예산제도를 중심으로 주민참여예산, 성과예산, 성인지 예산제도가 함께 운영되고 있습니다. 이에 대해 어느 정도 알고 계십니까?

		빈도	퍼센트	누적퍼센트
유효	매우 잘 알고 있다	50	24.2	24.2
	잘 알고 있다	118	57.0	81.2
	보통이다	38	18.4	99.5
	거의 모른다	1	0.5	100.0
	합계	207	100.0	

이에 따라 4개 예산제도의 운영목적이 다르므로 문제가 발생할 수 있다고 인식하고 있으며, 이에 대해서 일부 제도를 정비하여 예산제도 간에 연계를 확보해야 하며 그렇지 않을 경우 제도운영상의 문제가 발생할 수 있다고 인식하고 있다. 응답자의 52.7%가 제도 정비로 문제를 해소할 수 있다고 응답하였으며, 특히 응답자의 29.0%는 제도 간의 연계가 이루어지지 않을 경우 심각한 문제가 발생할 수 있다고 응답하였다.

▸ (위 1번 문항에서 ①, ②에 응답한 경우) 지방자치단체 예산제도가 사업예산을 기본으로 주민참여예산, 성과예산, 성인지 예산제도 등 여러 제도가 동시에 도입·시행되는 데 대해서 어떻게 생각하십니까?

		빈도	퍼센트
유효	각 제도의 추진목적과 기준이 다르므로 문제가 없을 것이다	9	4.3
	각 제도의 추진목적과 기준이 다르므로 문제가 있을 수 있으나, 일부 제도적 정비를 통해 해소할 수 있을 것이다	109	52.7
	예산제도 간에 연계가 이루어지지 않을 경우 심각한 문제가 발생할 것이다	60	29.0
	잘 모르겠다	3	1.4
	계	181	87.4
무응답		26	12.6
합계		207	100.0

나. 지방예산제도 운영에 대한 주요 쟁점

지방자치단체에서 다양한 예산제도를 동시에 시행함에 따라 발생할 수 있는 주요 문제로는 ① 예산절차 및 과정(예산준비, 예산편성, 예산심의, 예산집행, 결산검사)에서 협의·조정 미흡(29.2%), ② 예산관련 정보의 혼란과 일관성 부족(21.1%), ③ 담당부서(성과관리부서, 예산부서, 사업부서, 여성담당부서) 간의 네트워킹 부족(18.9%) 등의 문제가 발생하고 있는 것으로 판단된다. 또한 성과목표 설정의 정합성 부족(17.2%), 각 예산제도 간 정책대상이 되는 대상사업 기준의 불일치(13.5%) 등 예산제도 간에 대상사업과 성과목표 설정기준이 상호 일치하지 않는 점도 문제점으로 지적되고 있다.

▶ 지방자치단체의 다양한 예산제도(사업예산제도와 주민참여예산·성과예산·성인지 예산제도)를 동시에 시행하는 경우 발생할 수 있는 가장 큰 문제점은 무엇이라고 생각하십니까? (2개 복수 답변)

		응답	
		N	퍼센트
유효	예산 관련 정보의 혼란과 일관성 부족	86	21.1
	대상사업(정책사업, 단위사업, 세부사업) 불일치로 인한 문제	55	13.5
	예산 절차 및 과정(예산준비, 예산편성, 예산심의, 예산집행, 결산검사) 협의 조정 미흡	119	29.2
	성과목표 설정에 있어서 일관성 및 조화 부족	70	17.2
	담당부서(성과관리부서, 예산담당부서, 사업부서, 여성담당부서 등) 간의 네트워킹 부족	77	18.9
합계		407	100.0

위와 같은 문제에 대하여 각 요인별로 응답자가 어떻게 생각하는지 구체적으로 살펴보면 다음과 같다.

첫째, 예산제도 간에 사업관련 정보가 상호 연결되지 못하여 예산편성 및 예산심의 등에서 혼란이 발생한다는 응답이 89.9%를 점하고 있다.

▸ 지방자치단체의 예산 운영과 관련하여 사업예산제도와 성과예산, 주민참여예산, 성인지 예산제도 간에 사업 관련 정보가 상호 연결되지 못하여 예산편성 및 예산심의 등에서 혼란과 정보 파악이 어렵다는 점에 대해 어떻게 생각하십니까?

		빈도	퍼센트	누적퍼센트
유효	매우 그렇다	84	40.6	40.6
	다소 그렇다	102	49.3	89.9
	보통이다	20	9.7	99.5
	그렇지 않다	1	0.5	100.0
	합계	207	100.0	

둘째, 현재 사업예산제도는 정책사업(또는 단위사업) 단위로 성과관리를 하는 반면 성인지 예산제도는 세부사업 단위로 운영하고 있다. 이와 같은 예산제도 간에 운영하는 대상사업의 불일치로 인한 문제점에 대해 85.5%가 예산운영에 어려움이 발생한다고 응답하였다.

▸ 지방자치단체 사업예산제도는 정책사업과 단위사업을 중심으로 성과목표와 성과지표를 관리하고 있는데, 성인지 예산제도는 세부사업을 단위로 운영되고 있습니다. 이에 따라 사업예산제도와 성과예산과 성인지 예산제도 간에 있어서 대상사업의 불일치로 인해 어려움이 발생한다는 점에 대해 어떻게 생각하십니까?

		빈도	퍼센트	누적퍼센트
유효	매우 그렇다	62	30.0	30.0
	다소 그렇다	115	55.6	85.5
	보통이다	29	14.0	99.5
	그렇지 않다	1	0.5	100.0
	합계	207	100.0	

셋째, 예산과정에서 4개의 예산제도를 운용함에 협의·조정이 미흡하여 예산편성, 예산심의 및 정책의 일관성 확보에 어려움이 발생한다는 점에 대해 응답자의 89.9%가 그렇다고 응답하고 있다.

▸ 지방자치단체의 예산 절차 및 과정(예산준비, 예산편성, 예산심의, 예산집행, 결산검사)에 있어서 사업예산제도와 여타 성과예산, 주민참여예산, 성인지 예산제도 운용 간에 협의 조정이 미흡하여 예산편성이나 예산심의과정에서 혼란이 발생하고 정책 일관성 확보에 어려움이 발생한다고 생각하십니까?

		빈도	퍼센트	누적퍼센트
유효	매우 그렇다	63	30.4	30.4
	다소 그렇다	123	59.4	89.9
	보통이다	19	9.2	99.0
	그렇지 않다	2	1.0	100.0
	합계	207	100.0	

넷째, 예산제도 운영에 있어서 사업예산제도의 성과목표와 성인지 예산제도의 성평등 목표가 불일치하여 성과측정을 위한 성과지표 상호 간에 부조화가 발생하는 점에 대해 응답자의 84.0%가 그렇다고 응답하였다.

▸ 지방자치단체 예산제도 운영에 있어서 사업예산제도의 성과목표와 성인지 예산제도의 성평등 목표가 불일치하고, 이에 따라 성과측정을 위한 성과지표 간에도 상호 부조화가 발생한다고 생각하십니까?

		빈도	퍼센트	누적퍼센트
유효	매우 그렇다	64	30.9	30.9
	다소 그렇다	110	53.1	84.0
	보통이다	28	13.5	97.5
	그렇지 않다	4	1.9	99.5
	계	206	99.5	99.5
	무응답	1	0.5	100.0
합계		207	100.0	

다섯째, 예산제도 운영에 있어서 담당부서 및 관련 부서 상호 간에 의사소통과 협력이 부족하다는 점에 대해 설문 대상자의 82.1%가 그렇다고 응답하였다.

▸ 지방자치단체 예산제도(사업예산제도, 성과예산, 주민참여예산, 성인지 예산제도) 운영에 있어서 조직부서 간에 의사소통과 협력이 부족할 수 있다는 점에 대해 어떻게 생각하십니까?

		빈도	퍼센트	누적퍼센트
유효	매우 그렇다	63	30.4	30.4
	다소 그렇다	107	51.7	82.1
	보통이다	32	15.5	97.6
	그렇지 않다	5	2.4	100.0
	합계	207	100.0	

다. 지방예산제도 간의 연계 확보 방안

지방자치단체 예산부서 및 기획·사업부서의 공무원은 지방예산제도 간의 연계 필요성에 대해 매우 필요하다(35.7%), 필요하다(39.6%)고 응답하여 응답자의 75.4%가 예산제도 간의 연계 운영이 필요하다고 생각하고 있다.

▸ 지방자치단체의 예산제도(사업예산제도와 주민참여예산·성과예산·성인지 예산제도) 간의 연계 필요성에 대해 어떻게 생각하십니까?

		빈도	퍼센트	누적퍼센트
유효	연계가 매우 필요하다	74	35.7	35.7
	다소 연계가 필요하다	82	39.6	75.4
	보통이다	42	20.3	95.7
	연계할 필요성이 거의 없다	8	3.9	99.5
	전혀 연계할 필요 없다	1	0.5	100.0
	합계	207	100.0	

예산제도 간의 연계는 예산과정, 특히 예산편성 단계에서의 복잡성 및 혼란 방지(37.6%), 정책의 일관성 확보(34.8%)를 위해 연계의 필요성을 크게 느끼고 있으며, 그 다음으로는 담당부서 간의 협조 및 지방의회의 예산심의 원활화(16.3%) 등을 위해 예산제도 간의 연계가 필요한 것으로 응답하고 있다.

▸ (이전 문항에서 ①, ②에 응답한 경우) 지방자치단체 예산제도 간의 연계가 필요한 가장 중요한 이유는 무엇이라고 생각하십니까? (2개 복수 답변)

		응답	
		N	퍼센트
유효	예산기준(또는 지침) 간의 정합성 유지	30	9.4
	담당부서 간 협조 및 지방의회 예산심의 원활화	52	16.3
	예산편성 및 운영과정의 복잡성 및 혼란 방지	120	37.6
	예산제도 간 연계를 통한 정책 일관성 확보	111	34.8
	정보이용자들에 대한 예산관련 정보의 불일치 해소	6	1.9
합계		319	100.0

지방자치단체의 사업예산제도를 중심으로 여기에 주민참여예산, 성과예산, 성인지 예산과의 연계 필요성에 대한 설문에서 사업예산제도와 성과예산(72.0%), 사업예산제도와 주민참여예산(51.2%), 사업예산제도와 성인지 예산(43.8%)의 순으로 연계가 중요하다고 응답하여, 사업예산과 성과예산의 연계 필요성이 가장 크며 사업예산과 성인지 예산과의 연계 필요성은 다소 낮은 응답을 보인다.

▸ 지방자치단체 사업예산제도와 주민참여예산, 성과예산, 성인지 예산 간 연계의 필요성에 대해 어떻게 생각하십니까?

① 사업예산과 주민참여예산 간의 연계

		빈도	퍼센트	누적퍼센트
유효	매우 중요하다	31	15.0	15.0
	중요하다	75	36.2	51.2
	보통이다	76	36.7	87.9
	중요하지 않다	19	9.2	97.1
	전혀 중요하지 않다	1	0.5	97.6
	계	202	97.6	97.6
무응답		5	2.4	100.0
합계		207	100.0	

② 사업예산과 성과예산 간의 연계

		빈도	퍼센트	누적퍼센트
유효	매우 중요하다	67	32.4	32.4
	중요하다	82	39.6	72.0
	보통이다	33	15.9	87.9
	중요하지 않다	15	7.2	95.1
	전혀 중요하지 않다	4	1.9	97.1
	계	201	97.1	97.1
무응답		6	2.9	100.0
합계		207	100.0	

③ 사업예산과 성인지 예산 간의 연계

		빈도	퍼센트	누적퍼센트
유효	매우 중요하다	27	13.0	13.0
	중요하다	61	29.5	42.5
	보통이다	64	30.9	73.4
	중요하지 않다	36	17.4	90.8
	전혀 중요하지 않다	13	6.3	97.1
	계	201	97.1	97.1
무응답		6	2.9	100.0
합계		207	100.0	

지방자치단체의 예산제도 운영에 있어서 상호 연계 운영의 가장 중요한 부문을 묻는 질문에 대해서 대상사업 간의 연계가 30.3%로 가장 중요하다고 응답하였고, 그 다음으로 예산편성 및 운영과정의 연계(26.5%), 관련부서 간의 협의(17.2%), 성과지표의 연계(16.2%)가 중요한 것으로 나타나고 있다.

▸ 사업예산제도와 각 예산제도(주민참여예산·성과예산·성인지 예산제도)를 연계하여 운영하는 경우 어떤 부분을 연계하는 것이 가장 중요하다고 생각하십니까?
(2개 복수 답변)

		응답	
		N	퍼센트
유효	대상사업(정책사업, 단위사업, 세부사업) 간의 연계	118	30.3
	예산편성 및 운영과정 연계	103	26.5
	성과목표의 연계	38	9.8
	성과지표의 연계	63	16.2
	조직부서(성과/예산/사업/여성부서/시민단체) 간 네트워킹	67	17.2
합계		389	100.0

위의 응답에 대하여 보다 구체적으로 어느 정도 연계의 중요성을 느끼고 있는지를 살펴보기 위해 사업예산제도와 다른 예산제도 간의 연계에서 어떠한 부문이 가장 중요한가를 설문하였다.

첫째, 사업예산제도와 주민참여예산제도 간의 연계에서는 대상사업 연계(68.1%), 예산과정 연계(66.7%), 담당부서 간의 협력(63.3%), 성과목표 연계(48.3%), 성과지표 연계(45.4%)의 순으로 중요하다고 응답하였다.

▸ 사업예산제도와 주민참여예산제도의 경우 가장 중요한 연계 대상은 무엇이라고 생각하십니까?
① 대상사업 연계

		빈도	퍼센트	누적퍼센트
유효	매우 중요하다	43	20.8	20.8
	중요하다	98	47.3	68.1
	보통이다	42	20.3	88.4
	중요하지 않다	6	2.9	91.3
	전혀 중요하지 않다	4	1.9	93.2
	계	193	93.2	93.2
무응답		14	6.8	100.0
합계		207	100.0	

② 예산과정 연계

		빈도	퍼센트	누적퍼센트
유효	매우 중요하다	49	23.7	23.7
	중요하다	89	43.0	66.7
	보통이다	51	24.6	91.3
	중요하지 않다	4	1.9	93.2
	전혀 중요하지 않다	2	1.0	94.2
	계	195	94.2	94.2
무응답		12	5.8	100.0
합계		207	100.0	

③ 성과목표 연계

		빈도	퍼센트	누적퍼센트
유효	매우 중요하다	22	10.6	10.6
	중요하다	78	37.7	48.3
	보통이다	76	36.7	85.0
	중요하지 않다	9	4.4	89.4
	전혀 중요하지 않다	4	1.9	91.3
	계	189	91.3	91.3
무응답		18	8.7	100.0
합계		207	100.0	

④ 성과지표 연계

		빈도	퍼센트	누적퍼센트
유효	매우 중요하다	25	12.1	12.1
	중요하다	69	33.3	45.4
	보통이다	77	37.2	82.6
	중요하지 않다	14	6.8	89.4
	전혀 중요하지 않다	4	1.9	91.3
	계	189	91.3	91.3
무응답		18	8.7	100.0
합계		207	100.0	

⑤ 담당부서 간의 협력

		빈도	퍼센트	누적퍼센트
유효	매우 중요하다	45	21.7	21.7
	중요하다	86	41.6	63.3
	보통이다	51	24.7	88.0
	중요하지 않다	6	2.9	90.9
	전혀 중요하지 않다	3	1.4	92.3
	계	191	92.3	92.3
무응답		16	7.7	100.0
합계		207	100.0	

둘째, 사업예산제도와 성과예산의 경우 대상사업 연계(83.1%), 성과지표 연계(79.7%), 성과목표 연계(76.8%), 담당부서 간의 협력(71.5%), 예산과정 연계(69.6%)의 순으로 중요한 것으로 응답하고 있다.

▸ 사업예산제도와 성과예산의 경우 가장 중요한 연계 대상은 무엇이라고 생각하십니까?

① 대상사업 연계

		빈도	퍼센트	누적퍼센트
유효	매우 중요하다	79	38.2	38.2
	중요하다	93	44.9	83.1
	보통이다	16	7.7	90.8
	중요하지 않다	2	1.0	91.8
	계	190	91.8	91.8
무응답		17	8.2	100.0
합계		207	100.0	

② 예산과정 연계

		빈도	퍼센트	누적퍼센트
유효	매우 중요하다	56	27.1	27.1
	중요하다	88	42.5	69.6
	보통이다	37	17.9	87.5
	중요하지 않다	4	1.9	89.4
	전혀 중요하지 않다	1	0.5	89.9
	계	186	89.9	89.9
무응답		21	10.1	100.0
합계		207	100.0	

③ 성과목표 연계

		빈도	퍼센트	누적퍼센트
유효	매우 중요하다	71	34.3	34.3
	중요하다	88	42.5	76.8
	보통이다	30	14.5	91.3
	중요하지 않다	1	0.5	91.8
	전혀 중요하지 않다	1	0.5	92.3
	계	191	92.3	92.3
무응답		16	7.7	100.0
합계		207	100.0	

④ 성과지표 연계

		빈도	퍼센트	누적퍼센트
유효	매우 중요하다	76	36.7	36.7
	중요하다	89	43.0	79.7
	보통이다	25	12.1	91.8
	중요하지 않다	1	0.5	92.3
	전혀 중요하지 않다	1	0.5	92.8
	계	192	92.8	92.8
무응답		15	7.2	100.0
합계		207	100.0	

⑤ 담당부서 간의 협력

		빈도	퍼센트	누적퍼센트
유효	매우 중요하다	71	34.3	34.3
	중요하다	77	37.2	71.5
	보통이다	37	17.9	89.4
	중요하지 않다	3	1.4	90.8
	전혀 중요하지 않다	1	0.5	91.3
	계	189	91.3	91.3
무응답		18	8.7	100.0
합계		207	100.0	

셋째, 사업예산제도와 성과예산의 경우 대상사업 연계(68.1%), 담당부서 간의 협력(64.7%), 성과지표 연계(55.6%), 성과목표 연계(53.2%), 예산과정 연계(53.1%)의 순으로 중요하다고 응답하였다.

▸ 사업예산제도와 성인지 예산제도의 경우 가장 중요한 연계 대상은 무엇이라고 생각하십니까?

① 대상사업 연계

		빈도	퍼센트	누적퍼센트
유효	매우 중요하다	63	30.4	30.4
	중요하다	78	37.7	68.1
	보통이다	41	19.8	87.9
	중요하지 않다	11	5.3	93.2
	전혀 중요하지 않다	1	0.5	93.7
	계	194	93.7	93.7
무응답		13	6.3	100.0
합계		207	100.0	

② 예산과정 연계

		빈도	퍼센트	누적퍼센트
유효	매우 중요하다	45	21.7	21.7
	중요하다	65	31.4	53.1
	보통이다	65	31.4	84.5
	중요하지 않다	11	5.3	89.8
	전혀 중요하지 않다	2	1.0	90.8
	계	188	90.8	90.8
무응답		19	9.2	100.0
합계		207	100.0	

③ 성과목표 연계

		빈도	퍼센트	누적퍼센트
유효	매우 중요하다	37	17.9	17.9
	중요하다	73	35.3	53.2
	보통이다	65	31.3	84.5
	중요하지 않다	11	5.3	89.8
	전혀 중요하지 않다	2	1.0	90.8
	계	188	90.8	90.8
무응답		19	9.2	100.0
합계		207	100.0	

④ 성과지표 연계

		빈도	퍼센트	누적퍼센트
유효	매우 중요하다	43	20.8	20.8
	중요하다	72	34.8	55.6
	보통이다	58	28.0	83.6
	중요하지 않다	14	6.7	90.3
	전혀 중요하지 않다	2	1.0	91.3
	계	189	91.3	91.3
무응답		18	8.7	100.0
합계		207	100.0	

⑤ 담당부서 간의 협력

		빈도	퍼센트	누적퍼센트
유효	매우 중요하다	54	26.1	26.1
	중요하다	80	38.6	64.7
	보통이다	42	20.3	85.0
	중요하지 않다	12	5.8	90.8
	전혀 중요하지 않다	1	0.5	91.3
	계	189	91.3	91.3
무응답		18	8.7	100.0
합계		207	100.0	

제 4 장

지방자치단체 예산제도의 연계성 강화방안

제1절

지방예산제도의 연계 강화를 위한 기본 인식과 접근

1. 지방예산제도의 연계 강화 필요성

지금까지의 논의와 분석결과를 통해 파악된 중요한 사실은 사업예산제도를 포함한 4개 지방예산제도가 사실상 협력적 관계나 연계성을 형성하지 못한 채 개별적, 독자적으로 운영되고 있는 점이다. 실제로 불과 몇 년 사이에 4개 지방예산제도가 동시 다발적으로 도입된 결과 예산제도를 효과적으로 운영해야 할 지방공무원들이 업무의 부하를 느끼고, 제도를 충분히 이해하지 못하는 상태에서 현장 업무에 임하는 애로와 문제가 발생하고 있다. 이러한 사실은 제3장의 설문조사결과를 통해 분명히 입증되었다.

이 장에서는 이와 같은 현실을 깊이 인식하면서 지방예산제도 간의 연계성을 강화할 수 있는 정책대안을 강구하고자 한다.[1] 본격적인 정책대안을 강구하

1) 본 연구에서는 예산제도 간의 통합보다는 예산제도 간의 연계라는 개념을 사용하고 있다. 그것은 본 연구가 중점을 두는 것이 비단 예산주체들이 활용하는 정보의 공유만이 아니고 예산가치의 공유 확산, 제도발전의 방향성 및 정향성 정립 등 예산제도가 내포하는 거시적 특성과 제도의 운영과정에서 공유되고 협력되어야 하는 미시적 실무 요소들을 망라하고 있기 때문이다. 일반적으로 예산사업 간의 통합이나 재정정보시스템 통합은 가능하지만 예산제도 간의 통합이란 용어나 개념단위는 적절하지 않다(강인재 · 엄태호, 2012).

기에 앞서 먼저, 지방예산제도들 간에 연계성을 확보해야 하는 이유 내지 필요성에 대하여 간단히 정리하면 다음과 같다(이에 대하여는 앞 장의 여러 부분에서 분산 설명된 바이지만, 여기서는 논리 전개상 다시금 핵심 내용을 중심으로 요약 정리하고자 한다).

첫째, 4개 지방예산제도를 견인하고 지지하는 기본가치를 중심으로 상호 관련성을 정돈해 줌으로써 이들에 기반을 두는 제도 간 협력관계 유도, 제도 실시의 효과성 및 종합성 확보, 정책의 일관성 및 동일 방향성 유지 등 제도 간 거시적 조화와 효과를 달성할 수가 있다.

둘째, 지방예산제도의 운영주체들(지방자치단체 내부 조직, 관계공무원, 지방의회 등) 사이에 업무의 흐름을 유연하게 해주고, 지방재정의 이해관계자(stakeholder)들이 종합적 정보를 공유하고 토의할 수 있도록 해줌으로써 예산사업을 효과적으로 수행할 수 있다. 특히, 지방공무원의 입장에서는 불필요한 업무 부담이 줄어들고 전체 지방예산운영시스템 속에서 관련 예산업무의 통합적 관리를 도모할 수 있는 효과가 발생한다.

셋째, 예산운영과 관련되는 절차적 과정에서의 소통과 정보 공유 그리고 의사결정의 객관성, 종합성, 합리성을 확보하는 차원에서 예산제도간의 연계가 필요하다. 이는 국(주)민 등 지방자치단체 외부관계자들이 알지 못하는 업무영역인데, 어떤 면에서 이러한 분야의 업무적 연계가 행정과 재정의 효율을 높이고 세금의 경제적 가치를 향상시키는 관건이 된다.

넷째, 예산제도 상호 간의 이해도 제고를 통해 상호 상승효과(업무관련 조직 간・담당자 간의 이해 제고, 상호 협조, 건설적 비판, 창의적 아이디어 제시 등)를 성취하는 점에서 예산제도 간의 연계 강화가 필요하다. 예를 들어, 현재와 같이 주민참여예산과 성인지 예산 간에 상호 이해와 연계 접점이 없는 상태에서는 지향가치가 유사한 두 제도 사이에 협력적 관계가 형성될 수 없다. 이는 사회적 형평이 시민참여 측면에서 한층 더 효과적인 결과를 얻을 수 있는 가능성을 사전에 차단하는 셈이 된다. 그러나 두 제도 간에 상호 이해와 교류의 접점이 형성되면 이러한 현상은 바뀌게 된다.

다섯째, 합리적 예산의사결정, 정보공개와 국(주)민의 알 권리 충족, 예산

[그림 4-1] 지방자치단체 예산제도 간 연계흐름도

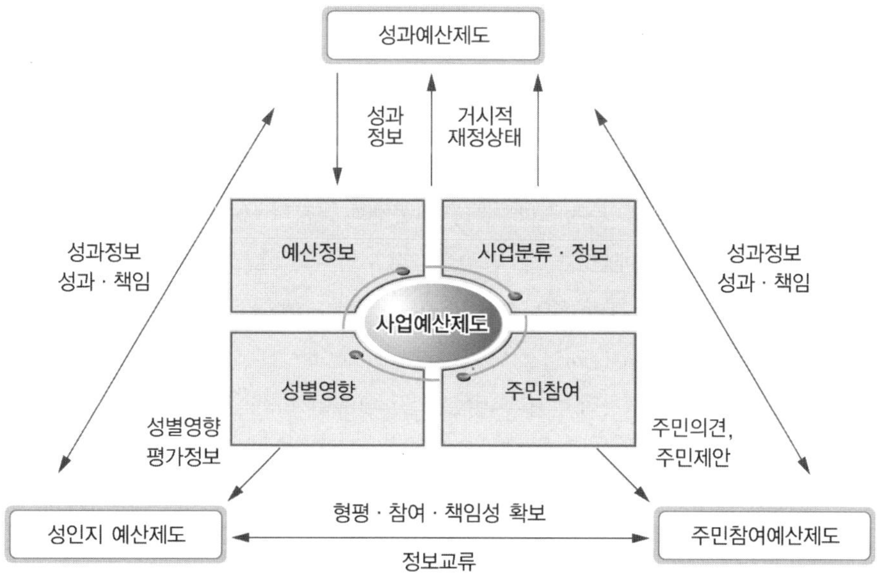

모니터링, 제도 간 비교 분석 등에 필요한 종합적 재정정보시스템을 구축하는 차원에서 지방예산제도 간의 연계성 확보가 필요하다.

2. 기본인식

가. 지방예산제도의 기본특성을 반영하는 연계 강화 모색

본 연구는 지방예산제도 간의 연계성 부재에 따른 문제를 해소하는 개선방안을 크게 다음의 두 부분을 중심으로 모색하고자 한다. 그것은 첫째, 전체 지방예산제도와 각 예산제도의 기반이 되는 기본원리에 초점을 두면서 거시적 관점에서의 연계성을 모색하는 부분이고, 둘째, 실용성 차원에서 제도운영의 유연성과 시너지 효과를 극대화하는 개선방안을 모색하는 미시적 부분이다.

전자에 있어서는 전 세계적으로 강조되는 예산 · 재정활동에 관한 기본가치 또는 기본원리의 관점에서 예산제도들을 연계하는 공분모를 찾는 데 주력하고 있다. 이와 관련하여 본 연구는 4개 예산제도를 거시적 관점에서 구조적으로 묶어주는 연계성 강화의 기본원리로서 재정의 효율성, 형평성, 투명성, 참여, 책임성의 5개 원리를 채택하고 있다. 이들은 주지하다시피, 90년대 이후 전 세계적으로 전개된 재정개혁(예산회계제도의 구조변화 포함)의 지향가치이자 각 예산제도의 도입 당위성을 강력히 지지해 주는 기본원리들이다.2)

후자에 있어서는 예산제도와 관련된 제반 업무의 흐름을 유연하게 해 주고, 예산 주체(이해관계자) 간에 정보를 공유할 수 있도록 만들어 주며, 의사결정의 네트워크를 강화하여('networking') 의사결정의 효과성을 진작시키는 데 중점을 둔다. 현실적으로 각 예산제도가 운영되는 과정에서 관계공무원 간에 업무의 흐름이나 교류 면에서 협력적 관계가 이루어지지 않고 있고, 예산제도를 아우르는 전체 정보에 대한 생성 및 공유가 이루어지지 못하고 있는 문제가 심각하다. 앞장에서 파악한 바와 같이, 현행 지방재정정보시스템(e-호조)은 사업예산에 관한 정보만을 내장하고 있을 뿐 성인지 예산, 주민참여예산, 성과예산서와 관련된 정보들을 종합적으로 포함하지 못하고 있다. 그 결과 각 예산정보가 전체의 관점에서 통합 관리되지 못하고, 예산제도 상호 간에 정보가 공유되지 못하는 문제와 한계가 발생하고 있다. 이는 예산 의사결정의 종합성과 객관성을 약화시키고, 예산운영의 효율성을 떨어뜨리는 중요한 요인으로 작용한다. 이러한 상태에서 만일 모든 예산제도의 정보가 공유될 수 있는 조치가 취해진다면 예산업무 흐름의 유연성이 높아지고 예산주체들 간의 의사결정이 유기적으로 작동하게 되어 예산운영의 효율과 효과가 높아진다.

4개 지방예산제도 간에는 기본 특성과 운영방식 면에서 공통점과 차이점이 있고, 제도 간 관계성(관계 밀접성) 면에서 각 제도별로 차이가 있음은 앞에서 충분히 설명한 바이다. 사업예산제도는 지방재정을 종합적으로 관리하는 본원적

2) 이들 기본원리는 사실상 4개 지방예산제도 모두에 적용되지만, 실제로는 각 예산제도별로 적용되는 원리의 중요성과 강도 면에서 차이가 난다. 본 연구는 이 점을 인식하고 전체적 관점과 개별 제도적 관점에서 공유되고 중요시되는 원리들을 선별하여 전체 예산시스템 차원의 연계성을 확보하는 동시에 개별 예산제도 간의 연계성을 강화하는 방향성과 대안을 발견하고자 노력한다.

예산제도로서 세입과 세출 전반에 대한 거시·미시적 재정관리와 정보제공의 역할을 한다. 이에 비해 성과예산서와 성인지 예산제도는 예산의 일부(세출예산 중 일부)만을 관리하는 예산 기법 내지 방법론으로 사업예산제도의 기능을 보완(또는 보강)해 주는 역할을 한다. 사실, 사업예산제도, 성과예산서, 성인지 예산제도의 세 예산시스템은 하나의 구조하에서 고유의 특성과 영역을 지니는 관계에 있지만, 어디까지나 그 기본은 사업예산제도이다(특히, 사업예산제도와 성과예산서는 직접적인 관계성을 지닌다). 따라서 사업예산제도, 성과예산서, 성인지 예산제도는 기법과 운영방식 그리고 예산의 성과관리와 정보 체계화에 중점을 두고 효율성과 효과성을 제고시키는 방향으로 상호 연계를 모색하는 것이 가능하고 또한 바람직하다. 뒤에서 상세히 기술되지만, 예산제도를 견인하는 핵심원리(지향가치)는 사업예산제도와 성과예산서의 경우 효율성과 책임성인 반면 성인지 예산제도는 형평성, 참여, 투명성이다.

주민참여예산제도는 이들 세 예산제도와 본질을 달리한다. 주민참여예산제도는 일반시민이 예산의사결정에 영향을 미치고 주민·집행부·의회 간의 협력적 관계를 도모하는 예산 가버넌스 시스템이라는 측면에서 나머지 세 예산제도와 분명히 다르다. 특히, 주민참여예산은 예산의 운영과 정보를 체계적으로 관리하는 수단적 도구가 아니고, 시민이 중심에 서서 수단적 도구를 활용하는 과정적 측면과 행태적 측면을 갖는 예산의사결정시스템이다. 따라서 주민참여예산은 때로 예산제도라는 수단적 도구에 변화를 가하는 파워(power)를 행사할 수 있는 잠재력을 지닌다.

주민참여예산은 대화와 협력적 소통을 통해 재정민주주의를 실현하는 제도로서 예산운영의 형평성, 참여, 투명성을 추구하는 지향가치로 삼고 있다. 이러한 특성으로 인해 주민참여예산은 예산운영 전반에 걸쳐 주민참여의 절차를 마련하고 가능한 참여의 기회를 확대하려는 시도를 하고 있다. 여기에는 사업계획 및 예산반영 관련 설문조사, SNS 소통, 설명회, 토론회 및 공청회, 지역위원회의 의견수렴, 주민참여위원회의 심의·제안, 사업 공모 등이 포함되는데, 이들은 사업예산제도나 성인지 예산제도처럼 예산체제 내에서 성립되는 것이 아니고 예산체제 밖에서 이루어지는 절차적, 과정적 요소의 성격을 갖는다. 그리고 이들은 예산 주체 간의 대화와 소통, 협력과 협상, 그리고 정치적 · 사회적 요소들을 포함한다. 따라서 주민참여예산제도의 운영과정은 나머지 세 예산제도와 상당한 차별성이 있고, 또한 폭넓은 정보의 생성과 정보 공유를 필요로 한다.

이러한 사실을 인식할 때, 주민참여예산제도와 나머지 세 예산제도와의 연계는 조금 다른 각도에서 접근되어야 할 필요가 있다. 즉, 주민참여예산제도와 다른 예산제도의 연계는 기법상의 연계가 아니라 주민의 예산참여 범위와 시점과 절차, 예산의사결정에 대한 영향력 행사 방식과 내용(재정운영 전반, 재정지출 방향과 기조, 투자우선순위, 주민제안사업에 대한 의견 제시 등), '진정한 주민'의 실질적 참여와 기여, 지방의회와의 관계, 정보공유 방식 등의 관점에서 접근되어야 한다. 특히, 예산과정 측면에서 보면 주민참여예산과 다른 예산제도와의 연계는 예산편성 이전의 사업계획 단계와 예산편성 단계에서 실질적(예산 대화, 의사소

[표 4-1] 지방자치단체 예산제도 간의 관계

	사업예산제도	성과예산서	주민참여예산제도	성인지 예산제도
기본특징	• 종합적 예산관리/예산정보시스템 • 세입 · 세출의 거시 · 미시관리	• 프로그램 · 사업 성과 평가시스템 • 제한적 예산사업	• 예산 가버넌스 시스템 • 협력적 의사결정, 예산 대화 • 예산 monitoring	• 젠더(gender) 관련 예산운영 관리기법 • 성별영향평가
핵심 기본원리	• 효율성 • 재정 책임성	• 효율성 • 재정 책임성	• 형평성 • 참여, 투명성	• 형평성 • 참여, 투명성
예산관여/영향	• 종합 · 포괄적 영향 • 세입 · 세출 전체	• 제한적 영향 • 일부 지출사업	• 제한적 영향 • 일부 지출사업	• 제한적 영향 • 일부 지출사업
초점	• 균형예산 • 재정 건전성 • 재정 효율성	• 주요 프로그램/사업평가 • 예산지출 성과	• 주민/지역수요 충족 • 협력적 의사결정 • 예산 감시	• 성 인식, 성 관점 • 예산편성/집행의 양성평등
고려변수	• 다양한 인문 · 사회 · 경제변수 반영 • 기본통계 • 타당성 분석 등	• 제한된 인문 · 사회 · 경제변수 반영 • 성과지표	• 제한된 인문 · 사회 · 경제변수 반영 • 지역 · 주민의 재정 수요 • 주민 대표성 확보	• 제한된 양성평등 관련변수 반영 • 성별영향평가 • 심층분석

통, 정보 공유, 민주적 절차 이행 등)으로 이루어지는 것이 중요하다.

주민참여예산제도, 성인지 예산제도, 성과예산서가 사업예산제도의 활성화와 완성도 향상을 위한 수단이라고는 결코 말할 수 없다. 하지만 결과론적으로 보아 이들이 궁극적으로 사업예산제도가 추구하는 예산의 효율성과 형평성 그리고 투명성과 책임성을 높이는 데 기여하는 새로운 예산시스템으로서 자리 매김을 해 나가는 것이 바람직하다. 그것은 앞서 언급한 바와 같이 성과예산서, 성인지 예산은 사업예산의 일부 영역과 공유하는 특성이 있고, 주민참여예산 또한 그 실행과정에서는 반드시 사업예산과 결부되어야만 하기 때문이다.

종합적으로, 4개 지방예산제도 간의 연계성은 사업예산제도를 기본 축으로 하면서 각 제도의 도입 취지와 기능을 최대한 살리고 다자간의 시너지 효과(synergy effect)를 극대화하는 방향으로 강화해 나가는 것이 합리적이다.

나. 지방예산제도의 실무적 관계성을 인식하는 연계 강화 모색

앞서 기술한 내용에 입각하면서 사업예산제도를 중심으로 각 예산제도(성과예산서, 주민참여예산, 성인지 예산서)가 갖는 실무 차원의 상호 관계성에 대해 몇 가지 관점(예산제도의 초점, 제도 간 밀접성 및 연계 정도, 대상사업, 예산 성격 등)에서 보완적으로 기술하면 다음과 같다.[3)]

첫째, 기본적으로 사업예산제도는 성과예산서와 직접적인 관련성을 갖는 구조인 반면 주민참여예산, 성인지 예산과는 간접적인 관계성을 지닌다.

둘째, 예산의 포괄성(한정성)과 예산제도로서의 성격 및 위상 면에서 4개 지방예산제도 간에는 큰 차이가 존재한다. 사업예산제도는 지방자치단체 예산서의 기본이 되는 세입세출예산서를 생성하는데, 이는 모든 세입·세출항목을 포괄할 뿐 아니라 자치단체장이 주민과 지방의회에 대해 정치적, 정책적 책임을 지는 핵심 문건으로서 매우 중요하다. 이에 비해 성과예산서와 성인지 예산서는 일부 예산만을 포괄하는 제한성을 지닌다(즉, 특정사업과 관련된 제한적인 내용과 정보를

3) 예산제도 간의 관계성에 대한 이해는 전체 예산시스템 속에서 4개 예산제도가 효과적으로 운영될 수 있는 연계성을 구축하는 데 큰 도움이 되므로 이러한 접근은 매우 유용하다.

다룬다). 이러한 이유로 성과예산서와 성인지 예산서는 의회에 제출될 때 본 예산서류가 아닌 부속서류의 위상을 갖는다. 주민참여예산제도는 형식적으로는 모든 예산을 포괄할 수 있으나, 실제로는 모든 예산을 포괄하지 못하고 제한된 예산을 다루는 한정성을 갖는다.[4] 그리고 주민의 예산참여 결과는 본 예산서류가 아닌 주민의 의견을 담은 예산안 첨부서류의 형태로 지방의회에 제출된다.[5] 이러한 관점에서 볼 때, 사업예산제도는 완전성을 갖는 반면 성과예산서, 성인지 예산, 주민참여예산은 부분성을 갖는다.

셋째, 대상사업 면에서 사업예산제도는 조직부서의 정책목표 달성을 위한 사업단위로서 정책사업-단위사업-세부사업을 설정하고 그 아래에 품목(편성목, 통계목)을 위치시키는 구조인 반면 성과예산서는 정책사업과 단위사업에 중점을 두는 구조를 갖는다. 이에 비해 성인지 예산서와 주민참여예산제도는 보다 낮은 세부사업 단위에 중점을 두고 대상사업을 운영 관리한다(다만, 주민참여예산의 경우 법령(조례 포함)에서 대상사업에 대해 명시하지 않고 있는데, 이 부분은 앞으로 주민참여예산제도가 진전되면서 지역별로 구체화되어야 할 과제에 속한다).

넷째, 예산 성격 측면에서 보면 사업예산제도, 성과예산서, 성인지 예산서는 사업효과와 성과목표가 보다 명확한 반면 예산의 과정과 절차에 중점을 두는 주민참여예산제도는 아직 이 부분에 대해 명확한 입장을 취하지 못하고 있다.

종합적으로, 각 예산제도별로 성격과 중시하는 관점, 대상사업과 연계성, 성과관리 등의 측면에서 공통점과 차이점이 존재한다. 그런데 현재의 문제는 각 제도들이 공통성을 보유하고 있음에도 불구하고 제도 간에 업무적 연계나 정보 공유 그리고 협력적 의사결정이 전연 이루어지지 못하고 있는 운영체제의 부실에 있다. 그러므로 앞으로는 각 예산제도들이 공통성을 갖는 부문에 대해 적극적으로 연계·협력적 관계를 형성하도록 해 주고, 제도별로 차이 내지 차별성이 필요한 부문에 대하여는 각 제도가 보유하는 고유의 기능과 장점을 최대한 보장

4) 현실적으로 예산참여와 관련하여 주민의 시간·인력·전문성·대표성·책임성 등에 제약이 있기 때문에 주민참여예산이 다루게 되는 예산의 영역과 내용은 제한적일 수밖에 없다.

5) 이에 대한 구체적인 내용은 각 지방자치단체의 조례에 의해 결정된다. 아직은 전국적인 상황에 대한 정보가 파악되지 않아 현 단계에서 전체 경향에 대해 언급하는 것은 무리이다(예컨대, 서울시의 경우 주민의견을 예산안 첨부서류로 제시할 것을 정하고 있다).

[그림 4-2] 사업예산제도와 각 예산제도 간의 성격 및 관계

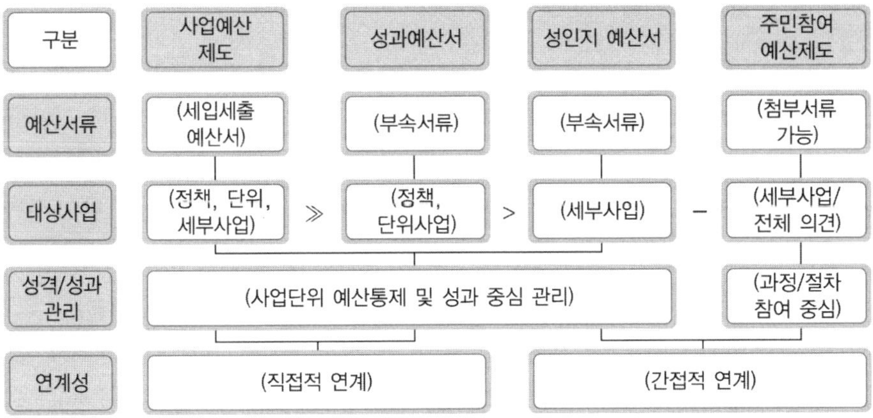

해 주는 방향으로 제도적 개선을 도모해야 한다. 이러한 개선의 방향은 다음 항에서 설명되는 논의 — 지방예산의 지향가치(기본원리) 관점에서 본 4개 지방예산제도 간의 연계 방향에 대한 논의 — 와 상호 보완성을 갖는다.

3. 기본접근

이와 같은 인식을 하면서 본 연구는 먼저, 지방예산제도를 견인하는 기본가치 내지 원리의 관점에서 4개 지방예산제도 간의 거시적 연계 틀을 제시하고자 한다. 여기서는 기본원리의 관점에서 4개 지방예산제도 상호 간의 관계성을 파악하고, 이를 토대로 예산제도 상호 간의 연계성을 강화하는 구조적 틀을 마련하는 접근을 취하고 있다. 이때 구조적 틀은 예산제도의 총체적 발전과 개별 예산제도의 발전 차원에서 유기성을 확보하는 기본바탕 내지 밑그림으로서 역할을 하게 된다. 이와 같은 밑그림(연계성 강화의 구조적 틀)을 확보한 다음 본 연구는 미시적 접근으로서 예산제도의 업무 유연성과 협력관계, 예산주체 간의 정보 공유, 정보 공개, 그리고 의사결정의 효과성을 강화하는 실용성 측면의 예산제도 간 연계 강화방안을 모색하고자 한다. 이 과정에서는 제도 상호 간 및 제도 전체

의 관점에서 협력적 관계와 공유가 필요한 부분을 발견하여 적극적인 강화조치를 취해 줌으로써 지방예산제도의 시너지 효과를 극대화하고자 노력한다.

앞의 제3장에서 충분히 파악한 바와 같이 현재 4개 지방예산제도는 완전히 독립적으로 운영되고 있어서 제도 상호 간의 협력적 관계를 통한 시너지 효과가 전연 확보되지 못하고 있다. 이 문제는 본 연구가 추구하는 예산제도 간의 적절한 연계 강화(연계 접점과 내용의 발견, 그에 대응하는 적절한 조치 실시)가 이루어질 때 상당 부분 해결이 가능할 것으로 기대된다.

이러한 접근방식을 토대로 본 연구는 다음의 다섯 가지 측면에 초점을 두고서 지방예산제도 간의 연계성 강화를 도모하고자 한다. 그것은 구체적으로, (1) 예산과정(budget process), (2) 예산과목체계(핵심 관리대상사업 등), (3) 성과관리, (4) 예산정보의 공유・공개, (5) 기타 운영방식의 다섯 가지 부문이다.

이들 다섯 가지 부문은 제2장과 제3장에서 살펴본 지방예산제도의 개별적 기능과 특징, 상호 관계성, 예산제도 간의 심각한 연계성 결여, 연계성 필요 영역에 대한 논의와 설문조사결과 등을 종합적으로 검토한 결과에 입각해서 설정되었다. 그리고 각 부문별로 예산제도의 연계성을 도모하는 과정에서는 정부예산의 핵심 이해관계자(stakeholder)인 집행부, 의회, 주민과 시민사회(civil society), 언론 매체 등의 관점과 이해를 충실히 반영하고자 노력하고 있다.

지금부터는 각 예산제도가 자기 정체성과 고유 기능을 발휘하면서 서로 다른 예산제도와의 협력적 연계관계를 구축하여 전체 예산제도의 효과를 극대화할 수 있는 방안에 대해 기술하고자 한다.

제2절

지방예산제도 간의 연계성 강화방안

1. 지방예산제도의 지향가치(원리) 측면에서의 예산제도 연계

앞서 언급한 바와 같이, 90년대 이후 현재까지 전 세계적으로 예산회계・재정제도를 견인하는 기본원리로서 재정의 효율성, 형평성, 투명성, 참여, 책임성 등이 제시되고 있다. 이들 기본원리는 모든 예산활동과 관련하여 그 중요성이 인정되지만, 세부적으로는 각 예산제도별로 특별히 강조하는 원리들이 있다. 구체적으로 언급하면, 사업예산제도와 성과예산서는 재정의 효율성과 책임성(accountability)에 무게를 두는 반면 성인지 예산제도와 주민참여예산제도는 사회적 형평(social equity)과 참여 그리고 재정 투명성(fiscal transparency)에 무게중심을 두는 경향이 있다.

여기서는 이와 관련된 내용을 보다 상세하게 기술하면서 이를 토대로 각 예산제도 간의 연계성 구축에 필요한 구조적 틀(기본 바탕)을 도출하고자 한다. 이와 관련하여 지방예산제도를 지배하는 기본원리의 관점에서 각 예산제도 간의 관계성에 대해 기술하면 다음과 같다.

첫째, 사업예산제도와 성과예산서는 재정의 효율성(성과관리 포함)과 책임성에 무게를 두고 운영되는 예산시스템이다. 사업예산제도는 도입의 목적과 배경이 정부예산활동의 성과를 측정하고 효과적으로 관리하는 데 있으므로 이를 지배하는 핵심원리가 효율성임은 당연하다. 그리고 정부가 국민의 세금을 효율적으로 집행하였음을 예산회계를 통해 의회와 국민에게 객관적으로 입증해 주어야 하는데, 이를 지배하는 원리는 책임성 원리이다.

성과예산서는 독자적 영역을 갖기보다 사업예산제도의 한 특화된 영역(위치) 내지 사업예산의 보완적 기능을 갖는 예산기법으로 자리매김을 할 수 있다. 실제로 성과예산서는 사업예산이 포괄하는 예산지출사업 중 특정사업을 대상으로 성과체계를 수립하고 그것을 토대로 예산지출의 성과달성 여부를 점검하고 보여주는 역할을 수행한다. 그러므로 성과예산서를 지배하는 기본원리는 당연히 효율성과 책임성이 되어야 한다. 우리나라에서는 사업예산제도와 성과예산서가 분리 운영되고 있는데, 이는 기본적으로 제도적 미비와 제도 조율의 시차에 기인한다. 두 제도는 직접적이고 긴밀한 연관성을 갖는 것으로 중기 관점에서 하나의 시스템으로 구조화(통합)하는 것이 바람직하다.

둘째, 성인지 예산제도와 주민참여예산제도는 비록 도입목적은 달리하나 사회적 형평과 참여 그리고 재정 투명성에 무게 중심을 두는 측면에서 공통점을 지닌다(따라서 이들 지향가치를 중심으로 두 제도의 연계성을 강화하는 접근이 필요하다). 성인지 예산제도는 사회적으로 불공평한 예산혜택을 받고 있는 젠더(gender)의 상황과 수요를 파악해서 분석한 다음 그 결과를 토대로 남성과 여성의 불평등 혜택을 교정하는 데 제도의 중점을 두고 있는 점에서 기본적으로 형평을 추구한다. 마찬가지로 주민참여예산제도 또한 정부가 종전에 무관심하였던 사회적 소외자인 일반주민의 목소리와 의견을 청취하고 그것을 예산에 적극적으로 반영하는 점에서 형평성에 무게를 두는 예산제도임에 틀림없다. 주민참여예산은 일반주민은 물론 저소득층, 여성, 장애인, 사회적 약자 등을 적극적으로 품는 사회적 포용(“social inclusion”)의 특성을 지니는데, 이는 사회적 형평의 핵심 요소이자 전형적인 양태이다. 일반적으로 재정 형평성을 구현하기 위해서는 예산집행의 투명성과 집행결과의 합리적 공개(쉽게 이해할 수 있는 방법에 의한 적시, 충실한 공개)가 반드시 필요하다. 이러한 관점에서 볼 때 재정 투명성은 특히,

주민참여예산과 성인지 예산의 운영과정에서 한층 더 깊고 중요하게 다루어지는 기본가치로 간주된다.[1)]

그러나 성인지 예산과 주민참여예산이 그 운영과정에서 재정 효율성을 완전히 도외시하는 것은 아니다. 그것은 중요성의 정도와 관심도 면에서 재정 효율성 가치가 재정 형평성에 비해 상대적으로 뒤떨어질 뿐이다. 특히, 성인지 예산사업의 경우 예산의 편성과정에서 '성 인식(gender awareness)'과 '성 관점(gender perspective)'이 확실히 구현된 이후에는 다른 예산사업과 마찬가지로 사업의 효율성이 추구되고 점검될 것을 요구받는다. 이것은 성인지 예산사업이 사업예산의 성과관리시스템이나 성과예산서와 직접적으로 연계되어야 함을 시사한다. 그리고 이는 성인지 예산사업이 다른 재정지출사업과 마찬가지로 성과평가의 대상이 되어야 함을 의미한다.

셋째, 주민참여예산제도는 나머지 세 예산제도와 비교해 상대적으로 효율성 원리를 강조하지 않는 예산제도라고 말할 수 있다. 그 이유는 주민참여예산이 예산집행의 효율성과 성과관리를 추구하기보다 주민의 수요와 희망과 목소리를 적극적으로 반영하는 데 중점을 두기 때문이다. 주민의 재정수요나 주민이 제안한 사업 중에는 사업의 경제성과 효율성이 담보되는 것도 있지만 그렇지 못한 것도 다수 있다. 현실적으로 볼 때, 만일 지방자치단체가 가용재원에 여유가 있다면, 주민이 제안하는 사업이 특별히 무리하거나 불합리성을 내포하지 않는 한 다소 사업의 효율성이 뒤떨어지더라도 그것이 지방자치단체에 의해 기각될 가능성은 낮다.

현재 다수의 지방자치단체들이 시행하고 있는 주민공모(제안)사업들에 대해 만일 효율성 기준만을 적용한다면 많은 사업들이 탈락될 것으로 예상된다. 이는 주민참여예산의 대상이 효율성보다는 사회적 필요와 형평성 그리고 사회적 참여와 재정 투명성과 같은 가치개념에 더 큰 무게를 두고 있음을 시사한다. 그럼에도 불구하고 뒤에서 강조하지만, 주민참여예산체제가 보다 성숙한 단계에 도달하면 재정 효율성 이슈는 당연히 중요한 의사결정 주제로 부상하게 된

1) 어떤 의미에서 재정 투명성은 다른 기본원리에 비해 사실상 모든 예산제도의 운영과정에 공통적으로 요구되는 지향가치 내지 원리라고 말할 수 있다.

다. 그 이유는 효율성 원리가 다름 아닌 주민 자신이 부담한 세금의 경제적 가치를 확보하고 사업의 우선순위를 합리적으로 선정하는 메커니즘으로 작동하기 때문이다.

주민참여예산제도가 예산을 둘러싼 이해주체 간(지방자치단체와 주민, 시민사회 등)의 대화와 협력이라는 정치적, 과정적, 행태적 요소들을 강조하고 있는 측면은 다른 지방예산제도에서는 발견하기 어려운 주민참여예산의 고유성으로 간주된다. 이러한 면모와 예산수립이 기본적으로 정치적 과정(political process)임을 함께 인식할 때, 주민참여예산제도와 다른 예산제도 간의 연계 접점은 주민 · 행정부 · 의회 상호 간에 대화와 협력적 관계 형성이 가장 필요한 예산의 영역과 과정을 중심으로 모색되는 것이 합리적이다. 이는 어떤 면에서 주민참여예산제도 이외의 다른 예산제도에 '참여와 투명성' 요소를 보강하는 것이 주민참여예산제도와 다른 예산제도 간의 연계기반을 구축하는 관건임을 시사한다(이는 의미 있는 공유가치의 적극적 확산 도모 차원에서 중요하다). 특히, 주민참여예산이 내포하는 민주적 절차, 대화와 소통, 의견수렴이라는 강력한 기제를 다른 지방예산제도의 기능 향상에 적절히 접목시켜 활용할 경우 지방예산제도의 전체적 효과가 향상될 수 있다. 예를 들면, 성인지 예산을 계획하고 편성하는 과정에서 주민참여예산의 요소들(주민의 수요와 여건과 상황, 점검 · 비판 · 창의적 제안, 다양한 견해와 입장, 조화와 협력, 다수결 등)이 적절히 가미될 경우 성인지 예산이 추구하는 사회적 형평과 지역주민의 수요와 상황이 적절한 조화를 이룰 수가 있다. 마찬가지로 성과예산서의 성과목표를 설정하고 성과지표를 개발하는 과정에서 주민의 다양한 의견을 포함하는 주민참여의 요소들이 중요한 역할을 담당할 수 있다.

요약하면, 사업예산제도, 성과예산서, 성인지 예산제도는 효율성(성과 포함)과 책임성 원리를 핵심가치로 삼으면서 기본적으로 예산운영의 기법과 방법론을 다루는 점에서 상호 공통적이다(이 중에서도 특히, 사업예산제도와 성과예산서는 불가분의 직접적 관계에 있다). 따라서 이들 세 예산제도는 효율성과 책임성을 향상시키는 관점에서 상호 공통적인 요소들을 발견하고 그것을 공유 · 협력적 관계로 발전시켜 나가는 방향으로 거시적 · 미시적 연계 고리를 형성해 주는 것이 바람직하다. 주민참여예산제도와 성인지 예산은 사회적 형평과 참여 그리고 예산 투명성을 핵심가치로 채택하고 있다는 점에서 공통적이므로 두 제도 간의 연계는 예산제도 측면에서 이들 가치를 공유하고 발전시켜 나가는 방향으로 연계성을 강화하는 것이 합리적이다. 그리고 주민참여예산제도를 중심으로 한 나머지 세 예산제도의 연계는 주민참여예산제도의 핵심가치인 참여와 투명성 요소를 다른 예산제도가 함께 공유할 수 있는 공동의 영역과 수단 및 방법을 발견하는 데 중점을 둘 때 명분과 실리를 취할 수 있다.

이상에서 기술한 지방예산제도의 기본원리와 그 적용 가능성을 종합적으로 고려하면 전체 지방예산제도와 각 예산제도 간의 연계가 어떤 방향으로 구조화되는 것이 바람직한지에 대한 기본구상을 할 수가 있다(이에 대한 개요가 [표 4-2], [표 4-3]에 압축적으로 기술되어 있다). 다음 절에서는 이러한 기본인식을 토대로 4대 지방예산제도들을 실질적으로 연계시키는 구체적인 방안에 대해 모색하고 있다.

[표 4-2] 지방예산제도의 지향가치(기본원리)와 예산제도 간 공유가치

	사업예산제도	성과예산서	성인지 예산제도	주민참여예산제도
사업예산제도		• 효율 • 성과 • 책임	• 효율 • 성과 • 형평	• 효율 • 참여 • 투명
성과예산서	• 효율 • 성과 • 책임		• 성과/투명	• 성과/효율
성인지 예산제도	• 효율 • 성과 • 형평	• 성과/투명		• 사회적 형평 • 참여 • 투명성
주민참여 예산 제도	• 효율 • 참여 • 투명	• 성과/효율	• 사회적 형평 • 참여 • 투명성	

[표 4-3] 지방예산을 지지하는 기본원리(공유가치)에 근거하는 연계 초점

<table>
<tr><th>사업예산제도</th><th>성과예산서</th><th>성인지예산제도</th><th>주민참여예산제도</th></tr>
<tr><td colspan="3">• 성과예산시스템 속에서의 효율/성과/기법 연계 극대화</td><td>• 새로운 예산 가버넌스 구축</td></tr>
<tr><td colspan="2">• 예산 효율 극대화/효과적 성과관리</td><td colspan="2">• 형평/참여/투명성 극대화</td></tr>
<tr><td colspan="4">• 기본 공유가치(기본원리): 효율, 형평, 참여, 투명, 책임성</td></tr>
</table>

↓

연계 강화 방향
• 예산과정 연계 측면: 계획·편성 및 제도 간 특성 반영 필요 • 제도별 핵심 사업운영단위 연계 측면 • 업무흐름 연계 측면 • 예산 성과관리 측면 • 통합재정관리를 통한 정보공유 측면 • 기타 측면(세입·세출, 이해관계자, 중기지방재정계획, 예산회계제도 등)

2. 예산과정(budget process) 측면에서의 연계 강화

가. 지방예산제도별 예산과정 중요성을 고려한 연계 강화

사업예산제도를 포함한 4개 지방예산제도는 사실상 모든 예산과정과 관련이 있지만, 예산과정별 관여 수준과 범위와 중요성은 각 예산제도마다 차이가 있다. 예산과정은 지방자치단체가 주민으로부터 세금을 징수하고 세수를 활용하는 모든 절차와 과정을 체계화(예산의 계획, 편성, 집행, 결산 및 평가)한 것이다. 만일 지방자치단체가 예산과정을 순조롭게 잘 진행한다면(법령 준수, 효과적 예산기법 적용, 충실한 의견 수렴, 효율적·창의적 예산집행 등) 이는 사실상 재정의 효율과 효과와 책임성을 달성하는 것과 다름이 없다. 이와 같은 예산과정의 의미와 중요성을 인식할 때, 4개 지방예산제도가 각 예산과정별로 적절히 연결될 수 있는 통로를 만들어 주고 상호 보완적으로 활용될 수 있는 내용을 채워주는 것이 매우 중요하다. 그리고 정보를 공유하고, 필요시 상호 조정할 수 있는 정보와 의사

결정의 네트워크(network)를 형성해 주는 것이 중요하다.

이를 위해서는 무엇보다도 각 지방예산제도가 예산과정별로 어떤 주된 절차와 과정을 갖고 있고, 어떤 영향력을 미치며, 그 과정에서 다른 제도와 상호 공유해야만 하는 공통적 영역과 공유하지 않아도 되는 독자적 영역이 무엇인지에 대해 구체적으로 파악하는 접근이 필요하다. 그리고 그 결과를 반영하여 실천방안을 모색하는 접근이 필요하다.

이와 같은 인식을 하면서 지금부터는 예산과정에 초점을 두고 각 예산제도가 상대적으로 중점을 두는 예산과정과 이때 적극적으로 수행되는 예산활동이 무엇인지를 파악하면서 제도 간의 연계성 강화를 모색하고자 한다. 특히, 예산활동과 관련해서는 업무흐름의 유연성과 협력적 관계(관계부서 및 조직, 업무담당 공무원간 관계, 주민참여예산의 경우 관계공무원(부서)과 일반주민(주민참여예산위원 포함) 간의 업무 유연성과 협력적 관계) 형성, 정보 공유, 의사결정의 객관성 및 종합성을 확보하는 문제에 중점을 둔다.

대체로 말해서, 사업예산제도와 성인지 예산은 전체 예산과정에 관여되는 경향이 있는 데 비해 성과예산서와 주민참여예산은 일부 예산과정에만 관여되는 제도적 속성을 갖는다(주민참여예산과 성과예산서는 대체로 계획·편성단계와 분석·평가단계에 집중적으로 관여되는 특성을 갖는다). 이에 대해 조금 상세히 설명하면 다음과 같다.

첫째, 사업예산제도와 성인지 예산은 전체 예산과정에 관여되는 경향이 있는데, 그 중에서도 특히, 예산의 편성과 집행에 중점을 둔다. 사업예산은 지방자치단체의 수입과 지출을 관리하는 기본예산제도이므로 당연히 예산의 계획에서부터 결산 및 평가·환류에 이르는 전 예산과정과 결부된다. 이는 사업예산의 지출사업 중 일부를 특정한 기준과 관점("성 인식", "성 관점", 성별영향평가 등)에 의해 선별하여 성인지 예산사업으로 관리하는 성인지 예산제도의 경우에도 마찬가지로 적용된다. 구체적으로, 성인지 예산은 대상사업의 선정과 선정된 사업이 예산사업으로 확정되는 단계부터 집행, 결산 및 환류에 이르기까지 일반예산사업과 동일한 과정을 밟는다([표 4-4] 참조). 다만, 성인지 예산사업이 일반예산사업과 뚜렷이 다른 점은 성별영향평가(gender impact assessment)라는 남·여

[표 4-4] 성인지 예산제도의 예산과정(사업예산제도 대비)

예산순기(budget cycle)					
예산계획	예산편성	예산심의 확정	예산집행	결산	평가와 환류
계획/진단 (plan/diagnosis) • 전(전)년도 성별수혜 분석결과 반영 • 신규 GRB사업 선정 • 신규 GRB사업 비용편익분석 • 신규 GRB사업 성별 상황 · 수요 · 영향 분석 • 중기재정계획 연계	편성 검토 (deliberation) • GRB사업 확정 • GRB 예산서 작성	• 의회의 GRB 예산 검토, 심의 확정	감시, 감독 (monitoring) • GRB사업 모니터링 • GRB사업 성별수혜 분석	• GRB 결산서/결과 (성과) 보고서 작성	분석/평가/환류 (feedback) • 성과평가 • 동류단체 비교 • GRB 준비 • 기타 GRB 재정분석 • GRB 정보 공개

주: GRB는 성인지 예산을 의미함.

성 간의 예산수혜격차 원인분석기법이 예산의 계획 및 편성단계에서 활용되는 것이다. 이는 앞서 지적한 바와 같이, 성인지 예산이 종합적 예산관리시스템이 아닌 예산운영의 기법 내지 방법론의 특성을 갖고 있음을 말해 준다. 이러한 성인지 예산의 특성을 제외한다면 성인지 예산사업과 일반예산사업은 절차적 측면에서 사실상 동일한 예산과정을 밟고 있다.

사업예산제도와 성인지 예산제도는 기본적으로 전체 예산과정과 결부되고 있지만, 그 중에서도 가장 중요시되는 단계는 예산의 편성단계와 집행단계라고 말할 수 있다(이 중에서도 특히 예산편성단계가 중요하다). 그러므로 두 제도를 예산과정의 관점에서 연계할 경우 이들 단계에서 사업예산제도와 성인지 예산제도의 역량과 수단을 최대한 공유하고 연계시키는 접근이 필요하다. 그런데 예산의 편성과 집행단계 중에서도 집행단계는 지출에 대한 모니터링(monitoring)이므로 연계의 영역은 상대적으로 단순하고 업무적으로 어렵지 않다. 그러나 예산의 편성단계는 다양한 이해관계가 여러 면에서 복잡하게 얽히는 과정과 절차를 수반하기 때문에 이 단계에서 두 예산제도의 연계 접점(대상)과 공유 영역을 체계적으로 확보하는 것은 결코 쉬운 일이 아니다.

예산편성단계에서 성인지 예산과 사업예산제도와의 연계는 업무흐름 측면에서 지방자치단체 내의 성인지 예산 담당부서들(예산총괄부서, 여성정책 담당부서, 세부사업 담당부서) 간에 협력적 관계모형을 설정하고, 그 모형 속에 부서 간에 논의되고 공유되어야 하는 정책사안과 정보내용을 확정하는 것이 관건이 된다. 이와 관련하여 두 개의 대안을 유력하게 검토해볼 수 있다. 그 하나는 사업부서가 주도하고 예산부서가 보완적인 역할을 하는 방안(제1안)이고, 또 다른 하나는 사업부서, 여성정책부서, 예산총괄부서가 삼각형 협업관계를 형성하는 방안(제2안)이다. 초기단계에서는 세 부서가 서로 협업하는 관계인 제2안이 바람직하고, 장기적으로는 사업부서에서 분석한 정보가 곧바로 예산총괄부서로 이동한 다음 예산안을 만들어 지방의회에 제출하는 방안(제1안)이 바람직하다(윤영진, 2011). 그리고 지방자치단체 차원에서의 가버넌스는 지방자치단체와 지역 단위의 전문가 그룹 및 시민단체와의 파트너십을 형성하여 구축할 수 있다. 이론적으로는 지방자치단체 단독(최협의 모형), 협의체/위원회 형태(협의 모형: 지방자치단체+지역전문가그룹), 위원회 형태(광의 모형: 지방자치단체+지역전문가그룹+지역시민단체) 등을 고려해 볼 수 있는데, 전국적으로 표준화를 추구하기보다 각 지역별로 바람직한 모형을 선택할 수 있도록 허용하는 것이 바람직하다.[2)]

둘째, 성과예산서는 성격상 예산지출의 성과를 평가하는 결산과정에 무게중심을 두면서 성과계획(성과목표, 성과지표, 성과내용 등)을 확정하는 계획단계에도 중요성을 부여하는 특성을 갖는다. 이는 사업예산제도가 예산의 편성과 집행단계에 중점을 두는 것과는 조금 차이가 난다. 그럼에도 불구하고 사업예산제도와 성과예산서는 불가분의 관계에 있으므로 각자가 중시하는 예산과정에서 두 제도의 역량을 강화할 수 있는 연계방안을 발견해서 조치해 주는 것이 중요하

2) 지방 성인지 예산 가버넌스는 중앙정부 차원에서의 가버넌스와 지방자치단체 차원에서의 가버넌스로 이원화된 체제를 구축할 필요가 있다. 구체적으로 성인지 예산의 기획 및 운영지침 작성 등의 업무는 중앙정부가 담당하고, 성인지 예산의 분석 및 예산서 작성은 지방자치단체가 수행하는 접근이다. 중앙정부 성인지 예산 가버넌스는 조직형태와 참여범위에 따라 여러 가지 유형으로 구분할 수 있다. 현재는 중앙정부 부처 중 여성가족부와 행정안전부가 핵심적인 역할을 담당하는 형태의 예산 가버넌스가 실시되고 있다.

다. 이러한 사실을 유념하면서 사업예산제도와 성과예산서 간에 연계를 강화하는 방안을 제시하면 다음과 같다.

(1) 두 제도가 예산과정의 관점에서 상호 정합성을 확보할 수 있도록 조치해야 한다. 이를 위해서는 무엇보다도 전체 예산과정을 성과 관점과 예산 관점에서 조화를 이룰 수 있도록 만들어 주면서 사업단위를 중심으로 목표설정과 예산편성이 긴밀하게 연결될 수 있도록 조치해 주어야 한다. 다만, 이 과정에서는 성과관리부서의 성과계획과 예산부서의 예산편성 시기 불일치로 인한 어려움이 예상되므로 성과관리부서, 예산부서, 사업부서 간에 업무분담 및 협력체계를 구축하는 네트워킹(networking)과 소통방식을 강화하는 것이 필요하다.

(2) 사업예산제도의 도입목적(중장기 정책과 예산의 연계, 재정성과의 극대화 및 성과와 예산의 연계 등)을 실현하기 위해서는 지역실정에 적합한 성과예산서를 작성하는 것이 매우 중요하다. 이를 위해서는 성과예산서가 조직부서의 성과계획서(전략목표 - 성과목표 - 성과지표)를 기초로 일관성을 유지하는 방식으로 작성되어야 하며, 이때 사업분류체계는 사업예산제도의 사업 구조화와 일 대 일 관계를 유지하는 방식으로 설계되어야 한다.

셋째, 주민참여예산은 예산과정 중에서 특히, 예산의 계획 및 편성과정에 그 역할이 집중된다. 그것은 주민참여예산의 핵심이라고 할 수 있는 주민의 직접·간접적 참여(다양한 목소리, 의견 제시, 아이디어 창출, 예산 대화 등)가 실질적으로 예산의 계획 및 편성단계에서 최고점에 이르기 때문이다.[3] 이 단계에서 집행부는 주민의 수요와 의견과 희망사항을 청취하고 협의·조정하며, 나아가 그 과정과 결과를 예산편성에 적절히 반영하는 예산의사결정을 하게 된다. 그러므

---

3) 물론 예산의 집행과정과 결과에 대해 주민들이 모니터링을 하지만, 이는 예산과정에 직접 참여하는 것과는 중요도 면에서 큰 차이가 난다. 그리고 예산의 편성·확정이 이루어진 후에도 주민참여예산위원회나 예산학교, 모니터링 시스템 등 다양한 참여예산의 기구와 수단들이 가동되기는 하지만, 그것은 주민참여예산이 예산의 편성과정에서 갖는 중요성과 비교할 수 없다.

로 주민참여예산이 활성화되기 위해서는 바로 이 예산과정(계획 및 편성단계)에서 나머지 세 지방예산제도(특히, 사업예산제도)와 긴밀한 협조 및 연계관계를 형성하는 것이 매우 중요하다.

이러한 인식을 하면서 주민참여예산과 다른 지방예산제도(사업예산제도, 성과예산서, 성인지 예산제도)간에 연계성을 확보해야 할 정책 사안에 대해 제시하면 다음과 같다.

(1) 지방자치단체들은 주민의 예산참여 시기(예산계획과 편성 시점), 참여 수준과 범위(세입·세출, 예산과목, 집행상황과 관련된 내용), 대상사업, 성과관리(주민제안사업, 주민직접실시사업) 측면에서 종합적인 연계성을 확보하는 정책방안을 구비해야 한다. 이것은 전국적으로 표준화되거나 획일적으로 이루어져서는 안 되고, 지역의 여건과 특성 그리고 지역주민의 선호를 반영하는 방식으로 추진되어야 한다.

(2) 주민참여예산제도는 형식과 달리 실제로는 예산편성의 시기, 참여 수준, 범위 면에서 일정한 제한을 받고 있는데, 이에 대한 현실적인 개선방안을 각 지방자치단체별로 강구해야 한다.[4](이에 대한 구체적인 방안은 다음 항에서 자세히 제시되고 있다). 성인지 예산사업도 일정한 선정기준을 충족하는 재정지출사업에 제한되고 있지만, 이때 제한되는 것과 주민참여예산의 제한성과는 근본적으로 다르다. 특히, 성인지 예산제도의 경우 제도의 도입초기에는 매우 제한된 재정지출사업에 국한될 가능성이 크다.

(3) 주민참여예산과 사업예산의 연결 접점은 사업예산 구조하에서 실제로 주민의 목소리와 의견이 반영되는 예산사업 항목과 수치를 어떻게 도출할 것인지에 중점을 두고 모색되어야 한다(이에 대하여는 뒤에서 주민

4) 다른 3개 지방예산제도들은 예산편성의 시기나 참여 수준과 범위 면에서 특별한 제한을 받지 않는 데 비해 주민참여예산제도는 이들에 대해 일정한 제약을 받는 특성을 지닌다. 물론 성과예산서 또한 세입부문은 대상에서 제외되고, 세출도 단위사업 이상의 수준에 국한하여 관련되는 등 일정한 제한이 있지만, 이는 대체로 말해 주민참여예산제도가 관여되는 재정지출(사업)의 범위보다 훨씬 넓다.

참여예산의 실질적 관여 범위 등을 논하면서 구체적으로 기술한다).

(4) 주민참여예산과 성인지 예산의 연계는 주민이 예산편성에 관여하는 과정에서 주민의 관심대상사업이 남녀 간에 차별적 혜택을 초래할 수 있는 성인지 예산의 대상사업인지를 검토하고 그와 관련된 정책 권고나 의견을 제시하는 데 일차적으로 중점을 부여할 필요가 있다. 나아가 두 제도 간의 보다 적극적인 연계는 성인지 예산을 계획하고 편성하는 과정에서 주민참여예산의 요소들(주민의 수요와 여건과 상황, 점검・비판・창의적 제안, 다양한 견해와 입장, 조화와 협력, 다수결 등)을 적절히 가미함으로써 두 제도가 상호 상승작용을 유발하도록 해주는 접근을 통해 실천될 수 있다.

(5) 주민참여예산과 성과예산서 간의 연계는 성과예산서가 성과목표를 설정하고 성과지표를 개발하는 과정(예산의 계획단계)에서 주민의 다양한 의견과 관점을 반영하는 예산운영체제를 구축함으로써 강화될 수 있다. 지금까지는 사업예산의 성과목표와 성과지표들이 집행부 중심으로 구축되었지만, 앞으로는 행정의 실수요자인 주민의 의견과 관점을 적극적으로 반영하는 성과관리체제가 구축될 수 있도록 정책을 전환할 필요가 있다. 이것이 현실화될 경우 재정운영의 실천성과 주민만족이 크게 향상될 가능성이 있다.

종합적으로, 4개 지방예산제도는 성과예산서를 제외하면 모두 예산과정 중에서 예산편성단계에 가장 큰 비중을 두고 있다(성과예산서는 성과계획과 결산(평가)과정이 가장 중요함). 그러므로 예산제도 간의 연계는 예산편성단계에서 보다 강력한 실천수단을 모색하는 것이 바람직하다. 이때의 연계는 업무흐름, 이해관계자 간의 시각 및 자원(resource) 관점, 정보공유와 소통, 그리고 의사결정 원활화 차원에서 추진되어야 한다. 사업예산과 성인지 예산은 예산의 편성 외에도 집행을 중요시하는데, 이는 전통적으로 정부예산제도가 예산편성의 합리성과 집행의 성실성(integrity)에 중점을 두는 것과 맥을 같이 한다. 이에 대한 내용이 [표 4-5]에 압축적으로 표현되어 있다.

[표 4-5] 지방자치단체 예산제도 간의 연계성 확보: 예산과정 관점

예산과정	사업예산제도	성과예산서	주민참여예산	성인지 예산
계획	○	○	○	○
편성	◎	○	◎	◎
심의 의결	○(본예산)	부속서류	부속서류	○(부속서류)
집행	◎	-	△	◎
결산	○	◎	△	○
분석/평가/환류	○	○	○	○

주: ◎, ○, △ 표시는 각각 매우 중요함, 중요함, 보통을 의미함(상대적 의미임); 회계는 예산의 집행부터 진행됨.

나. 지방예산과정의 업무흐름을 고려한 연계강화

현재 지방예산운영시스템은 중기재정계획수립 → 투·융자심사 → 예산편성 → 예산집행 → 회계결산 → 재정분석 → 재정환류의 과정으로 연속되어 있다. 지방자치단체의 사업계획 수립이나 예산편성 등 일련의 과정은 예산부서뿐만 아니라 여러 관련부서와 직간접적으로 관계되어 전개되고 있다. 지방자치단체의 예산부서는 중기재정계획 수립, 예산편성 기본방침 수립, 가용재원 판단, 예산(안) 작성, 자금배정 등을 주관하는 부서로서 역할을 수행하나, 성과계획서 작성, 성인지 예산서 작성, 주민의견 수렴 및 주민제안사업 선정 등은 대부분 예산부서가 아닌 업무를 관장하는 사업부서에 의해 운영·관리된다. 또한 성과관리는 성과관리부서, 성별영향평가는 여성부서, 주민의견수렴은 각 부서 및 예산담당부서 등으로 분리되어 관장된다. 이러한 현상은 업무의 조직 및 기능별 구분에 기초하고 있는데, 문제는 이들 전문성 기능이 상호 간에 연계되지 못한 채 독립적으로 운영된다는 데 있다. 이러한 현실은 제3장에서 살펴본 바와 같이 지방예산운용의 효율성과 효과성을 저해하는 본질적 요인으로 간주된다.

이러한 사실을 인식할 때, 예산제도의 운영과정에서 예산부서, 성과관리부서, 성별영향평가부서, 주민의견수렴 및 주민제안사업 담당부서들 간의 업무협조 및 정보공유가 지방예산운영시스템상에서 반드시 실현될 필요가 있다. 이들

부서 간의 협조 및 정보공유는 특히 계획수립단계 및 예산편성단계에서 이루어져야 하며, 이를 통해 4개 예산제도 간에 공통적으로 적용될 정보를 함께 활용하여 제도 간의 연계를 제고시키는 것이 급선무이다. 지방예산제도가 예산운영시스템상의 계획단계 및 예산편성단계에서 상호 연계되어 작성될 경우 의회의 예산심의, 예산집행, 결산 및 성과분석 등이 종합적으로 연계되어 재정환류의 질을 제고시킬 수 있다.

[그림 4-3] 지방예산운영시스템과 관련 조직·부서의 업무흐름

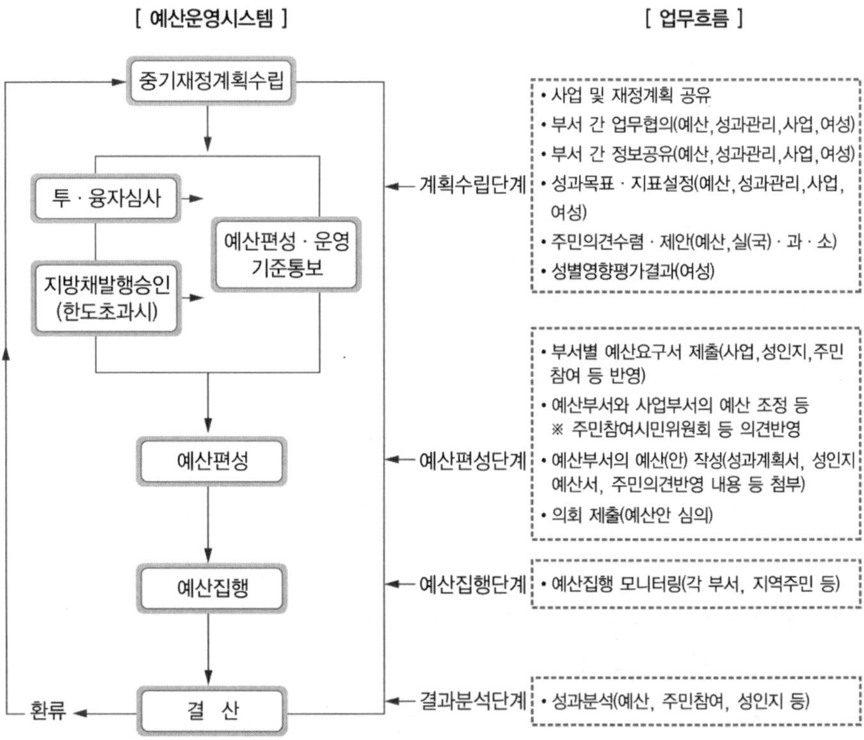

다. 지방예산제도별 예산과정의 특성을 고려한 연계강화

각기 다른 예산제도가 시행되는 경우 발생하는 가장 큰 문제는 업무의 혼란과 자기 업무에만 집중하는 현상(다른 조직 · 업무 · 시스템과의 협업을 철저히 도외시하는 현상)이다. 이러한 문제를 방지하고 제도 도입의 효과를 제고하기 위해서는 무엇보다도 예산과정의 연계 확보가 절실히 요구된다. 구체적으로 언급하면, 성과계획을 기초로 성과예산서를 편성하고 그 결과에 기초해서 성과목표 달성도 및 실적을 표시하는 성과보고서를 작성하는 과정에서 예산제도 간의 연계성을 확보하는 것이 중요하다. 특히, 예산과정에서 남성과 여성 간에 성별 격차를 초래할 수 있는 성인지 대상사업이나 주민의사를 직접적으로 반영하기 위한 주민참여예산 대상사업의 경우 예산계획 및 예산편성 전에 관련 부서와 이해관계자 사이에 대상사업, 성과목표, 성과지표 등을 협의 · 조정하는 단계가 반드시

[그림 4-4] 예산과정 관점에서 예산제도 간의 연계 확보 방안

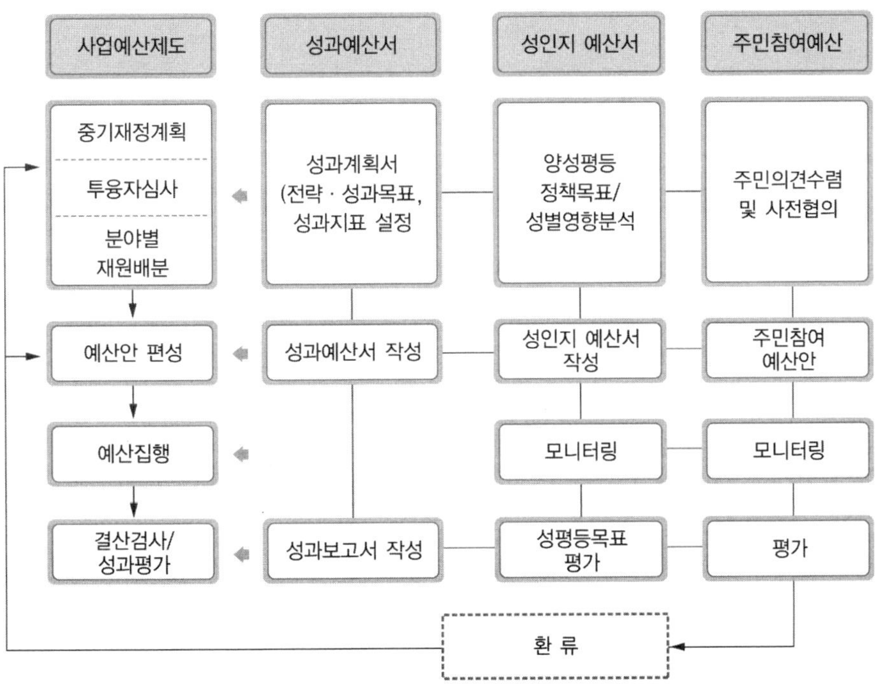

필요하다. 이를 통해 불필요한 갈등을 줄이고 정책의 일관성과 사업효과를 높일 수 있기 때문이다. 예컨대, 지방자치단체의 경우 전략목표를 수립하거나 중기재정계획을 수립함에 있어서 양성평등을 실현하는 정책목표를 포함하는 조치를 취하거나, 주민참여예산을 위한 정책목표나 재원배분 방향을 사전에 검토하는 것이 바람직할 것이다.

3. 예산운영단위(예산과목) 중심의 지방예산제도 연계성 강화

4개 지방예산제도는 사업예산제도의 예산체계(기본구조, 세입・세출예산 과목구조, 성과관리체제 등)의 관점에서 가능한 많은 연계점을 발견해야 한다. 현실적으로 각 예산제도는 예산서의 형식을 갖고 그 속에 각종 사업에 대한 기본정보를 수록하고 있지만, 이들이 e-호조나 부서 간 연계 시스템을 통해 연결・통합・호환되지 못하고 있는 문제가 심각하다. 여기서는 이러한 문제점을 해소할 수 있는 기본방향과 정책대안에 대해 다음과 같이 기술하고 있다.

가. 사업예산제도와 성과예산서, 성인지 예산서 간의 연계

사업예산제도의 예산구조체계를 중심으로 성과예산서와 성인지 예산서를 구조화하고 운영방식을 조율하는 접근이 필요하다. 제3장에서 살펴본 바와 같이 사업예산제도는 정책사업(program)을 중심축으로 하면서 상・하위 예산구조체계를 갖고 있다. 이러한 구조와 체계는 지방자치단체의 예산활동을 거시・미시적으로 관리하는 예산정보시스템으로, 이는 자치단체장의 의사결정, 의회의 심의・점검(모니터링), 주민・시민사회 등 모든 지방재정의 이해관계자에게 재정정보를 제공하는 기반이 된다. 아울러 이는 지방자치단체가 주민의 세금을 징수・관리하는 기본 도구이자 이를 통해 예산집행의 효율, 성과, 책임성을 확보하고 입증하는 발판이 된다. 그러므로 사업예산제도는 지방예산제도 간의 연계를 확보하고 강화하는 기본 시스템으로서의 역할을 수행한다. 특히, 성과예산서는 사업예산제도의 목적과 기능을 수행하는 수단적 도구에 해당하므로 성과예산서의 체제와 운영방식은 사업예산제도와 맥을 같이 해야 한다.

제 3 장에서 살펴본 바와 같이 현재의 사업예산제도는 몇 가지 이유로 인해 예산집행의 성과를 실제로 점검하고 확증할 수 있는 역량과 장치를 갖추지 못하고 있다. 이는 단적으로 두 제도 간에 적절한 연계성이 구축되지 못하고 있음을 시사한다. 앞서 언급한 바와 같이 정부는 성과예산서를 의무화하는 조치를 취함으로써 사업예산제도가 실질적으로 성과관리예산으로서의 기능을 할 수 있도록 유도하고 있지만, 여기에도 한계와 결함이 있다. 이와 관련하여 언급하면 다음과 같다.

현재 사업예산제도는 예산분류체제에 따라 사업단위(정책 · 단위 · 세부사업)와 예산 품목을 계층적으로 표시하는 기본구조를 지닌다. 이에 비해 성과예산서는 기본적으로 정책사업과 단위사업을 중심으로 조직부서의 전략목표 - 성과목표(정책사업) - 성과지표의 관계를 구조화하고 있다. 이러한 구조하에서 사업예산의 분류체계와 성과예산의 관리체계가 긴밀하게 연계되고 관련정보가 지방자치단체의 내 · 외부 이해관계자에게 적절히 공유되는 것이 중요한데, 현재는 이러한 연계와 공유가 이루어지지 않고 있다.

앞으로 성과예산서가 사업예산제도와 긴밀하게 연계될 수 있으려면 성과관리의 중심점과 대상을 현재보다 정교하게 확대하는 접근이 필요하다. 여기에서 이와 관련된 정책제언을 하면 다음과 같다.

(1) 국(주)민에 대한 성과관리의 책임점으로는 사업예산제도의 정책사업을 설정하고, 자치단체 내부적으로는 단위사업과 세부사업에 대해 성과관리를 실시하는 접근을 취한다.
(2) 앞으로 성과예산의 대상영역을 점진적으로 사업예산의 세입부문으로 확대해 나간다(현재는 성과예산서가 재정지출사업에 국한하여 구조화되고 있다). 예를 들어, 지방세 수입예측이나 사용료 및 수수료 요율의 결정, 지방채 발행과 관련된 성과평가 등이 그에 해당한다.

[그림 4-5] 사업예산제도와 성과예산서의 연계방안

[현재]

사업예산제도		
세입	세출(기능별)	
※ 성과관리 없음	분야	
	부문	
	정책사업	
	단위사업	
	세부사업	
	품목	

[미래]

사업예산의 성과관리		
세입	세출(기능별)	
※ 일부세입 부문 성과관리 • 지방세 • 사용료 · 수수료 • 지방채 발행	분야	
	부문	
	정책사업	외부
	단위사업	내부
	세부사업	내부
	품목	

주 1: 세부사업은 내부 성과관리

주 2: 정책사업은 국(주)민 공개

(3) 현재 사업예산제도가 실시하는 성과관리는 지출부문, 그 중에서도 일부 정책사업과 단위사업에 국한되는데, 미래에는 그 영역을 세입부문과 모든 정책사업 및 단위사업으로 확대해 나가는 것이 바람직하다. 본 연구에서는 사업예산제도와 성과예산서의 연계성 문제를 현재와 미래로 대비하여 제시하고 있으며, 이는 [그림 4-5]에 나타나 있다.

나. 사업예산제도와 성인지 예산제도의 예산과목체계 연계

사업예산제도와 성인지 예산제도와의 예산과목체계상의 연계를 확보한다. 현재 성인지 예산은 세부사업을 중심으로 예산의 편성 및 관리가 이루어지고 있다. 이는 일견 일반예산사업(사업예산 대상사업)의 편성 및 관리방식과 비슷해 보이지만, 뒤에서 언급하는 성과관리의 중심점 등을 고려하면 사업예산과 성인지 예산 간에 차이가 있음을 알 수 있다. 성인지 예산의 도입배경이 사업예산제도의 도입배경과 근본적으로 다르고 지향가치 면에서도 차이가 나지만, 한 가지 분명한 사실은 성인지 예산의 대상사업이 예산사업으로 확정된 다음에는 그것이 일반 사업예산사업과 거의 비슷하게 다루어진다는 것이다. 이는 다시 말해서, 두 예산사업이 기본적으로 유사한 관리시스템에 의해 운영되어야 함을 의미한다. 따라서 성인지 예산사업을 사업예산의 예산관리체제(책임점, 중심점, 관리 목표 등)와 동일하게 설정해 주어야 한다.

다. 주민참여예산의 예산참여 범위 규정 및 다른 예산제도와의 연계

주민참여예산제도가 실용성을 갖기 위해서는 주민의 예산참여 수준, 범위, 대상을 보다 구체화하는 접근을 실시해야 한다.5) 현재 주민참여예산과 관련하여 주민이 관여하는 예산의 범위에 대하여는 몇 가지 규정만 제시되고 있을 뿐, 실천 가이드라인이 부재한 실정이다. 이론적으로는 주민이 의견을 제시하고 관여할 수 있는 예산의 범위를 지방자치단체가 관장하는 전체 예산으로 확대할 수 있다. 그러나 이는 의견의 제시 범위에 해당할 뿐 암묵적 구속력이나 실천성을 담보할 수 있는 주민참여예산의 범위로 보기 어렵다. 현재 다수의 지방자치단체들이 시행하고 있는 주민제안사업(주민공모사업)에 대해 그 범위와 운영방식에 대한 사항이 설정되지 않고 있는 상태이다.6) 이와 관련하여 본 연구는 다음과 같은 내용을 정책방안으로 제시하고자 한다.

(1) 각 지방자치단체는 주민참여예산을 실시하기에 앞서 주민의 예산참여에 대한 정의와 범위를 보다 명확하게 정해 주어야 한다. 주민참여예산

---

5) 이를 위해서는 현행 지방예산제도를 중심으로 다음의 내용들에 대한 종합적인 검토가 필요하다(임성일, 2011). 그것은 구체적으로, 예산구조(세입부문, 세출부문), 예산회계 기준(일반회계, 특별회계(기타특별회계·공기업특별회계), 기금), 세출예산과목구조 기준, 세입예산과목구조 기준, 지방의회의 심의대상사업(입법과목)과 비 심의대상사업, 자체사업과 보조사업, 재량사업과 비재량사업, 경상예산과 자본예산, 본예산과 추가경정예산 등에 대한 내용들을 종합적으로 점검해서 결정하는 내용들이 포함된다.

6) 여기에서 범위라는 것은 사업예산제도가 내장하고 있는 예산구조(예산회계, 과목구조, 사업 특성, 예산편성기준 사항 등을 포함)와 직접 연계시켜 제시되는 범위를 의미한다.

중 주민이 의견을 제시할 수 있는 범위는 사실상 지방자치단체의 전 예산을 포괄하는 영역으로 설정하는 것이 합리적이다. 주민이 거시예산을 다룰 경우 주민(대표)은 전반적인 의견을 표명하는 수준에 머무를 가능성이 큰데, 여기에는 사업우선순위, 거시재정 운용방향에 대한 전반적인 의견을 제시하는 것이 포함된다(결정권은 집행부 보유). 세입예산분야에 대하여는 점진적으로 필요 최소범위에서 주민의 참여를 허용할 필요가 있다. 그리고 지방자치단체는 주민들이 과도한 기대를 하지 않도록 세입과 세출에 대한 예측의 객관성을 높이는 노력을 기울여야 한다. 그러나 구체적인 사업의 선정이나 주민실시사업을 선정하는 수준은 다음에서 제시하는 바와 같이 예산과목단위에서 그 적정 수준을 정하는 것이 합리적이다.

(2) 예산회계(일반회계, 특별회계, 기금)에 대하여도 주민참여예산의 적극적 대상과 소극적 참여대상을 설정하는 것도 제도의 실용적, 효율적 운영에 도움이 된다. 혹자(곽채기 등)가 언급하는 통합재정부문은 일반적인 주민참여예산의 범위를 넘어서는 것으로 파악된다. 그것은 특별회계(기타·공기업 특별회계)의 경우 일반정부의 운영방식과 다른 공공성과 수익성을 동시에 모색하는 특성이 있을 뿐 아니라 참여 과정에 전문성을 필요로 하기 때문이다(다만, 일부 기타특별회계사업의 경우 속성상 주민참여예산의 대상에 포함될 수 있다). 그리고 사업형 회계와 기금부문은 주민생활과의 밀착성이 낮으며, 별도의 전문적인 관리시스템에 맡기는 것이 합리적이다. 다만, 특별회계·기금, 통합재정에 대한 정보공개의 수준을 높이고 재정투명성의 완전성을 확보하기 위해서는 지속적으로 시민사회가 압박을 가할 필요성이 있다(임성일, 2011).

(3) 주민제안사업은 사업예산제도의 예산과목 중 세부사업에 한정하는 것이 합리적이다. 이 경우 주민숙원사업이나 재정운영 전반에 대한 예산편성 분야로 주민숙원사업은 가용재원 범위 내에서 제한되어야 한다. 세부사업을 넘어서는 예산과목단위의 경우 사업규모가 크고 이해관계가 복잡하여 특정한 주민이 이들 사업에 대해 적극적으로 관여하는 것

이 예산의 효율과 형평에 손상을 가할 가능성이 크다. 요약하면, 일반회계를 중심으로 기능별 세출예산 중 단위사업 이하를 주민참여예산의 대상으로 하는 것이 현실적이다.[7]

(4) 주민제안사업 중에서도 다음의 특성을 갖는 사업들은 선정대상에서 제외하는 것이 바람직하다. 그것은 법적·의무적 경비관련 사업, 공공운영비(법정경비), 특정단체에 대한 지원을 요구하는 사업, 사업규모가 큰 사업(사업규모는 광역과 기초자치단체 등 자치단체의 수준과 재정역량에 따라 다소 차이가 있을 수 있음), 과도한 공연·축제 행사성 경비(5천만 원~3억 원 이상), 기 운영 중인 기초자치단체 사업(이는 광역자치단체에 해당함), 계속성 사업, 사업의 효과와 수혜가 특정 주체나 지역에 편협되는 예산사업 등이다.

(5) 국고보조사업에 대해 주민의 참여범위를 설정할 필요가 있다. 원칙적으로, 국고보조사업을 주민참여예산의 대상에서 제외하는 것은 바람직하지 않다. 하지만 현실적으로 상당수의 국고보조사업이 법적, 의무적 사업인 점을 감안할 때, 이에 대한 주민의 참여가 실익을 갖기는 쉽지 않다. 다만, 중앙정부의 소규모 보조사업 중 지역개발과 관련된 사업에 대하여는 주민참여예산의 대상으로 채택할 필요가 있다.

(6) 주민참여예산사업을 운영하는 과정에서 참여자의 주민 대표성과 형평성 문제가 불거지지 않도록 관련 예산과정과 절차의 정보를 객관적이고 투명하게 공개하도록 유도한다. 특히, 예산편성에 주민이 참여하는 과정에서 시민단체 등이 사전에 자치단체의 예산안을 요구하거나 예산안을 자신들이 평가해야 한다고 주장하는 등 일부 갈등현상이 나타나고 있는데, 이에 대해 제도적 차원에서 가이드라인을 제시할 필요가 있다 (이는 회계연도에 참여예산이 가동되는 시점에서 주민에게 고지될 필요가 있

---

7) 이때, 대상예산은 자체재원에 의한 자본투자사업을 중심으로 선정하되 전체 주민의 수요가 높은 사업, 기초지역단위의 주민생활 밀착성·완결성이 높은 사업(가분성이 낮은 사업), 특정 이해관계의 개입 여지가 낮은 사업, 사회적 약자·한계계층과 관련된 예산을 우선적 대상으로 삼는 것이 합리적이다(임성일, 2011).

고, 그 후 가이드라인은 참여예산위원회 등을 통해 지속적으로 개정해 나가는 것이 바람직하다).

(7) 주민참여예산에 의한 주민제안(공모)사업은 일단 확정되면 다음 해부터 고정비용이 될 가능성이 높은데(해당사업에 예산을 배정하지 않거나 예산액을 축소할 경우 큰 불만이 생겨날 수 있음), 이를 방지할 수 있도록 사업 연속에 대한 제한을 부여하거나 일몰제를 적용하는 방안을 실시할 필요가 있다. 그리고 주민참여예산 사업 중 2~3년에 걸치는 다년도 사업에 대하여는 성과를 평가하고 그 결과를 반영할 수 있는 제도적 장치를 마련해야 한다. 다시 말해서, 비록 주민참여예산사업(주민제안사업)이라 하더라도 성과평가를 실시하여 다음 해에 그 결과가 반영되는 시스템이 작동할 수 있어야 한다. 요약하면, 주민참여예산제도(주민제안예산사업)가 자칫 포퓰리즘에 의한 일종의 이벤트 형태로 고착되지 않고 중장기 지속 가능성을 유지할 수 있도록 지속적으로 제도 보완이 이루어져야 한다.

(8) 주민참여예산은 예산편성과정 외에 예산집행에 대한 모니터링 과정에서도 중요한 역할을 담당해야 한다. 이 과정에서는 예산과목 중 세부사업을 넘어 단위사업과 정책사업에 대하여 적극적으로 감시・감독을 할 것을 제언한다.

(9) 주민참여예산이 사업예산제도나 성인지 예산에 기여할 수 있는 중요한 부분으로 성과관리지표의 설정과 성과 모니터링을 실시하는 것을 제시할 수 있다. 예산집행에 대한 성과관리가 효과적으로 실시되기 위해서는 무엇보다도 성과지표가 객관적으로 선정되고 성과진행 상황에 대한 모니터링 기능이 활성화되어야 한다. 특히, 이 영역에 있어서는 주민과 시민사회가 중요한 역할을 할 수 있기 때문에 주민참여예산의 역할이 크게 기대된다. 지금까지 성과지표는 대부분 관계공무원과 전문가에 의해 구조화되었지만, 여기에 일반주민과 시민사회가 적극적으로 가세할 필요가 있다.

(10) 주민참여예산은 성인지 예산의 대상사업을 선정하고, 선정된 성인지

예산사업의 성과관리에도 적극적으로 기여해야 한다. 성인지 예산의 대상사업은 중앙정부(여성가족부, 기획재정부, 행정안전부)에 의해 선정기준이 제시되고 있지만, 현재로서는 그것이 튼튼한 이론적 기반이나 현실상황을 적절히 반영하는 것이라고 보기 어렵다. 따라서 정부는 일반주민과 시민사회가 성인지 예산의 대상사업 선정과정에 보다 적극적으로 참여하여 다양한 의견과 아이디어를 제시할 수 있도록 예산행정의 통로를 개방해 주어야 한다. 그리고 앞서 제시한 바처럼 주민참여를 통해 성인지 예산사업의 성과지표와 성과관리에 대한 개선방안이 제시될 수 있도록 문호와 기회를 개방할 필요가 있다.

(11) 주민참여예산과 성인지 예산 간의 관계는 주민참여예산위원회(분과위원회 등 각종 위원회)의 구성에 남성과 여성 비율을 안배하고, 각종 주민참여예산 활동과정에 양성을 배려하는 제도적 개선을 통해서도 연계성이 강화된다.

마지막으로, 주민이 관여하는 예산의 범위와 대상 문제 외에도 주민의 예산관여 방식에 대한 결정문제도 쟁점사안이다. 국내외의 사례를 살펴보면, 주민의 예산관여 방식은 기초단계라 할 수 있는 주민의 의견 제시와 수렴(consultation: 주민의견을 다양한 방법으로 수집하여 참고정보로 활용하는 수준) 방식으로부터 수집된 주민의견을 적극적으로 반영하되 최종 결정은 자치단체가 하는 방식, 그리고 주민들이 의사결정에 영향력을 행사하는 권한 부여방식(citizen empowerment: 주민들이 지방정부와 함께 의사결정을 하는 방식) 등 다양한 수준과 형태가 존재한다. 이에 대한 접근은 지역의 특성, 인구, 도시 규모 등에 따라 자치단체별로 크게 다를 수 있으며, 그 선택은 궁극적으로 지방에 의해 결정될 사안이다(임성일, 2011).

[표 4-6] 사업예산제도와 주민참여예산제도의 운영 연계방안

구 분	사업예산제도	주민참여예산제도
예산편성	• 사업 중심 편성 - 중장기 목표에 입각하여 성과계획서와 예산(안) 동시 작성 - 목표, 계획, 예산의 연계	• 예산편성 이전 주민의견 수렴 및 예산편성 과정에서의 주민의견 반영
예산서 형식	• 성과중심 예산서 - 사업단위 편성 ※사업설명서(정책·단위·세부사업) • 성과목표별 사업내역	• 예산서 첨부(부속) 서류 • 주민참여예산 사업 표시
예산운영	• 성과위주 예산운용	• 주민수요와 예산 성과 조화
결산	• 종합적·사업단위 결산	• 주민참여예산 대상 결산 (가칭 "시민예산 결산")
심사평가	• 목표와 연계된 성과중심의 평가	• 주민의견과 연계된 성과분석 • 재정운영과 연계한 성과분석
환류	• 성과보고서를 통한 성과평가 및 다음연도 예산에 반영	• 성과분석을 통한 사업예산 운영과의 연계
주민에 대한 효과	• 주민 판단/의사결정 재정정보 제공 • 투명한 예산운용	• 예산과정에의 주민참여로 재정민주주의 실현 및 투명성 제고 • 참여, 대화·협력, 형평성 구현

4. 예산 성과관리 측면에서의 예산제도 간 연계성 강화

4개 지방예산제도는 재정운영의 성과관리 측면에서 연계되어야 하는데, 이와 관련하여 거시적 관점에서 연계방안을 제시하면 다음과 같다.

첫째, 사업예산제도와 성과예산서 간의 연계가 확실히 이루어져야 한다. 사업예산제도는 도입의 배경과 목적이 재정지출의 효율과 성과를 향상시키는 데 있으므로 기본적으로 성과관리시스템을 장착하고 있다. 제도도입(2008) 이후 성과관리에 필요한 각종 제도적 장치(원가산정 등 예산·회계정보체제)의 미비와 공무원의 인식부족 등으로 인해 사업예산제도를 통한 재정성과관리가 제대로 이루

어지지 못한 것은 부인할 수 없는 사실이다. 이에 대해 정부(행정안전부)는 근년에 예산 성과관리를 목표로 각종 조치를 취하였고, 그 중에서도 특히, 성과예산서의 의무적 작성을 요구하는 강력한 조치가 단행되었다. 만일 이러한 조치가 실효성을 갖게 된다면 앞으로 사업예산제도와 성과예산서는 불가분의 관계에 놓이게 된다. 이러한 시점에서 향후 관건이 되는 것은 사업예산제도와 성과예산서가 실질적으로 연계성을 갖고서 상호 상승작용을 할 수 있도록 기존의 문제점을 보완, 개선해 나가는 일이다.

현재 사업예산제도의 사업관리 기본블록(building block)은 세부사업이며, 이를 중심으로 상위 예산항목인 단위사업, 그리고 하위항목인 편성목을 관리하는 운영체제를 취하고 있다. 이에 비해 사업예산제도의 성과관리 중심점은 정책사업과 단위사업이고, 이는 성과예산서를 통해 구체화되고 있다. 이것은 다시 말해서, 사업관리의 중심점과 성과관리의 중심점에 차이가 있음을 의미하는데, 이들을 일치시키는 방향으로 양 제도의 연계성을 도모할 필요가 있다. 물론 양자 간에 차이가 있을 수 있으나 예산관리의 종합성과 일관성 차원에서 되도록 양자가 일치하는 방향으로 연계를 강화하는 것이 바람직하다. 이와 관련하여 다음의 방안을 제시하고자 한다.

(1) 성과관리 관점에서 사업예산의 정책사업을 성과관리의 기본단위로 하여 성과계획서 - 성과예산서 - 성과보고서를 체계적으로 작성하도록 유도하는 조치를 취해 주어야 한다. 현재 지방자치단체가 가동하는 성과관리제도(BSC, 자체업무평가)는 고객관점, 직무관점에서 다루어지고 있는데, 이는 예산사업에 대해 성과를 평가하고자 하는 사업예산서의 접근과는 상당한 괴리가 있다. 현재 상당수의 지방자치단체가 운영하는 BSC 등 성과관리시스템을 예산 성과시스템과 직접적으로 연계하기는 곤란하다. 따라서 양자 간에 성과목표, 사업단위, 성과지표 및 추진시기 등을 연계·조정하는 방안을 새롭게 설계하는 것이 필요하다.[8] 그 이

8) 사업예산제도와 성과예산서의 연계 문제는 전략목표 - 성과목표 - 성과지표의 체계 속에서 예산 연계를 모색하는 것이 중요하다. 성과와 예산의 연계는 보다 직접적인 연계 방법과 조금 느슨한

유는 행정성과관리시스템과 재정성과관리시스템의 두 제도가 서로 분리되어 별도로 운영될 경우 예산집행 결과에 대해 성과를 평가하고 성과보고 등을 실시하는데 제약과 한계가 나타나기 때문이다.

(2) 성과목표 달성도와 예산집행 실적을 객관적으로 측정할 수 있는 적절한 성과지표(performance indicator)를 개발해야 하는데, 이 과정에서는 주민참여예산의 역량을 적극적으로 활용하는 접근이 필요하다(성과관리 측면에서의 주민참여예산과 기타 예산제도와의 연계). 성과지표가 실제로 조직부서의 핵심 활동을 측정하는 수단이고 성과를 예산과 연계시키는 기준이라는 점을 인식한다면 공공부문 주도의 성과지표 개발은 지양되어야 한다.

둘째, 성인지 예산제도와 사업예산제도 간의 연계를 성과관리 차원에서 강화해 주어야 한다(이 경우 바로 위에서 언급한 내용을 미루어 보아 성과예산서와의 연계는 자연히 강화될 수 있다). 성인지 예산제도는 도입 역사가 일천함에도 불구하고 적어도 형식적으로는 성과관리시스템을 일부 내장하고 있다(이는 국가 성인지 예산제도와의 연계성 차원에서 벤치마킹한 것으로 보인다). 현재 성인지 예산의 성과관리는 국가와 지방 모두 예산체계상의 세부사업에 초점을 두고 실시하는 것으로 파악된다. 이는 2012년 5월에 제시된 국가의 「2013년도 성인지 예산서 작성 매뉴얼」과 2012년 7월 말에 제시된 지방자치단체 성인지 예산서 작성기준(2013년도 지방자치단체 예산편성 운영기준 및 기금운용계획 수립 기준, 2012 참조)에서 세부사업별로 성과목표를 설정하도록 구체적으로 명시하고 있는 사실을 통해서 알 수 있다.

현재 지방의 성인지 예산서 양식(자치단체 예산부서 작성 양식)에는 중앙정부와 같은 성평등 목표를 요구하고 있는데, 이는 하부적으로 위계구조를 갖지 못

간접적 연계를 고려할 수 있으나, 우리나라의 경우 초기 단계인 점을 감안하여 조직부서 단위로 성과계획서를 작성하되, 성과평가 및 환류는 재정사업평가 등 사업평가를 위한 제도적 기반을 구축하고, 이를 토대로 성과를 예산에 반영하는 간접적인 연계 방법을 생각할 수 있을 것이다. 이와 함께 성과지표의 적용에서도 예산이 투입되어 성과가 나타날 수 있는 사업을 중점 관리하는 형태의 예산성과관리시스템을 고려할 수 있을 것이다.

하는 다소 막연한 성과목표에 해당한다. 현재 성평등 목표는 사업예산의 위계구조와 연계하여 일관성 있게 구조화된 것이 아닐 뿐 아니라 성인지 예산사업의 성과목표와도 전연 연계성을 갖지 못하고 있다. 한마디로, 거시적 젠더(gender) 목표를 피상적으로 선언할 뿐 실천성과 실질성을 담보하지 못하는 근본적인 문제를 안고 있다. 이것은 현행 성인지 예산제도(국가 및 지방성인지 예산제도)가 안고 있는 본질적 문제의 하나로 간주된다.

이러한 사실을 인식하면서 본 연구에서는 성인지 예산의 성과관리시스템을 사업예산제도 및 성과예산서와 연계하는 논거와 방안을 다음과 같이 제시하고자 한다.

현재 성인지 예산에 대한 성과관리시스템은 사실상 체계적으로 구축되어 있지 않은 것으로 파악된다. 그것은 성인지 예산사업에 대한 종합적 성과관리 위계가 정립되어 있지 않은 상태에서 각 성인지 예산 세부사업 단위에서 성과목표가 설정되도록 요구되고 있는 사실을 통해 알 수 있다. 지방자치단체의 예산시스템이 종합적, 거시적 차원에서 정책과 사업의 성과를 잘 관리하기 위해서는 성인지 예산제도와 사업예산제도 간에 긴밀한 연계성을 확보하여 두 제도의 성과정보를 최대한 활용하는 방식으로 구조화되어야 한다. 이것은 성인지 예산이 사업예산시스템과 완전히 분리된 그 무엇이 아니고, 사업예산의 큰 틀 아래에서 성 인지와 성 변수라는 특성을 반영하는 것이기 때문이다. 다시 말해서, 성인지 예산사업은 그것이 성인지 예산사업이기 이전에 사업예산 사업으로서의 속성을 갖는다.

따라서 성인지 예산사업의 경우 사업예산 사업으로서의 기본정보와 성인지 예산사업으로서의 기본정보를 논리적, 기법적으로 연계해줌으로써 전체 예산효과를 높여야 하는 과제가 생겨난다. 이는 특히, 성과관리 측면에서 매우 중요하다. 그것은 사업예산 사업으로서의 성과목표와 성인지 예산사업으로서의 성과목표를 기본적으로 연계시켜 종합적으로 관리해 나갈 때 예산시스템 전체의 성과가 극대화될 수 있기 때문이다.

현행 국가와 지방의 성인지 예산제도는 성과관리 측면에서 다음과 같은 중대한 문제를 안고 있다.

첫째, 프로그램 예산제도의 성과관리시스템과 성인지 예산의 성과관리시스템을 연계하는 제도적 장치가 결여되어 있다(어떤 의미에서 성인지 예산의 성과관리시스템이 존재하는지에 대해 의문이 드는 근본적인 문제도 제기된다). 둘째, 성인지 예산제도 전반을 체계적으로 관장하는 성과관리시스템이 구조화되어 있지 못하다. 현재 중앙정부와 지방자치단체의 성인지 예산사업은 모두 세부사업을 중심점으로 실시되고 있는 데 비해 사업의 성과관리는 중앙·지방 성인지 예산 모두 중심점을 분명히 설정하지 못하고 있다. 다만, 성인지 예산서에서 각 성인지 예산사업별로 성과목표를 제시하고 있는 점을 감안할 때, 성과관리 또한 세부사업을 중심으로 이루어지고 있는 것으로 간주할 수 있다. 그런데 문제는 세부사업 수준에서 제시된 성과목표가 세부사업의 상위 항목인 단위사업 및 정책사업과의 연계성이 없고, 또한 부서조직과 연계하는 시스템이 부재하다는 것이다([표 4-7] 참조). 성인지 예산사업의 성과를 올바로 관리하기 위해서는 무엇보다도 목표체계가 논리적 일관성을 갖고 실천 가능성을 담보할 수 있도록 구조화되어야 한다.

현재 중앙정부 성인지 예산이 제시하는 성과목표는 국가 차원의 거시적, (최)상위 목표(여성인력 활용, 여성권익 보호 등)와 세부사업 단위의 미시적 목표로 구성될 뿐, 양자를 연계하는 위계적(hierarchical) 목표체계가 구조화되지 못하는 문제점을 안고 있다. 이와 같이 성과목표체계가 위계적으로 구조화되지 못한 상

[표 4-7] 지방자치단체 성인지 예산의 예산편성 단위와 성과관리 단위

<table>
<tr><th rowspan="2"></th><th colspan="2">사업예산제도 성과관리</th><th rowspan="2">비고</th></tr>
<tr><th>기존
성과관리체제</th><th>성인지 예산
성과관리체제</th></tr>
<tr><td>분야</td><td></td><td>○</td><td rowspan="6">• 사업예산제도는 예산체제의 중간단위(정책/단위사업) 중심으로 성과관리
- 거시 성과관리 취약
* 최소 성과관리체제 구축
• 성인지 예산제도는 예산체제의 하위단위(세부사업 중심으로 성과관리)
- 거시·중간 성과관리 취약
* 예산사업을 고려하는 성과관리체제 미비</td></tr>
<tr><td>부문</td><td></td><td></td></tr>
<tr><td>정책사업(program)</td><td>○</td><td></td></tr>
<tr><td>단위사업</td><td>○</td><td></td></tr>
<tr><td>세부사업</td><td></td><td>○</td></tr>
<tr><td>기타
(세사업/편성목 등)</td><td></td><td></td></tr>
</table>

태에서는 기본적으로 위계구조를 갖는 예산사업의 구조(분야/부문/정책/단위/세부사업 등)와 병렬적, 수직적으로 일관성 있게 연계될 수가 없다. 이것은 다시 말해서, 현재와 같이 성과목표체계가 논리적으로 구조화되지 못하는 상황에서는 성과관리체제를 구현하는 수단에 해당하는 성인지 예산이 상・중・하위의 양성평등 목표체계를 일관적으로 구현하거나 관리할 수가 없다.

성인지 예산사업의 대상을 선정하는 것은 정책사업(프로그램) - 단위사업 - 세부사업 수준에서 접근할 수 있지만, 성과관리는 적어도 단위사업 이상의 수준에서 접근하는 것이 바람직하다. 이것은 성인지 예산의 성과관리 중심점을 현재의 세부사업에서 정책사업(program) 중심 체제로 바꾸는 것을 의미하는데, 이러한 주장에 대한 논거는 다음과 같다. 현재 국가와 지방자치단체 모두 성인지 예산 대상사업(지출부문)의 기본단위(블럭)를 예산과목체계상 세부사업 단위로 채택하고 있는데, 이는 성인지 예산의 거시적 관리와 중장기 발전 측면에서 바람직하지 않다. 이론적으로는 성인지 예산을 미시・거시 양 측면에서 체계적이고 종합적으로 관리할 수 있을지 모르지만, 현실적으로는 거의 불가능하다.

현행 예산제도상 수천 개의 세부사업이 존재(국가 약 7,000~8,000개, 지방자치단체 약 1,000~2,500개 사업)하고 있는데, 향후 이들 중 약 10%가 성인지 예산사업으로 확정될 것으로 가정하더라도 이들 각각에 대해 성과관리를 한다는 것은 사실상 매우 어려운 일이다. 그것은 수백 개의 사업에 대해 법령준수 관리와 성과관리를 동시에 수행하는 데 많은 인력과 비용이 소요되기 때문이다. 그뿐 아니라 세부사업 중 상당수는 국(주)민의 일상생활에 민감한 영향을 미치지 않고, 양성 평등의 관점에서도 의미와 상징성이 크지 못할 가능성이 있기 때문이다(임성일(d), 2012).

이러한 점을 인식할 때, 성인지 예산의 성과관리는 예산과목체계의 중간계층인 정책사업(분야 - 부문 - 정책사업 - 단위사업 - 세부사업) 수준에 초점을 두고 시행하는 것이 합리적이고 효과적이다. 그렇지 않을 경우 최소한 세부사업의 모체가 되는 단위사업 수준에서 실시되어야 한다. 성과관리의 초점을 정책사업에 맞추면서 그것이 양성 평등에 어떤 영향을 주는지를 평가하고 관리할 경우 거시적 관점에서 국민들이 공감하고 체감할 수 있는 변화가 나타날 수 있다.

[그림 4-6] 지방 성인지 예산 성과관리 체계: 사업예산 성과체제와의 연계

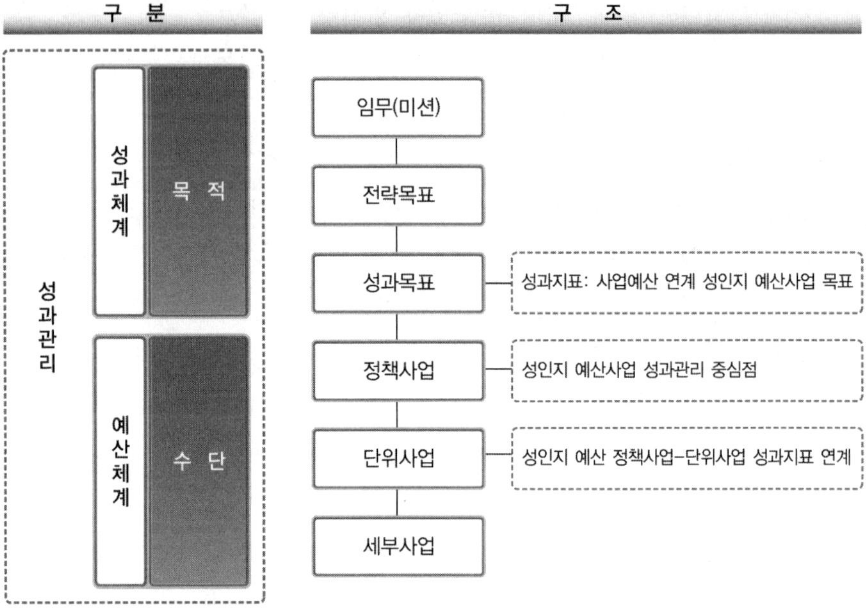

주: 성인지 예산의 실시단계 중심점(책임점)을 세부사업, 그리고 성과관리 중심점을 정책사업으로 가정한 경우임; 세부사업의 경우 사업목표는 제시되나 내부적으로 관리되며, 정책사업의 성과목표는 국민에게 공표됨.

성인지 예산사업은 양성평등효과가 필요한 크고 작은 모든 정책과 예산단위에서 이루어져야 한다. 그러나 성과관리는 보다 거시적인 관점에서 이루어지는 것이 바람직하다(성인지 예산의 편성단위와 성과관리 단위를 동일하게 접근할 수도 있고, 달리 접근할 수도 있다). UNDP, OECD, 여성가족부 등에서 제시하는 양성 평등, 여성권익 신장 등을 측정하는 지표들을 충족하기 위해서는 상당히 높은 단계의 예산과목 위계로부터 생성되는 재정정보가 필요하다. 만일 성인지 예산을 통한 양성평등이 어떻게 진보하고 있는지를 파악하고자 한다면 지금과 같이 세부사업에 초점을 두어서는 사실상 불가능하고, 보다 높은 예산과목 수준에서 접근할 때 가능해진다.

그리고 성과관리는 국가와 지방자치단체 내부적 목적과 대 국(주)민에게 유

용한 성과관리의 두 부문으로 구분해서 접근할 필요가 있다. 내부용은 성인지 예산사업 자체와 그것을 전담하는 조직의 성과관리에 중점을 두는 것으로 이 경우 세부사업과 단위사업 수준에 초점을 맞추는 것이 합리적이다. 외부용은 국민에게 공표하는 것으로 개별 성인지 예산사업보다는 여러 사업들을 포괄하는 프로그램(정책) 또는 그 이상의 수준에서 진행되는 양성평등의 개선성과를 종합적으로 관리하고 공개하는 데 중점을 두어야 한다. 예산체제 중 정책사업은 대체로 보아 정부의 정책의지를 대표하는 특성을 가지므로 이들의 성과변화는 국(주)민에게 의미가 있는 정책효과와 정보 유용성을 제공할 것으로 생각한다. 성과목표의 경우 매년 관리해야 할 것과 중장기적으로 관리해야 할 것을 구분해서 접근할 필요가 있다.

사업예산제도의 사업성과 관리 수준과 다른 예산제도와 관련된 사업의 성과관리를 동일한 예산과목 수준으로 일치시키는 것은 다음과 같은 측면에서 합리성을 지닌다. 그것은 성과정보의 수요자 입장에서 일관된 비교정보를 가질 수 있고, 정책결정자 입장에서도 의사결정의 표준화가 가능하다는 점에서 중요한 의미가 있다. 그러나 이러한 수준 조정은 반드시 획일화될 필요가 없고, 지방자치단체별로 자신에게 적합한 방식으로 다소 유연하게 접근하는 것이 바람직하다. 따라서 어떤 형식이던 상호 간에 객관적인 비교가 가능하고 그를 통해 평가정보와 의사결정정보가 입수될 수 있도록 예산제도의 연계 구조가 수립되어야 한다는 점이다. 특히, 중요한 사실은 성인지 예산사업이나 주민참여예산사업이 사업예산이 내포하는 재정사업들과 완전히 분리된 별종의 사업이 아니라는 사실을 인식하는 것이다.

셋째, 주민참여예산에 성과관리시스템을 구축해 주는 동시에 그것을 사업예산제도 및 성과예산서와 직접적으로 연계시킨다. 현행 주민참여예산제도에서는 성과관리에 관한 영역이 사실상 도외시되고 있고, 이에 대한 정책적 접근 또한 전연 이루어지지 않고 있는 상태이다. 대다수의 지방자치단체들이 제도 도입과 주민과 시민사회의 요구를 수용하는데 급급한 나머지 주민이 제안하는 사업에 대한 효율성 점검(efficiency check)이나 성과관리에 관한 사항들은 사실상 방관하고 있는 상태이다. 냉정하게 본다면 주민이 요구하는 사업이라고 할지라도 그

것이 자치단체의 예산사업으로 채택될 경우 지방자치단체는 다른 예산사업과 마찬가지로 해당사업을 예산성과관리시스템에 포함시켜 성과를 관리하는 것이 마땅하다. 그러나 지금까지는 주민이 예산편성에 의견을 제시하거나, 자치단체가 지역단위로 일정한 예산을 배정하는 주민참여사업을 실시하는 과정에서 예산지출의 성과관리에 대한 문제는 전연 다루어지지 않고 있다. 재정지출의 효율과 성과에 관한 문제는 주민이 관여한 결과 특정사업이 예산에 편성되었다고 해서 그 강도가 줄어들거나 무시되는 성격에 속하지 않는다. 효율과 성과원리는 원칙적으로 모든 재정지출에 대해 엄격히 적용되어야 하는 새 시대의 재정관리 규칙에 속한다.

이러한 사실을 인식할 때, 주민참여예산 분야에도 그에 적합한 성과관리시스템을 만들어 주어야 할 필요가 있다. 예를 들어, 주민제안사업을 통해 특정지역에 3억원의 사업비가 배정되고 이에 대해 지역주민이 중심이 되어 사업을 수행한다고 가정할 때, 지방자치단체는 주민제안사업의 수행과 관련된 성과관리프로그램을 개발해야 한다. 이와 관련하여 몇 가지 정책제언을 하면 다음과 같다.

(1) 성과관리프로그램은 지방자치단체와 주민, 시민사회(전문가 포함) 등이 머리를 맞대고 협력적으로 개발하는 방식을 취해야 한다. 여기에는 성과평가 대상, 성과평가 방식, 다음 예산 반영(feedback), 성과측정지표, 모니터링 등에 관한 사항들이 포함된다.

(2) 주민참여사업의 성과관리의 대상수준을 가능하면 예산과목체계의 세부사업 중심으로 설정할 것을 제시한다. 현재 주민참여예산제도의 성과관리 수준에 대한 정책이나 실무지침이 전연 없는 상태인 점을 감안하면 성과관리의 대상수준을 결정하는 것도 우선 시급한 과제가 된다. 현실적으로 주민이 가장 많이 관여하게 되는 예산과목 수준이 세부사업일 가능성이 크므로 성과관리가 세부사업 중심으로 이루어지는 것이 합리적이다. 만일 주민들이 다소 욕심을 내어 세부사업의 수준을 넘어서서 단위사업과 정책사업에 구체적으로 관여하게 된다면 문제가 상당히 복잡해지게 된다. 이 경우 주민참여예산에서 할 수 있는 최대한의 범위는

관련사업에 대한 성과관리의 목표·지표의 제시나 절차에 관한 사항 그리고 사업 전반에 대한 의견 제시 등에 국한되어야 한다. 주민들의 위치와 역량(책임성, 전문성, 중립성 등)이 사업전체의 수행과 관련된 의사결정을 할 만한 입장에 있지 않다는 사실을 인식할 때 그 이상의 관여는 사회적으로 바람직하지 않다.

(3) 성과관리에 있어서 주민참여예산과 성인지 예산의 연계성을 강화할 필요가 있다. 앞서 몇 차례 강조한 바와 같이 두 예산제도는 사회적 형평과 참여 등 기본가치를 공유하고 있기 때문에 성과관리 측면에서도 가능한 많은 범위에서 연계성을 확보할 필요가 있다. 그 방안으로 성인지 예산의 성과목표와 성과지표를 선정하는 과정에 주민의 참여(예컨대, 주민참여예산위원의 의무적 참여, 위원 할당, 주민의견 제시 등)를 적극적으로 유도하는 한편 예산모니터링, 결과의 평가 등에도 주민참여예산의 역할을 확대하는 대안을 제시한다. 주민참여예산은 예산의 편성과정에서 주민의 목소리와 의견을 반영하는 데만 중점을 두는 것이 아니라 예산의 성과관리에도 목소리와 지혜를 경주하는 역량과 장점을 지닌다.

(4) 향후 지방예산제도의 성과관리는 대 국(주)민 공표(거시적 성과관리)와 지방자치단체의 내부관리 성과관리(미시적 성과관리) 대상으로 구분하여 접근할 필요가 있다. 거시적 성과관리(대 국(주)민 공표)의 경우 사업예산제도, 성과예산서, 성인지 예산제도는 정책사업 부문을 중심점으로 설정하고, 미시적 성과관리(내부관리용)는 세부사업 단위로 설정하는 것이 합리적이다. 다만, 주민참여예산의 경우 그 대상(특히, 주민제안사업)이 대부분 세부사업에 속할 가능성이 크기 때문에 세부사업을 거시·미시적 관리의 대상으로 채택하는 것이 합리적이다.

[표 4-8] 지방예산제도별 예산체계상 사업관리와 성과관리 현황(현재)

예산과목체계	사업예산	성과예산	주민참여예산	성인지 예산
분야				
부문				
정책	○, □	□		
단위	○, □	□		
세부	○		○	○, □
편성목	○			

주: ○, □ 표시는 각각 사업(예산)관리, 성과관리 측면에서 현재 실제로 구현되고 있는 것을 의미함.

[표 4-9] 지방예산체제와 지방예산제도별 중점 연계 관점(미래)

구분	사업예산제도	성과예산서	주민참여예산제도	성인지 예산제도
	• 운영체계 • 의사결정정보체계 • 세입세출예산 분류/hierarchy	• 예산성과 관리 • 재정책임성 기제 • 예산항목 중심의 예산-성과 연계관리	• 의사결정 기제 • 예산 governance	• 예산배분시스템 • 예산기법 • 성과관리/영향분석
분야				
부문				
정책	◎	◎		◎
단위	○	◎		
세부	◎(내부관리)		◎(내·외부관리)	◎(내부관리)

주 1: ◎, ○ 표시는 각각 핵심 중점단위, 중점단위를 의미함

주 2: 향후 거시적 성과관리(대 국(주)민 공표)는 사업예산제도, 성과예산서, 성인지 예산제도는 정책사업 부문을 중심점으로 설정하고, 미시적 성과관리(내부관리 용)는 세부사업 단위로 설정하는 것이 합리적임; 다만, 주민참여예산의 경우 그 대상(특히, 주민제안사업)이 대부분 세부사업 단위일 가능성이 높기 때문에 세부사업을 내·외부관리의 대상으로 채택하는 것이 합리적임.

마지막으로, 성과관리 및 성과지표의 관점에서 예산제도 간의 연계를 다음과 같은 관점에서 기술해 보고자 한다.

성과관리 및 성과지표 측면에서 각 예산제도가 연계를 이루고 당초 설정한

조직의 정책목표를 구현하기 위해서는 우선 사업예산의 구조화가 조직의 임무와 비전을 담은 전략목표를 정점으로 하여 조직부서의 기능과 핵심활동을 체계적으로 분류해야 한다. 이러한 성과관리시스템의 기본구조가 설정된 후에는 사업예산에 편성된 사업을 대상으로 성과예산서의 성과목표, 성인지 예산대상사업의 성평등 목표, 주민참여예산사업의 성과목표 등을 조화시키는 것이 중요하다. 이와 관련하여 다음과 같은 정책제언을 하고자 한다.

첫째, 성과예산서는 기본적으로 조직부서(실국)의 전략목표를 설정하고 이를 실현하기 위한 성과계획과 예산을 편성하는 것을 기본으로 한다. 성과계획에는 전략목표-성과목표(정책사업) - 성과지표 - 세부사업과 예산액을 전년 대비로 표시하고 있다. 따라서 성인지 예산서의 경우에도 조직부서의 전략목표를 설정할 시에 성인지 관점에서의 전략목표 — 예컨대, 양성평등 정책 구현, 여성인권 보호 및 예방, 여성인력의 활용 제고 — 를 파악할 수 있도록 성과목표를 설정하는 것이 필요하다.

둘째, 주민참여예산의 경우에도 사업예산 중 주민참여 예산사업에 대해 구현하고자 하는 사업의 목표와 성과를 명확하게 제시함으로써 통합적인 성과관리를 통해 재정운영의 책임성과 투명성을 제고시켜야 한다.

[표 4-10] 성과관리 및 성과지표 관점에서 예산제도 간의 연계 확보 방안(예시)

정책사업	단위사업	세부사업	성과지표
여성복지증진	여성능력개발 및 사회참여 확대	여성인력개발 지원	• 수혜자 수(성과예산) • 여성창업 및 취업증가율(성과예산) • 수혜자 성별 취업률(성인지 예산) • 여성인력 리더십 교육만족도(성과예산)
		경력단절여성 취업지원	
		여성취업인력 육성사업	
		양성평등 문화 확산	
	다양한 가족정책지원 및 취약여성 권익증진	여성자원봉사활동 지원	• 여성경제활동참가율(성과예산) • 수혜자 성별 만족도(성인지 예산) • 지원서비스 수혜가구(성과예산) • 한부모 자립지원 대상자 만족도(성과예산)
		여성사회참여 확대사업	
		아이돌보미 지원사업	
		저소득 한부모 가정지원	
		가정폭력, 성폭력 재발방지	

셋째, 성과지표의 경우 성과예산서는 정책사업과 단위사업을 중심으로 성과목표를 측정하기 위한 성과지표를 설정하고 5개년에 해당하는 실적 및 목표치를 제시하고 있다. 반면에 성인지 예산서의 성과지표는 예산이 여성과 남성에게 미치는 영향을 분석하고 그 결과를 예산에 반영하고자 하는 지표의 특성을 지닌다. 따라서 성인지적 관점에서의 성과지표 책정은 사업집행 결과 예산이 양성평등과 성별격차가 해소되었는가를 측정하는 데 그 핵심이 있다. 성인지 예산사업을 통해 성별로 균등하게 예산이 편성되어 정책의 혜택이 고르게 배분되는 경우 효율성과 형평성이 향상되는 결과를 가져올 것이다. 따라서 성과예산서 편성에 있어서 성인지 예산과 주민참여예산의 성과목표와 성과지표를 고려하는 것이 필요하다. 특히 성과지표는 산출물로 표시되는 산출지표도 중요하지만 서비스 결과를 표시하는 결과지표 — 만족도, 이용향상도, 서비스개선 등 — 를 포함하는 표준성과지표를 개발하는 작업이 요구된다.

5. 재정정보시스템(e-호조)에 의한 정보공유 측면의 연계성 강화

우리나라의 지방재정 정보화는 2003년 12월에 재정정보화를 위한 BPR/ISP 수립으로부터 시작하여 지방재정관리시스템 핵심분야 개발, 시범운영 및 확산단계, 지방재정관리시스템 DB 및 고도화를 거쳐 현재의 지방재정관리시스템(e-호조시스템)을 구축하기에 이르렀다. 지방재정관리시스템은 여러 하위시스템으로 구성되어 있으나, 핵심적인 시스템은 재정정보시스템, 재정통합결산, 의사결정지원시스템이다.

재정정보시스템은 현재 사업예산제도와 발생주의·복식부기회계제도를 중심으로 예산과 결산, 수입과 지출, 자산과 부채에 관한 업무를 처리하는 역할을 수행한다. 특히, 자산과 부채 영역은 기존의 현금주의에서는 다루지 않았던 새로운 기능으로 자산의 취득, 자산의 사용에 따른 감가상각, 자산처분에 의한 손익거래, 건설 중인 자산의 관리 등에 대한 정보를 취급한다. 부채관리에 있어서도 지방채 발행 및 상환을 비롯하여 채무부담행위, 보증채무, 세입세출 외 현금 등을 포괄하여 처리한다. 재정통합결산은 자치단체별 예산회계 및 재무회계 결산 관련 업무를 처리하고 통합재정통계 업무를 담당하는 기능을 갖는다. 의사결정지원 시스템은 지방행정서비스의 제공과 관련하여 정책결정이나 사업효과분석 등 의사결정을 지원하는 데 필요한 정보를 생성하고 관리하는 재정정보관리시스템이다. 이는 기본적으로 지방재정관리의 고도화를 통해 추세분석, 지방자치단체 간 비교분석, 나아가 재정 예측 및 성과관리를 위한 정보를 제공하는 기능을 담당한다([그림 4-7] 참조).

이러한 지방재정관리시스템(e-호조)은 사업별 예산제도를 포함하여 세입징수로부터 예산계획, 예산의 편성 · 집행, 회계처리 및 결산, 성과측정 및 평가가 모두 하나의 시스템에 연계되어 통합적으로 운영된다. 그러나 본 연구의 대상이 되는 4개 지방예산제도 중 성인지 예산, 주민참여예산, 성과예산서에 대한 예산회계정보는 아직 연계의 접점조차 설정하지 못하고 있는 상태이다. 이는 다시 말해서 4개 지방예산제도 전체를 포괄하는 통합재정시스템이 구축되지 못하고 있음을 의미한다. 앞으로 본 연구가 추구하는 각 예산제도 간의 연계가 제대로 구현되기 위해서는 무엇보다도 4개 지방예산제도가 생성하는 재정정보들이 e-호조시스템에서 정합성을 갖추면서 종합적으로 산출되고 관리될 수 있는 시스템을 구축하는 것이 매우 중요하다.

특히, 지방자치단체의 예산운영시스템인 사업예산제도를 중심으로 하나의 사업단위(정책 · 단위 · 세부사업)가 성과예산, 성인지 예산, 주민참여예산의 대상사업에 해당하는 경우 각 예산제도 간의 연계 부분(예산과목, 예산사업, 예산과정, 성과목표, 성과지표 등)을 정보시스템에 표시함으로써 업무수행 부서 간의 협의 · 조정은 물론 각종 자료와 정보를 공유할 수 있다. 이를 통해 의사결정과정의 투명성과 업무 효율성이 제고되고 예산운용에 대한 성과와 정책효과가 향상될 수 있다.

[그림 4-7] 현행 통합지방재정관리시스템의 기본구조

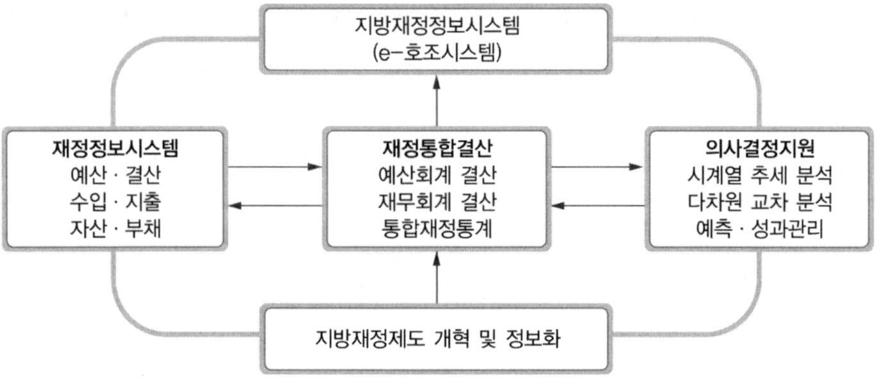

지방예산제도들 간에 정보 공유가 이루어지지 않고 있는 현실 상황에 대해서는 앞에서 확인하였다. 정보의 공유와 공개가 현대 행정에 있어서 매우 중요한 요소인 점을 인식할 때, 재정정보시스템(국가의 경우 d-brain 시스템, 지방자치단체의 경우 e-호조 시스템) 상에서 4개 예산제도의 운영정보들이 전체적 · 개별적으로 공유될 수 있는 체제를 구축해 주는 것이 매우 중요하고 시급하다. 이들 정보는 지방자치단체 내부적으로 유용하게 활용될 뿐 아니라 국(주)민을 포함한 이해관계자의 관점에서 중요한 의미가 있다. 특히, 국(주)민의 관점에서 반드시 알 필요가 있는 정보를 다양한 형태로 가공하여 국민의 눈높이에 맞추어 적시에 공개해 주면 이는 국민의 알 권리를 충족시켜 주고 시민사회의 예산활동에 대한 감시 역량과 견제 기회를 진작시켜 주는 데 크게 기여한다. 그뿐 아니라 이러한 정보공개는 주민참여예산제도의 활성화 차원에서도 매우 중요한 역할을 한다.

제3장의 현황분석에서 적시된 바와 같이 현행 지방재정정보시스템(e-호조)은 주로 사업예산에 관한 정보를 내장하고 있을 뿐 성인지 예산, 주민참여예산, 성과예산서와 관련된 정보들을 포함하지 못하고 있는 상태이다. 이것은 다시 말해서, 각 예산정보가 전체의 관점에서 통합적으로 관리되지 못하고, 예산제도 상호 간에 정보가 공유되지 못하고 있음을 시사한다. 비록 성인지 예산과 주민참여예산이 부속서류의 형식으로 지방의회에 제출되고 있지만, 그 속에 담겨 있는 재정정보 가운데는 중요한 내용들이 적지 않다. 따라서 향후에는 성인지 예산과

주민참여예산의 핵심 예산정보들을 사업예산의 정보시스템과 연계 공유시키는 방향으로 e-호조시스템을 개선할 필요가 있다. 이를 위해서는 e-호조시스템의 사업예산 중 성인지 예산에 해당하는 사업에 대해 “G” 표시를 한 다음 클릭(click)을 통해 팝업(pop-up) 창을 개설하고 그 속에 성인지 예산에 관한 정보가 구현되는 시스템을 구축할 것을 제시한다.

주민참여예산의 경우에도 이와 비슷한 접근을 시도할 수 있다. 예를 들어, 주민참여예산사업에 대하여는 “C” 표시를 한 다음 클릭(click)을 통해 팝업(pop-up) 창을 개설하고 그 속에 주민참여예산에 관한 정보가 구현되는 시스템을 구축할 것을 제시한다. 다만, 주민참여예산의 경우 다른 예산제도와 달리 검토해야 할 정보의 내용과 대상 면에서 차별성이 있으므로 이에 유의해서 접근할 필요가 있다. 어떤 면에서 지방예산제도들 간의 정보 공유 측면에서 가장 어려운 부분이 주민참여예산과 관련된 각종 정보를 어떤 수준에서 어떤 방식으로 처리할 것인지를 결정하는 문제라고 말할 수 있다. 그 이유는 성인지 예산이나 성과예산서는 정부가 예산과목체제를 중심으로 표준화된 정보시스템을 만들 수 있는데 비해 주민참여예산에 대하여는 이러한 접근을 취하는 데 있어서 다소 한계가 있기 때문이다. 주민참여예산과 관련된 재정정보는 예산체제 내의 예산사업 정보 외에 예산체제 밖의 다양한 정보들(의사결정에 관한 정보, 주민의 요구와 바램, 의견, 비판 등)을 많이 필요로 하기 때문에 그러하다. 이러한 사실을 인식할 때, 주민참여예산의 경우 2단계로 구분하여 정보공유체제를 구축하는 방안에 대해 검토해 볼 필요가 있다. 구체적으로 언급하면, 제1단계는 사업예산제도, 성과예산서, 성인지 예산과 동일한 표준화된 사업체제에 초점을 두는 예산정보시스템을 구축하는 것이고, 제2단계는 이를 포함하여 예산편성에 대한 의사표현과 의사결정과정에서 발생하는 주요 정보들을 포함하는 확장된 예산정보시스템을 구축하는 것이다. 제1, 제2단계 모두 핵심정보는 e-호조상에서 공유될 수 있는 체제가 구축되어야 한다.

본 연구에서는 4개 지방예산제도들 간에 공유되어야 할 핵심정보를 다음과 같이 제시하고, 이들이 e-호조시스템상에서 실시간 또는 일정한 기간을 두고 공유될 수 있도록 시스템을 개선할 것을 제시한다.

〈성인지예산 사업의 e-호조 기입 및 성과관리 예시〉

· e-호조 성인지대상사업(G코드 부여) 입력표시 사례(성인지 반영 부분)

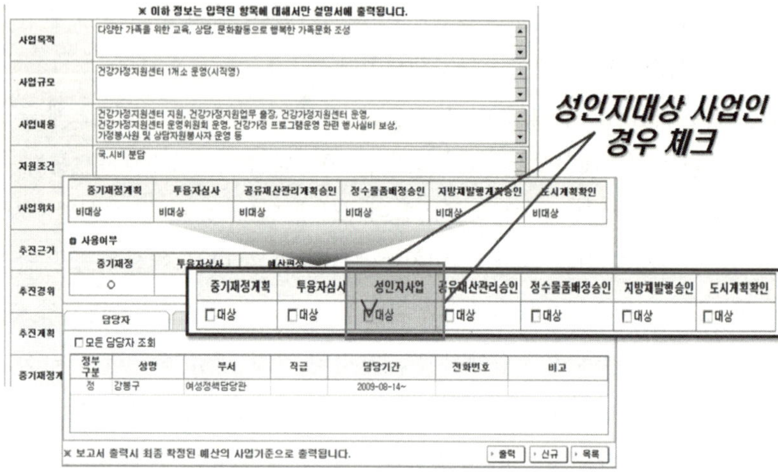

· e-호조 성인지 사업(성과)관리 시스템 구성도(안)

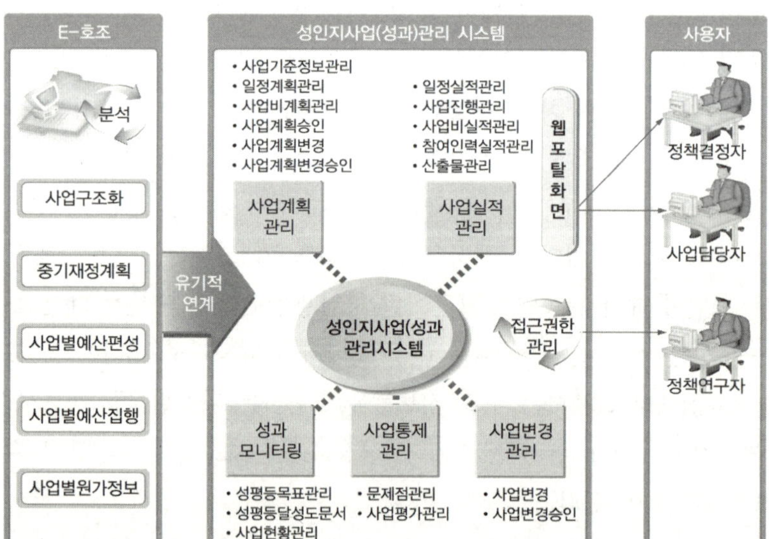

자료: 임성일 외(2011), 지방자치단체 성인지예산제도 인프라구축방안, 여성가족부 연구보고서 (2011-35) 참조

(1) 부서별, 분야별 사업계획
(2) 유관부서/조직 간 예산업무 연계가 필요한 내용과 업무연계(협력) 진행 상태
(3) 사업별 성과목표-성과지표-예산집행 성과 및 결과
(4) 주민참여예산과 성인지 예산의 대상사업 및 예산요구내역
(5) 각 예산제도 운영의 평가결과
(6) 기타 예산의사결정의 객관성, 종합성을 담보하는 필수 예산정보

이와 같은 정보 공유가 이루어진다면 의사결정 주체는 언제라도 전체 예산의 흐름과 상태를 파악하면서 특정사업에 대한 개별 정보와 연계정보(4개 예산시스템 중에서 몇 개의 시스템과 연계되고 있고, 그것이 어떤 상태와 문제에 직면하고 있고, 상호 공유할 수 있는 예산 성과가 무엇인지에 대한 정보)를 갖게 된다. 이는 공무원들이 처리해야 하는 예산업무의 흐름을 유연하게 해주고, 유관부서 간의 의사결정 정보 네트워킹(networking)을 유기적으로 해주는 데 결정적으로 도움을 준다. 앞서 파악한 바와 같이 성인지 예산의 경우 지방자치단체의 내부 가버넌스가 단체장을 중심으로 예산부서와 여성담당부서 그리고 기타 부서로 연관되어 형성되는데, 현재 이들 업무주체 간에 업무의 흐름과 정보 네트워킹 측면에서 사실상 단절된 양태가 나타나고 있다. 만일 이러한 상태에 대해 새로운 제도적 장치를 통해 보완・교정해 주지 않는다면 각 부서는 법적, 제도적 요건을 형식상으로 충족하는데 급급할 뿐 본래 제도가 추구하는 취지와 목적을 달성하는 것과는 거리가 먼 행태를 보일 가능성이 높다. 그러나 앞으로 e-호조시스템의 개선과 내부 교육 및 협의・교류의 장(간담회, workshop, 전략회의 등)을 강화해 줄 경우 지방자치단체 내부(공무원 조직)의 업무 흐름과 정보 흐름의 공유 및 협력적 관계가 형성되어 지방예산제도의 시너지 효과가 크게 향상될 수 있다.

e-호조상에서 성인지 예산의 필수정보에 바로 접근할 수 있을 때 지방자치단체는 통합적 관점에서 정보관리를 할 수 있고, 나아가 지방자치단체의 예산의사결정을 객관적, 종합적 관점에서 할 수 있도록 도와준다. 이는 성과예산서나 주민참여예산제도에도 마찬가지로 적용된다. 예를 들어, 특정 예산사업을 클릭

하였을 경우 해당사업이 4개 예산 전체와 관계를 갖고 있다면 그에 대한 종합정보가 생성될 수 있다(현재는 이러한 정보가 전연 제공되지 않고 있다). 마찬가지로 전체 사업 중 2개 사업이 연관되거나, 3개 사업이 상호 연관되는 경우, 아니면 단독사업(사업예산에만 관계)일 경우에도 해당사업에 대한 종합정보를 입수할 수 있고, 이를 전체적 관점과 개별적 관점에서 비교 검토할 수 있는 유용함이 나타난다(현재는 관계부서만 특정사업에 대한 정보와 정책을 갖고 있다).

성과예산서의 경우 향후 어떤 예산정보와 성과정보를 e-호조상에서 연결시킬 것인지가 핵심과제인데, 이를 해소하기 위해서는 필수 핵심정보를 선정한 다음 첨단 전산기술을 최대한 활용하여 원활한 정보 공유와 정보 흐름을 만들어내는 노력과 창의가 반드시 필요하다.

끝으로, 국가와 지방자치단체 간에 성인지 예산회계 및 재정통계에 대한 재정정보를 연계시키는 시스템을 구축해야 한다. 이를 위해서는 국가재정정보시스템 즉, ‘d-brain system’과 ‘e-호조시스템’의 연계가 필요하며, 여기에는 성인지 예산관련 사업, 사업내용, 사업의 성별 파급효과, 사업성과, 기타 유의미한 정보의 연계조치가 포함되어야 한다. 그 밖에 예산회계 · 재정정보시스템을 활용한 ‘지방 성인지 재정분석시스템’을 개발하거나 성인지 예산정보의 투명성(transparency), 적정성(relevancy), 적시성(timeliness)을 확보해 주는 것도 예산제도의 발전과 시너지 효과 차원에서 중요하다.

종합적으로, 본 연구는 지방예산제도의 기반이 되는 사업예산제도를 예산운영의 허브(hub)로 삼고 성과예산서, 성인지 예산, 주민참여예산을 상호 연계된 하위시스템으로서 인식하면서 4개 예산제도간의 정보 연계를 도모하는 접근을 취하고 있다. 여기서 연계란 각 예산제도 운영과정에서 산출된 정보를 연결하는 것을 말하며, 이를 용이하게 해주기 위해서는 통합재정정보시스템의 구축이 필요하다(통합재정정보시스템은 IT를 기반으로 각각의 예산제도에서 산출하는 재정정보를 연결시키는 현재보다 확장된 재정정보시스템을 뜻한다). 전자기기(전산시스템) 간의 인터페이스(interface)가 가능하기 위해서는 여러 가지 기술적 표준화가 필요한 것처럼 예산관리제도 간의 연계를 위해서도 일정한 표준이 마련되고 필요한 조건들이 충족되어야 한다. 구체적으로 지적하면, 본 논문에서 지금까지 나름대로 제시한 정책방안(거시 · 미시적 제도 및 행정조치, 운영주체의 인식변화와 교육 등)이 표준화된 필요조건이라고 말할 수 있다. 다만, 예산제도 간에 공유되고 통합되어야 할 정보를 어떤 방식으로 연결할지에 대한 문제는 방법론적, 기술적 사안으로서 본 연구의 능력과 범위를 넘어선다.[9)]

6. 기타 지방예산제도 간 연계성 강화방안

가. 세입·세출 측면과의 연계성

지방재정의 세입에 초점을 맞추면 사업예산제도를 제외한 나머지 3개 예산제도는 현재 세입부문과의 관계가 매우 낮은 상태에 있다. 제도의 특성과 운영실태를 파악하면, 사업예산제도는 지방세 등을 포함하는 모든 세입요소를 관리하는 장치를 갖고 있는 반면 성과예산서, 주민참여예산, 성인지 예산은 세입과는 무관한 채 지출(예산지출사업)하고만 관련성을 갖는다. 이는 다시 말해서, 성과예산서, 주민참여예산제도, 성인지 예산제도는 예산체제 중 한 부분(즉, 지출)에만 중점을 두고 또 다른 한 부분(즉, 수입)에 대하여는 사실상 도외시하고 있음을 의미한다. 이러한 예산시스템은 앞으로 변화되어야 한다. 구체적으로, 모든 예산제도가 세입부문에도 관심과 기능과 역할을 확대해 나가야 하며, 이런 관점에서 향후 지방예산제도 간의 연계성 확보문제는 세입부문에서도 발생할 것으로 예상된다. 이와 관련하여 몇 가지 정책제언을 하면 다음과 같다.

첫째, 성인지 예산은 현재의 제한된 지출사업에서 벗어나 사업대상을 확대하는 동시에 세입부문에서도 사업대상을 확보해야 한다. 우리나라의 경우 현재까지 국가나 지방의 성인지 예산 대상사업은 매우 제한된 재정지출사업에 국한하여 선정되어 왔다. 그러나 선진국의 경우 지방세 정책이나 세외수입 부문에서

9) 현 단계에서는 관계부서 간, 이해주체 간(지방자치단체와 주민 등 외부이해관계자 간)에 공유되고 협조되어야 할 정책적, 제도적 내용이 무엇이고 반드시 공유되어야 할 재정정보가 무엇인지에 대한 검토와 분석이 이루어지지 않고 있다. 본 연구는 이러한 현재의 문제점을 개선하는데 일조하고자 하며, 특히 정책적 · 제도적 측면에서 그러하다.

도 성인지 내지 성 관점(gender perspective)을 적용하여 분석・평가하는 시도가 많이 이루어지고 있다. 이것은 우리나라도 성인지 예산이 정착단계에 이르면 세입부문에서도 성인지 예산을 적극적으로 구현할 사회적 필요가 생겨날 수 있음을 시사한다. 앞으로 지방의 성인지 예산은 지방세(예컨대, 재산세)의 세율 변동이나 사용료・수수료의 요율(가격) 변동과 관련된 사항들을 예산편성의 대상에 포함시키는 시도가 필요하다.

둘째, 성인지 예산과 마찬가지로 주민참여예산제도 또한 재정지출 중심으로만 추진될 것이 아니라 재정수입부문(특히, 지방세 세율, 사용료・수수료의 요율 결정, 지방채 발행 등)에서 활동의 역량을 강화하고 그 영역을 확대하는 시도가 이루어져야 한다. 이를 위해서는 주민 스스로의 노력과 관심이 고양되어야 함은 물론 시민사회와 정부(국가와 지방자치단체)가 그와 관련된 사회적 인프라와 예산회계 인프라를 강화해 주어야 한다.

셋째, 주민참여예산과 성인지 예산이 세입부문에서 새로운 활동 영역과 대상을 확장할 경우 그 과정에 관심을 두고 지방예산제도 상호 간에 시너지를 확보할 수 있는 새로운 제도적 연계점을 발견하고 강화해야 한다.

종합적으로, 사업예산제도를 포함한 4개 지방예산제도는 중장기적으로 기존의 세출부문에서의 역할을 크게 확대함은 물론 세입부문에서도 새롭고 다양한 기능을 수행할 것으로 예상된다. 앞으로 만일 지방의 과세권(taxing power)이 확대되고 재정민주주의가 발전한다면 지방세 세율과 과표의 변화에 대해 주민의 관여와 의견 제시가 빈번해질 가능성이 높다. 마찬가지로 지방채 발행에 대해 주민의 동의를 필요로 하는 상황이 발생하고, 남성과 여성의 공평한 예산수혜에 대한 사회적 관심과 요구가 강하게 표출될 가능성이 커진다. 이러한 변화를 예측해 볼 때, 향후 주민참여예산이나 성인지 예산의 영역은 다양하면서 적극적으로 확대될 가능성이 크다.

[표 4-11] 지방자치단체 예산제도 간의 관계: 세입 관점에서의 연계 확보

예산과정	사업예산제도	성과예산서	주민참여예산	성인지 예산
자체수입 - 지방세 - 세외수입	○	• 자체수입 항목과 연계 확보 (*현재 없음)	• 지방세 세율 • 사용료·수수료 • 지방채 발행 등	• 중장기: 지방세, 사용료·수수료 영역 진입
이전재정 - 교부금 - 보조금	○	• 이전재정 항목과 연계 확보 (*현재 없음)	• 보조사업 중 일부 선정 가능	• 국고보조사업 • 중장기: 보조금, 지방교부세 배분 관여
지방채	○	• 지방채 항목과 연계 확보 (*현재 없음)	• 주요 지방채 발행 주민 동의	• 기채사업 중 양성평등사업 관여

주 1: ○표시는 각 세입부문(항목)과 직접적 관계가 있음을 의미함.

주 2: 주민참여예산의 주요 사업대상으로 국고보조사업을 고려해 볼 수 있음.

나. 이해관계자 측면의 연계성

이해관계자의 입장에서 예산제도 간의 연계를 모색하는 것도 중요한 의미가 있다. 예산제도는 기본적으로 지역주민과의 수치로 된 약속(수입과 지출에 대한 약속)을 계획하고, 편성·집행하고, 분석·평가하는 것을 핵심으로 한다. 그러므로 예산의 운영과 관련하여 가장 우선적으로 고려해야 할 이해관계자는 주민이다. 주민 외에도 예산을 직접 계획·편성하고 집행하는 핵심주체인 집행부(공무원)와 예산을 심의의결 하고 예산집행을 감시·감독하는 지방의회도 중요한 이해관계자에 해당한다. 주민, 지방자치단체(자치단체장, 집행부, 의회) 말고도 지방예산에 관심과 이해를 갖는 주체로서 감사기구, 시민사회(비영리단체, 시민단체 등), 언론 매체, 기업 및 투자자(정부사업에 대한 자본투자자) 등을 상정할 수 있다. 이들 이해관계자 간에는 예산에 대한 인식과 관심의 대상 및 관점 그리고 직·간접적 이해의 정도 면에서 차이가 난다. 예를 들어, 지방의회 의원이나 지역주민은 사업예산제도의 주요 지출항목(일자리 예산이나 민생예산의 편성과 구체적인 사업의 실시 여부)에 관심을 집중하는 경향이 있는 반면 성인지 예산사업이나 주민참여예산사업에 대하여는 상대적으로 관심도가 낮은 것이 현실이다. 사업예산

제도와 성과예산서의 관계를 살펴보면, 실제로 지방의원이나 지역주민들은 성과관리나 성과계획에는 별로 관심을 두지 않는 경향을 보인다. 이들이 관심을 경주하는 것은 예산안 편성이나 예산의 심의과정에서 어떤 사업에 얼마의 예산이 배정되고 있는지이다(주민의 입장에서도 옆의 마을에는 10억원이 배정되었는데, 우리 마을에는 왜 5억원만 배정되었는지 등에 대해 관심을 두고 민감하게 반응한다).

지방예산제도를 둘러싼 이해관계자 간의 수요와 관점 등의 차이는 대체로 보아 재정지출의 우선순위, 재원조달방법과 조세부담 수준, 그리고 예산・회계・재정정보의 내용 차이로 나타난다. 따라서 사업예산제도를 포함하는 4개 예산제도의 연계성을 강화하는 과정에서는 이들 이해관계자의 수요와 관점을 적절히 반영하는 정책적 조치가 취해져야 한다.

4개 예산제도 중에서 특별히 지역주민의 관점에서 점검되고 추진되어야 할 것으로는 우선순위 면에서 사업예산제도와 주민참여예산제도를 지적할 수 있다. 이 중에서도 일단 사업예산제도는 거시・미시적 측면에서 지역주민의 관심과 수요를 적극적으로 반영하는 것으로 간주될 수 있다. 이에 비해 주민참여예산제도는 주민이 직접적으로 의견을 표시한 사업을 선정하는 점에서 비록 제한되지만 주민의 희망수요를 바로 반영하는 제도라고 말할 수 있다. 성인지 예산은 주민의 관점보다 남성과 여성이라는 젠더(gender) 관점이 가장 우선적으로 중요시된다. 이해관계자 관점에서 보면, 사업예산과 성과예산서는 주민이나 지방의회(의원)에 대해 사업의 분류가 체계적으로 이루어졌는지, 성과 목표치가 달성 가능한 것인지, 예산지출 효과는 어떠한지, 성과목표 달성도가 미흡한 경우 그 원인은 무엇인지 등을 보고하는 다양한 성과정보를 제시하는 것이 필요하다.

앞으로 예산제도 간의 연계를 모색하는 과정에서 이러한 이해관계자의 관점을 중시해 준다면 이는 사회적으로 의미 있는 시도일 뿐 아니라 진정한 의미에서 예산제도의 발전을 모색하는 시도로 간주될 수 있다.

다. 중기지방재정계획과의 연계성 확보

지방재정이 중장기적으로 잘 운영되기 위해서는 단년도 시각에 머무르지 않고 특정 회계연도와 중기재정계획이 종합성과 연계성을 갖고 연동적으로 가동되는 시스템이 구축되어야 한다. 주지하다시피 현재의 중기지방재정계획은 다분히 형식적으로 운영되는 측면이 많은데, 이는 제도 개선과 인식 변화를 통해 빠른 시일 내에 실질을 갖춘 제도로서 변화되어야 한다. 본 연구에서 검토하고 있는 4개 지방예산제도 중에서 현재 그나마 중기지방재정계획과 직접적으로 연계되고 있는 것은 사업예산제도 한 가지 뿐이다.

그러나 앞으로는 성인지 예산 대상사업을 포함하여 주민참여예산, 성과예산서가 중기지방재정계획과 직접적인 연계성을 확보할 수 있도록 제도 개선을 해야 한다. 그 중에서도 특히, 성인지 예산은 주요 대상사업이 국고보조사업과 관련이 있을 뿐 아니라 계속성을 지니는 사업이 많을 것으로 예상되므로 성인지 예산제도와 중기지방재정계획과의 연계성은 반드시 구축되어야 한다. 현행 성인지 예산(국가와 지방의 성인지 예산)은 단년도에 중점을 두는 경향이 있는데, 성별 수혜에 영향을 미치는 지방사업들 중에는 중장기 관점에서 수혜 격차를 유발하는 것이 적지 않으므로 중기재정계획과 성인지 예산제도를 연계하는 접근은 매우 중요하다. 중기지방재정계획(지방재정법 제33조 등) 사업 중 특히, 다년도 예산사업을 대상으로 성인지 예산분석을 시도할 경우 성인지 예산제도의 중장기 발전은 물론 새롭고 강력한 성인지 예산기제가 작동하는 계기를 만들 수 있다.

라. 지방회계제도와의 연계성 강화

일반기업과 달리 정부부문에서는 예산과 회계 간에 불가분의 관계가 성립한다. 기업의 경우도 예산을 계획하고 편성하지만 계획성, 일관성, 구속성, 성실성 면에서 정부예산과 비교될 수 없다. 정부예산은 사실상 법률적 성격을 갖기 때문에(입법기관인 의회의 의결을 거쳐 확정됨), 그 구속성과 책임성은 매우 엄격하고 높은 수준을 요구한다. 회계는 예산이 집행되는 순간부터 시스템이 작동한다. 특히, 정부회계는 정부가 국(주)민과 행한 예산 약속을 그대로 집행하였는지, 그리고 예산집행 결과 어떤 성과와 영향이 나타났는지에 대한 책임 있는 수치를 제시해 준다. 이것은 정부회계의 원리 중 가장 중요시 되는 원리가 회계 책임성

(accountability)이라는 점이 뒷받침해 준다.

이러한 점을 인식할 때, 새로 신설된 예산제도(주민참여예산, 성인지 예산, 성과예산서)와 관련된 재정지출이 관련 법령과 회계기준 및 지침을 제대로 준수하고 있는지, 그리고 집행의 실적과 성과가 회계적으로 어떻게 나타나고 있는지를 분명히 파악할 수 있는 제도적 장치가 마련되어야 한다. 그리고 그 결과를 국민에게 완전히 공개함으로써 재정의 투명성을 확보하고, 결과를 다음 예산운용에 환류시켜 예산의 효율성을 높이는 후속적 조치가 필요하다.

끝으로, 새로운 예산제도가 관여하는 재정지출 중에는 기존 회계기준에서 포괄하지 못하는 사항들이 있을 수 있는데, 이에 대해 사전적으로 면밀히 점검하고 필요시 보완적 조치를 취해 주어야 한다. 예를 들어, 성인지 예산이나 주민참여예산이 다루는 대상사업 중에서 기존 회계기준을 적용하기 어려운 특이 사례가 나타날 수 있는데, 이를 회계적으로 처리해 주는 기준과 지침의 보강이 필요하다. 그리고 성인지 예산, 주민참여예산과 관련된 회계정보를 이해관계자의 관점에서 다양한 형태로 가공하여 정보 공개하는 조치도 적극적으로 취해야 한다. 예산과 회계가 긴밀하게 연계되고, 관련정보가 다양한 방식으로 공개될 때, 지방자치단체 내부는 물론 지방자치단체 외부의 이해관계자들이 합리적인 의사결정을 할 수 있다.

마. 새로운 지방예산제도에 대한 인식변화와 교육

지방자치단체는 2008년도에 사업예산제도를 도입한 이후 조금씩 시각을 달리하는 예산의 관점과 새로운 기법들(예컨대 성과예산서, 주민참여예산, 성인지 예산서)을 법령에 의해 수용해야만 하는 어려움을 겪게 되었다. 이들 4개 예산제도는 각기 다른 배경과 목적에 의해 도입되고, 서로 다른 조직부서와 담당자에 의해 관리되는 등 기본적으로 제도 운영의 혼선 가능성을 도입 당시부터 내포하였다. 현재 실시 중인 지방예산제도들은 대부분 비교적 최근에 도입되었거나 도입 예정인 관계로 많은 이해주체와 사람들이 그에 대한 정보와 지식 그리고 경험의 부족을 겪고 있다. 여기에는 지방자치단체장을 비롯하여 지방의회 의원, 전문가,

주민, 시민사회, 언론, 투자가 등 다양한 이해관계자들이 포함된다. 지방예산제도에 대한 지식과 인식의 부족은 결과적으로 국(주)민이 부담하는 세금을 가치 있고 효과적으로 사용하지 못하는 현상을 초래한다.

현행 지방예산제도 중에서도 특히, 주민참여예산제도와 성인지 예산은 자치단체장을 포함한 예산 주체의 인식변화가 그 성패를 가를 수 있다고 말할 수 있을 만큼 전연 새로운 예산운영시스템이다. 그러므로 이들 제도에 대하여는 어떤 형식을 빌던 교육과 홍보, 지식과 정보의 나눔이 광범위하게 확산되는 것이 매우 중요하다. 이러한 사회적 움직임과 변화가 주어질 때, 지방예산제도 간의 연계도 보다 원활하게 이루어지게 된다. 이와 관련하여 몇 가지 정책제안을 하면 다음과 같다.

첫째, 지방자치단체장을 포함한 지방공무원 전체에 대한 교육과 훈련의 중요성을 인식하고 이를 실천하는 노력이 요구된다. 지방 단위에서 성인지 예산제도가 성공하기 위해서는 무엇보다도 자치단체장이 예산에 대해 성별 관점과 인식을 갖는 마인드의 변화와 성인지 예산에 대한 관심과 헌신적 노력이 필수적으로 요구된다. 이는 주민참여예산제도의 경우도 마찬가지이다(자치단체장이 주민의 목소리와 참여에 대한 존중과 인식이 매우 중요함). 주민참여예산제도의 성공요인으로서 자치단체(장)의 헌신과 정치적 의지 그리고 지역시민사회의 역량(civil society capacity)이 가장 중요한 것으로 지적되고 있는데(Oxfam, World Bank 등), 이는 지방자치단체 성인지 예산제도의 실시 성공요인으로도 지목될 수 있다.

자치단체장의 마인드 변화는 성인지 예산이나 주민참여예산이라는 신제도가 법제화되었다고 해서 당연히 형성되는 것이 아니라, 단체장 스스로의 각성과 "동료압박(peer pressure)", 이웃 지역과 경합해야 하는 선의의 경쟁(yard stick competition), 그리고 시민사회의 역량과 사회적 압력(social pressure)에 의해 형성될 수 있는 성질의 것이다(임성일, 2011). 그리고 시민사회와 학계 등 전문가 그룹은 성인지 예산제도가 지역 내 양성의 수혜균등과 양성평등에 실질적으로 기여할 뿐 아니라 자치단체장의 정치적 입지와 행정 역량의 강화 측면에서 실제로 유용한 제도임을 객관적으로 제시해 줄 필요가 있다.

둘째, 자치단체장에게 요구되는 인식과 발상의 전환은 기본적으로 지방자치단체 공무원에게도 동일하게 요구된다. 특히, 공무원의 인식 변화를 유도할 수 있도록 성인지 예산제도와 관련된 교육과 학습의 기회를 확대하는 것이 중요하다. 이를 위해서는 교육, 홍보, 다양한 방법과 경로를 통한 전문가와의 소통 체험을 강화하고, 지속적으로 교육, 협의, 논의의 장을 확보하는 노력이 필요하다. 이와 동시에 지방자치단체 내부의 이해관계자들 간에 예산정보와 예산체계에 대한 의사소통이 원활히 이루어질 수 있도록 적절한 조치가 취해져야 한다. 현실적으로 각 예산제도별로 담당부서가 다르고(예: 예산부서와 여성관련부서), 일반 공무원의 성인지 예산제도나 주민참여예산제도에 대한 지식과 교육수준이 매우 낮은 상태인 점을 인식할 때, 이 문제에 대한 해결이 없이는 제도 간의 연계성을 확보하는 것은 사실상 매우 어렵다.

내부 공무원 간에 지속적인 토의와 협의 등을 통해 정보교환, 의견교환을 실시하도록 유도하는 것이 필요하다. 이는 특히, 비 예산시기(예컨대, 연초)와 예산계획이 시작하는 시기에 토론회, 간담회 형식을 통해 예산부서와 비 예산부서 그리고 범 자치단체 수준에서 자발적으로 이루어지는 것이 바람직하다. 물론 이때 사업예산의 주관부서나 성인지 예산의 주관부서가 주도적인 역할을 수행한다면 업무의 효율성이나 지속성 측면에서 보다 효과적인 결과가 나타날 수 있다.

셋째, 시민사회와 일반주민이 예산운영에 필요한 조언을 할 수 있는 접근성과 개방성을 강화할 필요가 있다. 시민사회와 전문가 사회의 구성원들 중 상당수는 성인지 예산제도나 주민참여예산제도에 대한 지식을 가지고 제도의 도입을 적극적으로 도모하였던 사람들이다. 그리고 이들은 세계적인 예산제도의 변화 추이에 비교적 정통하기 때문에 이들의 식견과 정보와 경험을 성인지 예산제도의 운영과 연계시켜 활용하는 것은 상당히 바람직하다. 우리나라에서는 성인지 예산제도가 법제화 된 이후 성인지 예산 분야에서 시민사회의 역할이 급격히 축소되었는데, 이는 바람직한 현상이 아니다. 시민사회의 참여는 주민참여예산의 경우에도 마찬가지로 적용된다(임성일, 2011).

성인지 예산과 사업예산제도의 연계는 성인지 대상사업의 선정, 선정된 성인지 예산사업의 사업예산 관리구조상의 위치 매김, 두 예산제도 간의 상호 보완적 정보생성 및 성과관리, 주민공개정보 및 의사결정정보 생성 등에 관한 내용들을 중심으로 다루어지는 것이 합리적이다.

넷째, 중앙정부(행정안전부)가 적극적으로 나서서 큰 틀에서 각 제도 간의 역할과 기능적 연계방안을 제시해 주어야 한다. 물론 이 과정에서는 지방의 재정 자율성이나 예산운영의 유연성(탄력성)에 제재를 가하는 조치는 없어야 한다. 새로 도입되는 예산제도가 하나의 제도로서 분명히 설명되고 정착되는 것도 중요하지만, 이것이 기존 제도와의 성합성을 확보하고 전체 예산시스템과의 유연한 연계성을 확보할 수 있도록 제도적 틀을 마련해주는 것도 매우 중요하다.

제 5 장

종합 및 정책건의

제1절

종 합

본 연구는 현재 지방자치단체가 운영·관리하는 예산제도들 간에 내실 있는 연계성을 구축해 줌으로써 지방재정의 효율성과 효과성 그리고 재정 책임성을 향상시키는 데 그 목적이 있다. 지방자치단체 예산제도는 2008년부터 과거 수 십 년간 운영해 왔던 품목별 예산제도를 폐지하고 예산활동의 성과를 추구하는 사업예산제도(program budget)를 도입하였다. 그런데 사업예산제도는 여러 가지 이유로 인해 재정지출의 성과를 체계적으로 관리하는데 성공하지 못하였다. 정부(행정안전부)는 이러한 문제를 해결할 목적으로 2012년부터 모든 지방자치단체로 하여금 사업예산제도와 결부된 성과예산서를 시범적으로 작성할 것을 요구하고 나섰다. 이러한 가운데 2011년 9월부터는 예산편성과정에 주민이 다양한 방법으로 참여해서 의사를 표현하고 그것을 예산에 적극적으로 반영하는 주민참여예산제도가 도입되었다. 2012년 8월 현재 전국의 거의 모든 지방자치단체들이 주민참여예산 조례를 제정하였고, 지방자치단체별로 주민참여예산위원회, 예산학교 개설, 주민총회 개최 등 저마다 새로운 예산제도에 적응하고자 노력 중에 있다. 주민참여예산제도는 현재 제도 자체의 정립은 물론 사업예산제도와의 관계를 제대로 설정하지 못한 상태에서 일종의 '초기 예산실험'을 하는 상황에 처해 있다. 여기에 더해 지방자치단체들은 2011년 3월에 개정된 지방재정법에 의해 2013년도부터 성인지 예산제도를 의무적으로 실시해야만 한다. 사실, 성인지 예산은 일부 전문가를 제외하고는 매우 생소한 제도인데, 이를 단기간에 지방공무원 사회가 소화해서 실천한다는 것은 결코 쉬운 일이 아니다.

이와 같이 지방재정의 기반이 되는 지방예산제도는 지난 몇 년 사이에 급격히 변화하고 있다. 이러한 상황에서 전체 제도가 중장기 종합계획과 일관성 있는 틀에 의해 체계적으로 운영되지 않고 개별 제도 중심으로 운영되는 문제가 속속 드러나고 있다. 이것은 각 예산제도가 정치・행정적 환경변화와 역학관계에 의해 단편적, 독립적으로 도입된 데 그 원인이 있다. 이와 같이 각 예산제도가 제도 간 연계관계의 설정이 없이 개별적으로 도입되고 독립적으로 운영되고 있는 관계로 지방재정 전반에 걸쳐 중대한 문제가 초래되고 있다.

현재 가장 큰 문제점으로 부상되고 있는 것은 지방예산제도의 운영에 혼란과 불안정성이 가중되고 비효율적인 예산운영이 이루어지는 점이다. 실제로 불과 몇 년 사이에 4개 지방예산제도가 동시 다발적으로 도입된 결과 예산제도를 효과적으로 운영해야 할 지방공무원들이 업무의 부하를 느끼고, 제도를 충분히 이해하지 못하는 상태에서 현장 업무에 임하는 애로와 문제가 발생하고 있다. 이와 같은 현상은 거시적으로 지방재정의 효율성, 책임성, 투명성에 심각한 문제를 초래하는 요인으로 작용한다.

이러한 현실 상황을 종합적으로 고려할 때, 지금은 지방예산제도의 기본운영시스템인 사업예산제도를 중심으로 성과예산서, 주민참여예산제도, 성인지 예산제도가 종합성과 실용성 측면에서 체계적으로 연계될 수 있도록 제도적 개선 조치를 해주어야 할 시점이다. 이러한 제도개선이 적시에 이루어진다면 각 예산제도가 상호 상승작용을 하여 전체 예산시스템이 순기능을 발휘할 수 있고, 지방재정의 운영방식이 한 단계 진보할 수 있다. 본 연구에서는 4개 지방예산제도가 연계되어야 할 필요성 내지 당위성을 다음의 다섯 가지 측면에서 파악하고 있다.

(1) 지방예산제도를 견인하고 지지하는 기본가치를 중심으로 상호 관련성을 정돈해 줌으로써 제도 간 협력관계 유도, 제도 실시의 효과성 및 종

합성 확보, 정책의 일관성 및 정향성 유지 등 제도 간 거시적 조화와 효과를 달성할 수가 있다.

(2) 지방예산제도의 운영주체들(지방자치단체 내부 조직, 관계공무원, 지방의회 등) 간에 업무의 흐름을 유연하게 해주고, 지방재정의 이해관계자(stakeholder)들이 다양한 정보를 공유하고 토의할 수 있도록 해줌으로써 예산사업을 효과적으로 수행할 수 있다.

(3) 예산운영의 절차적 과정에서 요구되는 소통과 정보 공유 그리고 의사결정의 객관성, 종합성, 합리성을 확보할 수 있도록 해준다.

(4) 예산제도 상호 간의 이해도 제고를 통해 상호 상승효과(업무관련 조직 간·담당자 간의 이해 제고, 상호 협조, 건설적 비판, 창의적 아이디어 제시 등)를 성취할 수 있도록 해준다.

(5) 합리적 예산의사결정, 정보공개와 국(주)민의 알 권리 충족, 예산 모니터링, 제도 간 비교 분석 등을 지원하는 종합재정정보시스템을 구축하는 차원에서 지방예산제도 간의 연계성 확보가 필요하다.

본 연구에서는 사업예산제도를 포함한 4개 지방예산제도(사업예산, 성과예산, 성인지 예산, 주민참여예산)를 대상으로 제도 상호 간의 연계성을 논리와 현장탐방, 전문가 대화, 설문조사 등 다방면에 걸쳐 분석 점검해 보았다. 그 결과 예상한 바와 같이 각 예산제도 간에는 사실상 연계성이 없이 개별적, 독자적으로 운영되고 있는 현상이 확인되었다. 이에 관한 내용들이 제3장에서 다루어졌는데, 여기서는 4개 예산제도 간의 연계 실태를 크게 제도운영 측면과 공무원 인식 측면으로 구분하여 파악하고 있다. 제도운영 측면은 다시 예산과정, 조직·부서 간 협력, 예산운영단위(예산과목), 성과관리, 이해관계자, 정보공유 측면에서 검토하고 있다. 그리고 공무원의 인식 측면은 본 연구에서 설계한 설문조사의 분석결과에 기초하여 파악하였다. 먼저, 제도운영 측면에서 나타나는 주요 문제점에 대해 요약하면 다음과 같다.

(1) 예산과정 측면에서는 새로운 제도의 도입에 치중한 나머지 4개 지방예

산제도 간에 관계 설정이나 연계를 위한 틀을 마련하지는 못하고 각 제도가 병렬적으로 시행되는 현상이 나타났다. 그 결과 예산제도의 목적, 대상사업, 산출정보 간에 혼란과 갈등이 발생하고 제도 간의 유기적 연계나 종합적 관점에서의 효과는 제한적이고 매우 미미한 것으로 나타났다.

(2) 예산운영단위(예산과목) 측면에서는 사업예산제도를 중심으로 조직의 목표체계에 따라 사업단위(정책 · 단위 · 세부사업)가 체계적으로 운영되기보다 각 예산제도가 별도로 분리 운영되는 모습을 보이고 있다. 구체적으로, 각 예산제도들 간에 대상사업이 불일치하고 실제 사업단위의 위계나 대상사업 분석(사업목적, 성인지적 성격, 주민의견 수렴, 예산절차 조치 등)이 미흡한 것으로 파악된다.

(3) 조직 · 부서 간 협력 측면에서는 각 예산제도에 대한 인식과 공감대가 부족한 상태에서 유관부서 중심으로 각 예산제도가 독자적으로 운영되는 현상이 관측된다(예산운영 가버넌스(governance) 확립 부족). 예컨대, 예산부서를 중심으로 각 제도를 담당하는 성과관리부서, 여성정책부서, 사업부서 간에 서로 협업하고 정보가 적시에 공유되는 것이 바람직하나, 현실은 그러하지 못하다. 사업예산을 주관하는 예산부서와 여성정책담당부서, 각 사업부서 간에 대상사업에 대한 정보나 분석 자료의 교류가 원활하지 못하여 예산수립 및 예산편성을 위한 협의 · 조정에 어려움이 발생하고 있다.

(4) 성과관리 측면에서는 4개 예산제도 간에 '전략 · 성과목표-성과지표 및 예산체계-성과평가'의 관점에서 유기적인 연계가 이루어지지 않고 있다. 즉, 사업별 예산편성 자체에 치중한 나머지 사업 분류의 논리적 연계와 체계성이 부족하여 예산제도 간에 성과목표, 정책사업, 성과지표의 불일치 현상이 나타나고 있다.

(5) 이해관계자 측면에서는 예산편성 이전에 지역주민을 비롯한 지방의회, 시민단체, 투자자, 공무원 등 내 · 외부 이해관계자들의 의견을 수렴 · 조정하는 것이 필수적이다. 하지만 각 제도별로는 이해관계자와의 관계 유

지를 위해 적극 노력하고 있으나, 종합적 연계 관점에서 의견을 협의·조율하는 데는 매우 미흡한 것으로 파악되고 있다.

(6) 정보공유 측면에서는 사업예산제도를 주축으로 하여 지방재정운용시스템이 작동되고 있으나 정보공유는 매우 제한적인 수준에 머무르고 있다. 각 제도들 간에 생성되는 정보와 자료들이 공유되거나 통합 관리되지 못하고 각 제도별로 정보가 뿔뿔이 흩어져 생산되어 정보이용자에게 전달됨으로써 혼란이 빚어지고 있다.

다음으로 지방공무원을 대상으로 한 설문조사 분석결과를 요약, 정리하면 다음과 같다.

(1) 예산제도의 인지도와 관련하여 지방공무원들은 사업예산, 주민참여예산, 성과예산, 성인지 예산제도에 대하여 81.2%가 잘 알고 있다고 응답한 반면 18.4%는 보통으로 응답하여 대체로 예산제도에 대해 잘 인식하고 있는 것으로 나타났다.

(2) 지방공무원들은 4개 예산제도의 운영목적 상이성에 따른 문제발생 가능성에 대해 응답자의 52.7%가 적절한 제도 정비를 통해 문제 해소가 가능한 것으로 응답하였다. 하지만 응답자의 29.0%는 제도 간의 연계가 이루어지지 않을 경우 심각한 문제가 발생할 수 있다고 응답하였다(반면에 각 제도의 추진목적과 기준이 다르므로 문제가 없을 것이라고 응답을 한 사람은 4.3%에 불과하였다).

(3) 지방자치단체에서 다양한 예산제도를 동시에 시행함에 따라 발생할 수 있는 주요 문제점으로는, ① 예산절차 및 과정(예산준비, 예산편성, 예산심의, 예산집행, 결산검사)에서 협의·조정미흡(29.2%), ② 예산관련정보의 혼란과 일관성 부족(21.1%), ③ 담당부서(성과관리부서, 예산부서, 사업부서, 여성담당부서) 간의 네트워킹 부족(18.9%) 등의 순으로 나타났다. 이외에 성과목표 설정의 정합성 부족(17.2%), 각 예산제도 간 대상사업 기준의 불일치(13.5%) 등도 문제점으로 지적되었다.

(4) 지방예산제도 간의 연계 필요성에 대해서는 전체 응답자의 75.4%(매우 필요하다 35.7%, 필요하다 39.6%)가 예산제도 간의 연계 운영이 필요한 것으로 응답하였다.

(5) 예산제도 간의 연계가 필요한 이유로는 예산과정, 특히 예산편성 단계에서의 복잡성 및 혼란 방지(37.6%), 정책의 일관성 확보(34.8%)를 가장 많이 거론하였으며, 그 다음으로는 담당부서 간의 협조 및 지방의회의 예산심의 원활화(16.3%) 등을 예산제도 간의 연계 필요성 이유로 지적하였다.

(6) 4개 지방예산제도 간의 연계 필요성에 대하여는 사업예산제도와 성과예산 간 연계(72.0%), 사업예산제도와 주민참여예산 간 연계(51.2%), 사업예산제도와 성인지 예산 간 연계(43.8%)의 순으로 연계의 중요성을 인식하는 것으로 조사되었다(사업예산과 성과예산의 연계 필요성이 가장 크게 나타난 반면 사업예산과 성인지 예산의 연계 필요성은 상대적으로 낮게 나타났다).

제 2 장(지방예산제도의 이론과 세계적 변화 동향)과 제 3 장(우리나라 지방예산제도의 실태분석)의 내용을 종합적으로 고려할 때, 현행 4개 지방예산제도 간의 연계성 강화는 사업예산제도를 기본 축으로 삼고 각 제도의 도입취지와 기능을 최대한 살리면서 제도 전체의 시너지 효과를 극대화하는 방향으로 추진되는 것이 합리적이다. 이 과정에서는 지방예산제도를 견인하는 기본가치 내지 원리가 중심에 서고 지주가 되어야 한다. 이러한 입장을 견지하면서 본 연구는 지방예산제도 간의 연계성 부재에 따른 현재와 미래의 문제를 해소할 수 있는 개선방안을 모색하고 있다. 개선방안의 모색에 있어서는 전체 예산제도와 각 예산제도의 기반이 되는 기본원리(또는 지향가치)와 관점에 초점을 두면서 제도운영의 유연성과 시너지 효과를 창출할 수 있는 실무적 개선사항을 포괄하는 접근방식을 취하고 있다.

제2절

정책방안의 제시

1. 기본인식과 접근

본 연구는 지방예산제도 간의 연계성 부재에 따른 문제를 해소하는 개선방안을 크게 다음의 두 부분을 중심으로 모색하고 있다. 그것은 첫째, 전체 지방예산제도와 각 예산제도의 기반이 되는 기본원리에 초점을 두면서 거시적 관점에서의 연계성을 모색하는 부분이고, 둘째, 실용성 차원에서 제도운영의 유연성과 시너지 효과를 극대화하는 개선방안을 모색하는 미시적 부분이다. 전자는 전 세계적으로 강조되는 예산・재정활동에 관한 기본가치 또는 기본원리의 관점에서 예산제도들을 연계하는 공분모를 찾는데 주력하고 있다. 이와 관련하여 본 연구는 4개 예산제도를 거시적 관점에서 구조적으로 묶어주는 연계성 강화의 기본원리로서 지방재정의 효율성, 형평성, 투명성, 참여, 책임성의 5개 원리를 채택하고 있다. 후자는 예산제도와 관련된 제반 업무의 흐름을 유연하게 해 주고, 예산 주체(이해관계자) 간에 정보를 공유할 수 있도록 만들어 주며, 의사결정의 네트워크를 강화하여('networking') 의사결정의 효과성을 진작시키는데 중점을 둔다.

4개 지방예산제도 간에는 기본 특성과 운영방식 면에서 공통점과 차이점이 있고, 제도 간 관계성 면에서 각 제도별로 차이가 있다. 사업예산제도, 성과예산서, 성인지 예산제도의 세 예산시스템은 하나의 구조하에서 고유의 특성과 영역을 지니는 관계에 있지만, 어디까지나 그 기본은 사업예산제도이다. 따라서 사업예산제도, 성과예산서, 성인지 예산제도는 기법과 운영방식 그리고 예산의 성과관리와 정보 체계화에 중점을 두고 효율성과 효과성을 제고시키는 방향으로 상호 연계를 모색하는 것이 가능하고 또한 바람직하다. 예산제도를 견인하는 핵심원리(지향가치)는 사업예산제도와 성과예산서의 경우 효율성과 책임성인 반면 성인지 예산제도는 형평성, 참여, 투명성이다. 주민참여예산제도는 이들 세 예산제도와 본질을 달리한다. 주민참여예산제도는 일반시민이 예산의사결정에 영향을 미치고 주민·집행부·의회 간의 협력적 관계를 도모하는 예산 가버넌스 시스템이라는 측면에서 나머지 세 예산제도와 분명히 다르다. 주민참여예산은 대화와 협력적 소통을 통해 재정민주주의를 실현하는 제도로서 예산운영의 형평성, 참여, 투명성을 추구하는 지향가치로 삼고 있다. 따라서 주민참여예산제도의 운영과정은 나머지 세 예산제도와 상당한 차별성이 있고, 또한 폭넓은 정보의 생성과 정보 공유를 필요로 한다.

주민참여예산제도, 성인지 예산제도, 성과예산서가 사업예산제도의 활성화와 완성도 향상을 위한 수단이라고는 결코 말할 수는 없다. 하지만 결과론적으로 보아 이들은 궁극적으로 사업예산제도가 추구하는 예산의 효율성과 형평성 그리고 투명성과 책임성을 높이는데 기여하는 새로운 예산시스템으로서 자리매김을 해 나가고 있는 것이 분명하다. 그것은 성과예산서, 성인지 예산이 사업예산의 일부 영역과 공유하는 특성이 있고, 주민참여예산 또한 그 실행과정에서는 반드시 사업예산과 결부되어야만 하기 때문이다. 종합적으로, 4개 지방예산제도 간의 연계성은 사업예산제도를 기본 축으로 하면서 각 제도의 도입 취지와 기능을 최대한 살리고 다자간의 시너지 효과(synergy effect)를 극대화하는 방향으로 강화해 나가는 것이 합리적이다.

이와 관련하여 현재 4개 지방예산제도가 일정한 공통성을 보유하고 있음에도 불구하고 제도 간에 업무적 연계, 정보 공유, 협력적 의사결정이 전연 이루어지지 못하고 있는 운영체제의 부실문제를 해소해 나가야 한다. 이를 위해서는 각 예산제도들이 공통성을 갖는 부문에 대해 적극적으로 연계·협력적 관계를 형성해 주고, 제도별로 차이 내지 차별성이 필요한 부문에 대하여는 각 제도가 보유하는 고유의 기능과 장점을 최대한 보장해 주는 방향으로 제도적 개선을 도모해야 한다.

이와 같은 인식을 하면서 본 연구는 먼저, 지방예산제도를 견인하는 기본가치 내지 원리의 관점에서 4개 지방예산제도 간의 거시적 연계 틀을 제시하고 있다. 이때 제시되는 구조적 틀은 예산제도의 총체적 발전과 개별 예산제도의 발전 차원에서 유기성을 확보하는 기본바탕 내지 밑그림으로서 역할을 하게 된다. 이와 같은 밑그림(연계성 강화의 구조적 틀)을 확보한 다음 본 연구는 미시적 접근으로서 예산제도의 업무 유연성과 협력관계, 예산주체 간의 정보 공유, 정보 공개, 그리고 의사결정의 효과성을 강화하는 실용성 측면의 예산제도 간 연계 강화방안을 모색하고 있다. 이 과정에서는 제도 상호 간 및 제도 전체의 관점에서 협력적 관계와 공유가 필요한 부분을 발견하여 적극적으로 조치해 줌으로써 지방예산제도의 시너지 효과를 극대화하고자 노력한다.

이러한 접근방식을 토대로 본 연구는 다음의 다섯 가지 측면에 초점을 두고서 지방예산제도 간의 연계성 강화를 도모하고자 한다. 그것은 구체적으로, (1) 예산과정(budget process), (2) 예산과목체계(핵심 관리대상사업 등), (3) 성과관리, (4) 예산정보의 공유 · 공개, (5) 기타 운영방식의 다섯 가지 부문이다. 이들 5개 부문은 지방예산제도의 개별적 기능과 특징, 상호 관계성, 예산제도 간의 심각한 연계성 결여, 연계성 필요 영역에 대한 논의와 설문조사결과 등을 종합적으로 검토한 결과에 입각해서 설정되었다. 그리고 각 부문별로 예산제도의 연계성을 도모하는 과정에서는 정부예산의 핵심 이해관계자(stakeholder)인 집행부, 의회, 주민과 시민사회(civil society), 언론 매체 등의 관점과 이해를 충실히 반영하고자 노력하고 있다. 이러한 접근을 토대로 본 연구는 각 예산제도가 자기 정체성과 고유 기능을 발휘하면서 서로 다른 예산제도와의 협력적 연계관계를 구축하여 전체 예산제도의 효과를 극대화할 수 있는 정책방안을 모색하고 그 결과를 제시하고 있다.

2. 지방예산제도 간의 연계성 강화방안

1) 지방예산제도의 지향가치(원리) 측면에서의 예산제도 연계

90년대 이후 현재까지 전 세계적으로 예산회계・재정제도를 견인하는 기본원리로 재정의 효율성, 형평성, 투명성, 참여, 책임성 등이 제시되고 있다. 이들 기본원리는 모든 예산활동과 관련하여 그 중요성이 인정되지만, 세부적으로는 각 예산제도별로 특별히 강조하는 원리들이 있다. 구체적으로 언급하면, 사업예산제도와 성과예산서는 재정의 효율성과 책임성(accountability)에 무게를 두는 반면 성인지 예산제도와 주민참여예산제도는 사회적 형평(social equity)과 참여 그리고 재정 투명성(fiscal transparency)에 무게 중심을 두는 경향이 있다.

요약하면, 사업예산제도, 성과예산서, 성인지 예산제도는 효율성(성과 포함)과 책임성 원리를 핵심가치로 삼으면서 기본적으로 예산운영의 기법과 방법론을 다루는 점에서 상호 공통적이다(이 중에서도 특히, 사업예산제도와 성과예산서는 불가분의 직접적 관계에 있다). 따라서 이들 세 예산제도는 효율성과 책임성을 향상시키는 관점에서 상호 공통적인 요소들을 발견하고 그것을 공유・협력적 관계로 발전시켜 나가는 방향으로 거시적・미시적 연계 고리를 형성해 주는 것이 바람직하다. 주민참여예산제도와 성인지 예산은 사회적 형평과 참여 그리고 예산 투명성을 핵심가치로 채택하고 있다는 점에서 공통적이므로 두 제도 간의 연계는 예산제도 측면에서 이들 가치를 공유하고 발전시켜 나가는 방향으로 연계성을 강화하는 것이 합리적이다. 그리고 주민참여예산제도를 중심으로 한 나머지 세 예산제도의 연계는 주민참여예산제도의 핵심가치인 참여와 투명성 요소를 다른 예산제도가 함께 공유할 수 있는 공동의 영역과 수단 및 방법을 발견하는데 중점을 둘 때 명분과 실리를 취할 수 있다.

2) 예산과정(budget process) 측면에서의 연계 강화

① 지방예산제도별 예산과정 중요성을 고려한 연계 강화

사업예산제도를 포함한 4개 지방예산제도는 사실상 모든 예산과정과 관련이 있지만, 예산과정별 관여 수준과 범위와 중요성은 각 예산제도마다 차이가 있다. 대체로 말해서, 사업예산제도와 성인지 예산은 전체 예산과정에 관여되는 경향이 있는데 비해 성과예산서와 주민참여예산은 일부 예산과정에만 관여되는 제도적 속성을 갖는다. 사업예산제도와 성인지 예산제도는 기본적으로 전체 예산과정과 결부되고 있지만, 그 중에서도 가장 중요시되는 단계는 예산의 편성단계와 집행단계라고 말할 수 있다(이 중에서도 특히 예산편성단계가 중요하다). 그러므로 두 제도를 예산과정의 관점에서 연계할 경우 이들 단계에서 사업예산제도와 성인지 예산제도의 역량과 수단을 최대한 공유하고 연계시키는 접근이 필요하다.

예산편성단계에서 성인지 예산과 사업예산제도와의 연계는 업무흐름 측면에서 지방자치단체 내의 성인지 예산 담당부서들(예산총괄부서, 여성정책담당부서, 세부사업담당부서) 간에 협력적 관계모형을 설정하고, 그 모형 속에 부서 간에 논의되고 공유되어야 하는 정책사안과 정보내용을 확정하는 것이 관건이 된다. 여기에서 사업예산제도와 성과예산서간에 연계를 강화하는 방안을 제시하면 다음과 같다.

(i) 두 제도가 예산과정의 관점에서 상호 정합성을 확보할 수 있도록 조치해야 한다. 이를 위해서는 무엇보다도 전체 예산과정을 성과 관점과 예산 관점에서 조화를 이룰 수 있도록 만들어 주면서 사업단위를 중심으로 목표설정과 예산편성이 긴밀하게 연결될 수 있도록 조치해 주어야 한다. 다만, 이 과정에서는 성과관리부서의 성과계획과 예산부서의 예산편성 시기 불일치로 인한 어려움이 예상되므로 성과관리부서, 예산부서, 사업부서 간에 업무분담 및 협력체계를 구축하는 네트워킹(networking)과 소통방식을 강화하는 것이 필요하다.

(ii) 사업예산제도의 도입목적(중장기 정책과 예산의 연계, 재정성과의 극대화 및 성과와 예산의 연계 등)을 실현하기 위해서는 지역실정에 적합한 성과예산서를 작성하는 것이 매우 중요하다. 이를 위해서는 성과예산서

가 조직부서의 성과계획서(전략목표-성과목표-성과지표)를 기초로 일관성을 유지하는 방식으로 작성되어야 하며, 이때 사업분류체계는 사업예산제도의 사업 구조화와 일 대 일 관계를 유지하는 방식으로 설계되어야 한다.

주민참여예산은 예산과정 중에서 특히, 예산의 계획 및 편성과정에 그 역할이 집중된다. 그러므로 주민참여예산이 활성화되기 위해서는 바로 이 예산과정(계획 및 편성단계)에서 나머지 세 지방예산제도(특히, 사업예산제도)와 긴밀한 협조 및 연계관계를 형성하는 것이 매우 중요하다. 주민참여예산과 다른 지방예산제도(사업예산제도, 성과예산서, 성인지 예산제도) 간에 연계성을 확보해야 할 정책사안에 대해 제시하면 다음과 같다.

(ⅰ) 지방자치단체들은 주민의 예산참여 시기(예산계획과 편성 시점), 참여수준과 범위(세입 · 세출, 예산과목, 집행상황과 관련된 내용), 대상사업, 성과관리(주민제안사업, 주민직접실시사업) 측면에서 종합적인 연계성을 확보하는 정책방안을 구비해야 한다. 이것은 전국적으로 표준화되거나 획일적으로 이루어져서는 안 되고, 지역의 여건과 특성 그리고 지역주민의 선호를 반영하는 방식으로 추진되어야 한다.

(ⅱ) 주민참여예산제도는 형식과 달리 실제로는 예산편성의 시기, 참여 수준, 범위 면에서 일정한 제한을 받고 있는데, 이에 대한 현실적인 개선방안을 각 지방자치단체별로 강구해야 한다.

(ⅲ) 주민참여예산과 사업예산의 연결 접점은 사업예산 구조하에서 실제로 주민의 목소리와 의견이 반영되는 예산사업 항목과 수치를 어떻게 도출할 것인지에 중점을 두고 모색되어야 한다.

(ⅳ) 주민참여예산과 성인지 예산의 연계는 주민이 예산편성에 관여하는 과정에서 주민의 관심대상사업이 남녀 간에 차별적 혜택을 초래할 수 있는 성인지 예산의 대상사업인지를 검토하고 그와 관련된 정책 권고나 의견을 제시하는데 일차적으로 중점을 부여할 필요가 있다. 나아가

두 제도 간의 보다 적극적인 연계는 성인지 예산을 계획하고 편성하는 과정에서 주민참여예산의 요소들(주민의 수요와 여건과 상황, 점검・비판・창의적 제안, 다양한 견해와 입장, 조화와 협력, 다수결 등)을 적절히 가미함으로써 두 제도가 상호 상승작용을 유발하도록 해주는 접근을 통해 실천될 수 있다.

(ⅴ) 주민참여예산과 성과예산서 간의 연계는 성과예산서가 성과목표를 설정하고 성과지표를 개발하는 과정(예산의 계획단계)에서 주민의 다양한 의견과 관점을 반영하는 예산운영체제를 구축함으로써 강화될 수 있다.

종합적으로, 4개 지방예산제도는 성과예산서를 제외하면 모두 예산과정 중에서 예산편성단계에 가장 큰 비중을 두고 있다(성과예산서는 성과계획과 결산(평가)과정이 가장 중요함). 그러므로 예산제도 간의 연계는 예산편성단계에서 매우 강하게 실천수단을 모색하는 것이 바람직하다. 이때의 연계는 업무흐름, 이해관계자간의 시각 및 자원(resource) 관점, 정보공유와 소통, 그리고 의사결정 원활화 차원에서 추진되어야 한다.

② 지방예산과정의 업무흐름을 고려한 연계강화

지방자치단체의 사업계획 수립이나 예산편성 등 일련의 과정은 예산부서뿐만 아니라 여러 관련부서와 직・간접적으로 관계되어 전개되고 있는데, 현재는 예산기획부서와 각 예산제도(사업)를 관장하는 부서와 인력 간에 상호 연계와 협조가 이루어지지 않고 있다. 이러한 현상은 업무의 조직 및 기능별 구분에 기초하고 있는데, 문제는 이들 전문성 기능이 상호 간에 연계되지 못한 채 독립적으로 운영된다는 데 있다. 이러한 현실은 지방예산운용의 효율성과 효과성을 저해하는 본질적 요인으로 간주된다. 따라서 앞으로는 예산제도의 운영과정에서 예산부서, 성과관리부서, 성별영향평가부서, 주민의견수렴 및 주민제안사업 담당부서들 간에 업무협조 및 정보공유가 지방예산운영시스템 상에서 구현될 수 있도록 조치해야 한다. 이들 부서 간의 협조 및 정보공유는 특히 계획수립단계 및 예산편성단계에서 이루어져야 하며, 이를 통해 4개 예산제도 간에 공통적으로 적용될 정보를 함께 활용하여 제도 간의 연계성을 높이는 것이 급선무이다. 지방예산제도가 예산운영시스템상의 계획단계 및 예산편성단계에서 상호 연계되어 작성될 경우 의회의 예산심의, 예산집행, 결산 및 성과분석 등이 종합적으로 연계되어 재정환류의 질을 제고시킬 수 있다.

③ 지방예산제도별 예산과정의 특성을 고려한 연계강화

각기 다른 예산제도가 시행되는 경우 발생하는 가장 큰 문제는 업무의 혼란과 자기 업무에만 집중하는 현상(다른 조직·업무·시스템과의 협업을 철저히 도외시하는 현상)인데, 이를 방지하기 위해서는 무엇보다도 예산과정의 연계 확보가 절실히 요구된다. 이와 관련하여 몇 가지 정책방안을 제시하면 다음과 같다.

(i) 성과계획을 기초로 성과예산서를 편성하고 그 결과 성과목표 달성도 및 실적을 표시하는 성과보고서를 작성하는 과정에서 예산제도 간의 연계성을 반드시 확보해야 한다.

(ii) 특히, 예산과정에서 남성과 여성 간에 성별 격차를 초래할 수 있는 성인지 대상사업이나 주민의사를 직접적으로 반영하기 위한 주민참여예산 대상사업의 경우 예산계획 및 예산편성 전에 관련 부서와 이해관계자 사이에 대상사업, 성과목표, 성과지표 등을 협의·조정하는 단계가 반드시 필요하다. 이를 통해 불필요한 갈등을 줄이고 정책의 일관성과 사업효과를 높일 수 있기 때문이다. 구체적으로, 지방자치단체가 전략목표를 수립하거나 중기재정계획을 수립함에 있어서 양성평등을 실현하는 정책목표를 포함하는 조치를 취하고, 주민참여예산을 위한 정책목표나 재원배분 방향을 사전에 검토하는 것이 바람직하다.

3) 예산운영단위(예산과목) 중심의 지방예산제도 연계성 강화

4개 지방예산제도는 사업예산제도의 예산체계(기본구조, 세입·세출예산과목구조, 성과관리체제 등)의 관점에서 가능한 많은 연계점을 발견해야 한다. 현실적으로 각 예산제도는 예산서의 형식을 갖고 그 속에 각종 사업에 대한 기본정보를 수록하고 있지만, 이들이 e-호조나 부서 간 연계 시스템을 통해 연결・통합・호환되지 못하고 있는 문제가 심각하다. 이러한 문제점을 해소할 수 있는 기본방향과 정책대안에 대해 기술한 내용을 정리하면 다음과 같다.

① 사업예산제도와 성과예산서, 성인지 예산서 간의 연계

사업예산제도의 예산구조체계를 중심으로 성과예산서와 성인지 예산서를 구조화하고 운영방식을 조율하는 접근이 필요하다. 현재 사업예산제도는 예산분류체제에 따라 사업단위(정책・단위・세부사업)와 예산 품목을 계층적으로 표시하는 기본구조를 지닌다. 이에 비해 성과예산서는 기본적으로 정책사업과 단위사업을 중심으로 조직부서의 전략목표-성과목표(정책사업)-성과지표의 관계를 구조화하고 있다. 이러한 구조하에서 사업예산의 분류체계와 성과예산의 관리체계가 긴밀하게 연계되고 관련정보가 지방자치단체의 내・외부 이해관계자에게 적절히 공유되어야 하는데, 현재는 이러한 연계와 공유가 이루어지지 않고 있다. 앞으로 성과예산서가 사업예산제도와 긴밀하게 연계될 수 있으려면 성과관리의 중심점과 대상을 정교하게 재조정하는 접근이 필요하다. 여기에서 이와 관련된 정책제언을 하면 다음과 같다.

(i) 국(주)민에 대한 성과관리의 책임점으로는 사업예산제도의 정책사업을 설정하고, 자치단체 내부적으로는 단위사업과 세부사업에 대해 성과관리를 실시하는 접근을 취한다.

(ii) 성과예산의 대상영역을 점진적으로 사업예산의 수입부문으로 확대해 나간다. 예를 들어, 지방세 수입예측이나 사용료 및 수수료 요율의 결정, 지방채 발행과 관련된 성과평가 등이 그에 해당한다.

(iii) 현재 사업예산제도가 실시하는 성과관리는 지출부문, 그 중에서도 일부 정책사업과 단위사업에 국한되는데, 미래에는 그 영역을 세입부문과 모든 정책사업 및 단위사업으로 확대하는 방향으로 전환되어야 할 것이다.

② 사업예산제도와 성인지 예산제도의 예산과목체계 연계

사업예산제도와 성인지 예산제도와의 예산과목체계상의 연계를 확보한다. 현재 성인지 예산사업은 세부사업을 중심으로 예산의 편성 및 관리가 이루어지고 있다. 이는 일견 일반예산사업(사업예산 대상사업)의 편성 및 관리방식과 비슷해 보이지만, 성과관리의 중심점 등을 고려하면 사업예산과 성인지 예산 간에 차이가 있음을 알 수 있다. 성인지 예산의 도입배경이 사업예산제도의 도입배경과 근본적으로 다르고 지향가치 면에서도 차이가 나지만, 한 가지 분명한 사실은 성인지 예산의 대상사업이 예산사업으로 확정된 다음에는 일반 사업예산사업과 거의 비슷하게 다루어진다는 것이다. 이는 다시 말해서, 두 예산사업이 기본적으로 유사한 관리시스템에 의해 운영되어야 함을 의미한다. 따라서 성인지 예산사업을 사업예산의 예산관리체제(책임점, 중심점, 관리 목표 등)와 동일하게 설정해 주어야 한다.

4) 주민참여예산의 예산참여 범위 규정 및 다른 예산제도와의 연계

주민참여예산제도가 실용성을 갖기 위해서는 주민의 예산참여 수준, 범위, 대상을 보다 구체화하는 접근을 실시해야 한다. 이와 관련하여 본 연구는 다음과 같은 정책방안을 제시하고자 한다.

(i) 각 지방자치단체는 주민참여예산을 실시하기에 앞서 주민의 예산참여에 대한 정의와 범위를 보다 명확하게 정해 주어야 한다. 이와 더불어 지방자치단체는 주민들이 과도한 기대를 하지 않도록 세입과 세출에 대한 예측의 객관성을 높이는 노력을 기울여야 한다.

(ii) 예산회계(일반회계, 특별회계, 기금, 통합재정 등)에 대하여도 주민참여예산의 적극적 대상과 소극적 참여대상을 설정해줌으로써 제도의 실용적, 효율적 운영을 도모해야 한다.

(iii) 주민제안사업은 사업예산제도의 예산과목 중 세부사업에 한정하는 것

이 합리적이다. 세부사업을 넘어서는 예산과목단위의 경우 사업규모가 크고 이해관계가 복잡하여 특정한 주민이 이들 사업에 대해 적극적으로 관여하는 것이 예산의 효율과 형평에 손상을 가할 가능성이 크다.

(ⅳ) 주민제안사업 중에서도 다음의 특성을 갖는 사업들은 선정대상에서 제외하는 것이 바람직하다. 그것은 법적·의무적 경비관련 사업, 공공운영비(법정경비), 특정단체지원 사업, 대규모 사업(사업 규모는 광역과 기초자치단체 등 자치단체의 수준과 재정역량에 따라 다소 차이가 있을 수 있음), 공연·축제 행사성 경비(일정 규모 이상), 기 운영 중인 기초자치단체 사업(이는 광역자치단체에 해당함), 계속성 사업, 사업의 효과와 수혜가 특정 주체나 지역에 편중되는 예산사업 등이다.

(ⅴ) 국고보조사업에 대해 주민의 참여범위를 설정할 필요가 있다. 원칙적으로, 국고보조사업을 주민참여예산의 대상에서 제외하는 것은 바람직하지 않다. 하지만 현실적으로 상당수의 국고보조사업이 법적, 의무적 사업인 점을 감안할 때, 이에 대한 주민의 참여가 실익을 갖기는 쉽지 않다. 다만, 중앙정부의 소규모 보조사업 중 지역개발과 관련된 사업에 대하여는 주민참여예산의 대상으로 채택할 필요가 있다.

(ⅵ) 주민참여예산사업을 운영하는 과정에서 참여자의 주민 대표성과 형평성 문제가 불거지지 않도록 관련 예산과정과 절차의 정보를 객관적이고 투명하게 공개하도록 유도한다.

(ⅶ) 주민참여예산에 의한 주민제안(공모)사업은 일단 확정되면 다음해부터 고정비용이 될 가능성이 높은데, 이를 방지할 수 있도록 사업연속에 대한 제한을 부여하거나 일몰제를 적용하는 방안을 실시할 필요가 있다. 그리고 주민참여예산사업 중 2~3년에 걸치는 다년도 사업에 대하여는 성과를 평가하고 그 결과를 반영할 수 있는 제도적 장치를 마련해야 한다.

(ⅷ) 주민참여예산은 예산편성과정 외에 예산집행에 대한 모니터링 과정에서도 중요한 역할을 담당해야 한다. 이 과정에서는 예산과목 중 세부

사업을 넘어 단위사업과 정책사업에 대하여 적극적으로 감시・감독을 할 것을 제언한다.

(ⅸ) 주민참여예산이 사업예산제도나 성인지 예산에 기여할 수 있는 중요한 부분으로 성과관리지표의 설정과 성과 모니터링을 실시하는 것을 제시할 수 있다. 예산집행에 대한 성과관리가 효과적으로 실시되기 위해서는 무엇보다도 성과지표가 객관적으로 선정되고 성과진행 상황에 대한 모니터링 기능이 활성화되어야 한다. 특히, 이 영역에 있어서는 주민과 시민사회가 중요한 역할을 할 수 있도록 조치를 해줄 필요가 있다.

(ⅹ) 주민참여예산은 성인지 예산의 대상사업을 선정하고, 선정된 성인지 예산사업의 성과관리에도 적극적으로 기여해야 한다. 따라서 정부는 일반 주민과 시민사회가 성인지 예산의 대상사업 선정과정에 보다 적극적으로 참여하여 다양한 의견과 아이디어를 제시할 수 있는 예산행정의 통로를 개방해 주어야 한다.

(ⅺ) 주민참여예산과 성인지 예산 간의 관계는 주민참여예산위원회(분과위원회 등 각종 위원회)의 구성에 남성과 여성 비율을 안배하고, 각종 주민참여예산 활동과정에 양성을 배려하는 제도적 개선을 통해서도 연계성이 강화된다.

5) 예산 성과관리 측면에서의 예산제도 간 연계성 강화

4개 지방예산제도는 재정운영의 성과관리 측면에서 연계되어야 하는데, 이와 관련하여 거시적 관점에서 연계방안을 제시하면 다음과 같다.

첫째, 사업예산제도와 성과예산서 간의 연계가 확실히 이루어져야 한다. 현재 사업예산제도와 성과예산서를 비교하면 사업관리의 중심점과 성과관리의 중심점에 차이가 있는데, 향후에는 이들을 일치시키는 방향으로 양 제도의 연계성을 도모할 필요가 있다. 이와 관련하여 본 연구는 다음과 같은 정책방안을 제시하고자 한다.

(i) 성과관리 관점에서 사업예산의 정책사업을 성과관리의 기본단위로 하여 성과계획서-성과예산서-성과보고서를 체계적으로 작성하도록 유도하는 조치를 취해 주어야 한다. 지방자치단체가 가동하는 행정성과관리시스템과 예산성과시스템을 직접적으로 연계하는 시스템을 구축해야 한다. 이때 두 시스템 간에 성과목표, 사업단위, 성과지표 및 추진시기 등을 연계・조정하는 방안을 새롭게 설계하는 것이 필요하다.

(ii) 성과목표 달성도와 예산집행 실적을 객관적으로 측정할 수 있는 적절한 성과지표(performance indicator)를 개발해야 하는데, 이 과정에서는 주민참여예산의 역량을 적극적으로 활용하는 접근이 필요하다(성과관리 측면에서의 주민참여예산과 기타 예산제도와의 연계). 성과지표가 실제로 조직부서의 핵심 활동을 측정하는 수단이고 성과를 예산과 연계시키는 기준이라는 점을 인식한다면 공공부문 주도의 성과지표 개발은 지양되어야 한다.

둘째, 성인지 예산제도와 사업예산제도 간의 연계를 성과관리 차원에서 강화해 주어야 한다. 이와 관련하여 본 연구에서는 다음의 정책제언을 하고 있다.

(i) 성인지 예산의 성과관리를 예산과목체계의 중간계층인 정책사업(분야-부문-정책사업-단위사업-세부사업) 수준에 초점을 두고 시행한다. 성과관리의 초점을 정책사업에 맞추면서 그것이 양성 평등에 어떤 영향을 주는지를 평가하고 관리할 경우 거시적 관점에서 국민들이 공감하고 체감할 수 있는 변화가 나타날 수 있다.

(ii) 성과관리는 국가와 지방자치단체 내부적 목적과 대 국(주)민에게 유용한 성과관리의 두 부문으로 구분해서 접근할 필요가 있다. 내부용은 성인지 예산사업 자체와 그것을 전담하는 조직의 성과관리에 중점을 두는 것으로 이 경우 세부사업과 단위사업 수준에 초점을 맞추는 것이 합리적이다. 외부용은 국민에게 공표하는 것으로 개별 성인지 예산사업보다는 여러 사업들을 포괄하는 프로그램(정책) 또는 그 이상의

수준에서 진행되는 양성평등의 개선성과를 종합적으로 관리하고 공개하는데 중점을 두어야 한다.

셋째, 주민참여예산에 성과관리시스템을 구축해 주는 동시에 그것을 사업예산제도 및 성과예산서와 직접적으로 연계시킨다. 현행 주민참여예산제도에서는 성과관리에 관한 영역이 사실상 도외시되고 있고, 이에 대한 정책적 접근 또한 전연 이루어지지 않고 있는 상태이다. 대다수의 지방자치단체들이 제도 도입과 주민과 시민사회의 요구를 수용하는데 급급한 나머지 주민이 제안하는 사업에 대한 효율성 점검(efficiency check)이나 성과관리에 관한 사항들은 사실상 방관하고 있는 상태이다. 주민참여예산 분야에 적합한 성과관리와 관련하여 몇 가지 정책제언을 하면 다음과 같다.

(i) 성과관리프로그램은 지방자치단체와 주민, 시민사회(전문가 포함) 등이 머리를 맞대고 협력적으로 개발하는 방식을 취해야 한다. 여기에는 성과평가 대상, 성과평가 방식, 다음 예산 반영(feedback), 성과측정지표, 모니터링 등에 관한 사항들이 포함된다.

(ii) 주민참여사업의 성과관리의 대상수준을 가능하면 예산과목체계의 세부사업 중심으로 설정할 것을 제시한다. 현재 주민참여예산제도의 성과관리 수준에 대한 정책이나 실무지침이 전연 없는 상태인 점을 감안하면 성과관리의 대상수준을 결정하는 것도 우선 시급한 과제가 된다. 현실적으로 주민이 가장 많이 관여하게 되는 예산과목 수준이 세부사업일 가능성이 크므로 성과관리가 세부사업 중심으로 이루어지는 것이 합리적이다.

(iii) 성과관리에 있어서 주민참여예산과 성인지 예산의 연계성을 강화할 필요가 있다. 앞서 몇 차례 강조한 바와 같이 두 예산제도는 사회적 형평과 참여 등 기본가치를 공유하고 있기 때문에 성과관리 측면에서도 가능한 많은 범위에서 연계성을 확보할 필요가 있다. 그 방안으로 성인지 예산의 성과목표와 성과지표를 선정하는 과정에 주민의 참여

(예컨대, 주민참여예산위원의 의무적 참여, 위원 할당, 주민의견 제시 등)를 적극적으로 유도하는 한편 예산모니터링, 결과의 평가 등에도 주민참여예산의 역할을 확대하는 대안을 제시한다.

(iv) 향후 지방예산제도의 성과관리는 대 국(주)민 공표(거시적 성과관리)와 지방자치단체의 내부관리 성과관리(미시적 성과관리) 대상으로 구분하여 접근할 필요가 있다. 거시적 성과관리(대 국(주)민 공표)의 경우 사업예산제도, 성과예산서, 성인지 예산제도는 정책사업 부문을 중심점으로 설정하고, 미시적 성과관리(내부관리용)는 세부사업단위로 설정하는 것이 합리적이다. 다만, 주민참여예산의 경우 그 대상(특히, 주민제안사업)이 대부분 세부사업에 속할 가능성이 크기 때문에 세부사업을 거시・미시적 관리의 대상으로 채택하는 것이 합리적이다.

마지막으로, 성과관리 및 성과지표의 관점에서 예산제도 간의 연계를 다음과 같이 추진할 것을 정책제언하고자 한다.

(i) 성과예산서는 기본적으로 조직부서(실국)의 전략목표를 설정하고 이를 실현하기 위한 성과계획과 예산을 편성하는 것을 기본으로 한다. 성과계획에는 전략목표-성과목표(정책사업)-성과지표-세부사업과 예산액을 전년 대비로 표시하고 있다. 따라서 성인지 예산서의 경우에도 조직부서의 전략목표를 설정할 시에 성인지 관점에서의 전략목표 — 예컨대, 양성평등 정책 구현, 여성인권 보호 및 예방, 여성인력의 활용제고 — 를 파악할 수 있도록 성과목표를 설정하는 것이 필요하다.

(ii) 주민참여예산의 경우 사업예산 중 주민참여예산사업에 대해 구현하고자 하는 사업의 목표와 성과를 명확하게 제시하도록 유도한다(이는 통합적인 성과관리를 통해 재정운영의 책임성과 투명성을 제고시키는 데 기여한다).

(iii) 성과예산서를 편성하는 과정에서 성인지 예산과 주민참여예산의 성과목표와 성과지표를 고려하도록 조치한다. 특히, 성과지표는 산출물로

표시되는 산출지표(output indicator)도 중요하지만, 가능하면 서비스 결과를 표시하는 결과지표(result/outcome indicator) — 만족도, 이용향상도, 서비스개선 등 — 도 추가적으로 포함한 다음 표준성과지표를 개발하는 작업이 요구된다.

6) 재정정보시스템(e-호조)에 의한 정보공유 측면의 연계성 강화

지방예산제도들 간에 정보 공유가 이루어지지 않고 있는 문제의 심각성에 대해 앞에서 확인하였다. 정보의 공유와 공개가 현대 행정에 있어서 매우 중요한 요소인 점을 인식할 때, 재정정보시스템(국가의 경우 d-brain 시스템, 지방자치단체의 경우 e-호조 시스템) 상에서 4개 예산제도의 운영정보들이 전체적・개별적으로 공유될 수 있는 체제를 구축해 주는 것이 매우 중요하고 시급하다. 이들 정보는 지방자치단체 내부적으로 유용하게 활용될 뿐 아니라 국(주)민을 포함한 이해관계자의 관점에서 중요한 의미가 있다. 이러한 관점을 견지하면서 본 연구는 다음과 같은 정책제언을 하고 있다.

(i) 성인지 예산과 주민참여예산의 핵심 예산정보들을 사업예산의 정보시스템과 연계 공유시키는 방향으로 e-호조시스템을 개선할 필요가 있다. 이를 위해서는 e-호조시스템의 사업예산 중 성인지 예산에 해당하는 사업에 대해 "G" 표시를 한 다음 클릭(click)을 통해 팝업(pop-up) 창을 개설하고 그 속에 성인지 예산에 관한 정보가 구현되는 시스템을 구축할 것을 제시한다.

(ii) 주민참여예산의 경우에도 이와 비슷한 접근을 시도할 수 있다. 다만, 주민참여예산의 경우 다른 예산제도와 달리 검토해야 할 정보의 내용과 대상 면에서 차별성이 있으므로 이에 유의해서 접근할 필요가 있다.

(iii) 4개 지방예산제도들 간에 e-호조시스템상에서 공유되어야 할 핵심정보로는 부서별・분야별 사업계획, 유관부서・조직 간 예산업무 연계가 필요한 내용과 업무연계(협력) 진행 상태, 사업별 성과목표-성과지

표-예산집행 성과 및 결과, 주민참여예산과 성인지 예산의 대상사업 및 예산요구내역, 각 예산제도 운영의 평가결과, 기타 예산의사결정의 객관성, 종합성을 담보하는 필수 예산정보 등이 있다.

(ⅳ) e-호조시스템의 개선과 내부 교육 및 협의의 장(간담회, workshop, 전략회의 등)을 강화해줌으로써 지방자치단체 내부(공무원 조직)의 업무 흐름과 정보 흐름의 공유 및 협력적 관계를 고양시킨다.

(ⅴ) 국가와 지방자치단체 간에 성인지 예산회계 및 재정통계에 대한 재정 정보를 연계시키는 시스템을 구축해야 한다. 이를 위해서는 국가재정 정보시스템 즉, 'd-brain system'과 'e-호조시스템'의 연계가 필요하며, 여기에는 성인지 예산관련 사업, 사업내용, 사업의 성별 파급효과, 사업성과, 기타 유의미한 정보의 연계조치가 포함되어야 한다.

7) 기타 지방예산제도 간 연계성 강화방안

① 세입·세출 측면과의 연계성

지방재정의 세입·세출 측면에서의 지방예산제도 간의 연계성 강화를 위해서는 다음과 같은 조치가 이루어지는 것이 바람직하다.

(ⅰ) 성인지 예산은 현재의 제한된 지출사업에서 벗어나 사업대상을 확대하는 동시에 세입부문에서도 사업대상을 확보해야 한다. 앞으로 지방의 성인지 예산은 지방세(예컨대, 재산세)의 세율 변동이나 사용료·수수료의 요율(가격) 변동과 관련된 사항들을 예산편성의 대상에 포함시키는 시도가 필요하다.

(ⅱ) 성인지 예산과 마찬가지로 주민참여예산제도 또한 재정지출 중심으로만 추진될 것이 아니라 재정수입부문(특히, 지방세 세율, 사용료·수수료의 요율 결정, 지방채 발행 등)에서 활동의 역량을 강화하고 그 영역을 확대하는 시도가 이루어져야 한다. 이를 위해서는 주민 스스로의 노력과

관심이 고양되어야 함은 물론 시민사회와 정부(국가와 지방자치단체)가 그와 관련된 사회적 인프라와 예산회계 인프라를 강화해 주어야 한다.

(iii) 주민참여예산과 성인지 예산이 세입부문에서 새로운 활동 영역과 대상을 확장할 경우 이 과정에서 지방예산제도 상호 간에 시너지를 확보할 수 있는 새로운 제도적 연계점을 발견하고 강화해야 한다.

(iv) 종합적으로, 사업예산제도를 포함한 4개 지방예산제도는 중장기적으로 기존의 세출부문에서의 역할을 크게 확대함은 물론 세입부문에서도 새롭고 다양한 기능을 수행할 필요가 있다.

② 이해관계자 측면의 연계성

지방예산제도의 연계를 모색하는 과정에서는 지방예산을 둘러싼 이해관계자(주민, 집행부, 의회, 언론매체, 시민사회, 기업 및 투자자 등)를 종합적으로 고려할 필요가 있다. 이해관계자 간에는 예산에 대한 인식과 관심의 대상 및 관점 그리고 직·간접적 이해의 정도 면에서 차이가 난다. 이해관계자 간의 수요와 관점 등의 차이는 대체로 보아 재정지출의 우선순위, 재원조달방법과 조세부담 수준, 그리고 예산·회계·재정정보의 내용 차이로 나타난다. 따라서 사업예산제도를 포함하는 4개 예산제도의 연계성을 강화하는 과정에서는 이들 이해관계자의 수요와 관점을 적절히 반영하는 정책적 조치가 취해져야 한다.

4개 예산제도 중에서 특별히 지역주민의 관점에서 점검되고 추진되어야 할 것으로는 우선순위 면에서 사업예산제도와 주민참여예산제도를 지적할 수 있다. 성인지 예산은 주민의 관점보다 남성과 여성이라는 젠더(gender) 관점이 가장 우선적으로 중요시된다. 사업예산과 성과예산서의 경우 주민이나 지방의회(의원)에 대해 사업의 분류가 체계적으로 이루어졌는지, 성과 목표치가 달성 가능한 것인지, 예산지출 효과는 어떠한지, 성과목표 달성도가 미흡한 경우 그 원인은 무엇인지 등을 보고하는 다양한 성과정보를 제시하는 것이 필요하다.

앞으로 예산제도 간의 연계를 모색하는 과정에서 이러한 이해관계자의 관점을 중시한다면 이는 사회적으로 의미 있는 시도일 뿐 아니라 진정한 의미에서 예산제도의 발전을 모색하는 시도로 간주될 수 있다.

③ 중기지방재정계획과의 연계성 확보

지방재정이 중장기적으로 잘 운영되기 위해서는 단년도 시각에 머무르지 않고 특정 회계연도와 중기재정계획이 종합성과 연계성을 갖고 연동적으로 가동되는 시스템이 구축되어야 한다. 앞으로는 성인지 예산대상사업을 포함하여 주민참여예산, 성과예산서가 중기지방재정계획과 직접적인 연계성을 확보할 수 있도록 제도 개선을 해야 한다. 그 중에서도 특히, 성인지 예산은 주요 대상사업이 국고보조사업과 관련이 있을 뿐 아니라 계속성을 지니는 사업이 많을 것으로 예상되므로 성인지 예산제도와 중기지방재정계획과의 연계성은 반드시 구축되어야 한다.

현행 성인지 예산(국가와 지방의 성인지 예산)은 단년도에 중점을 두는 경향이 있는데, 성별 수혜에 영향을 미치는 지방사업들 중에는 중장기 관점에서 수혜 격차를 유발하는 것이 적지 않으므로 중기재정계획과 성인지 예산제도를 연계하는 접근은 매우 중요하다. 중기지방재정계획(지방재정법 제33조 등) 사업 중 특히, 다년도 예산사업을 대상으로 성인지 예산분석을 시도할 경우 성인지 예산제도의 중장기 발전은 물론 새로운 강력한 성인지 예산기제가 작동하는 계기를 만들 수 있다.

④ 지방회계제도와의 연계성 강화

일반기업과 달리 정부부문에서는 예산과 회계 간에 불가분의 관계가 성립한다. 정부 회계는 정부가 국(주)민과 행한 예산 약속을 그대로 집행하였는지, 그리고 예산집행 결과 어떤 성과와 영향이 나타났는지에 대한 책임 있는 수치를 제시해 준다. 이러한 점을 인식할 때, 새로 신설된 예산제도(주민참여예산, 성인지 예산, 성과예산서)와 관련된 재정지출이 관련 법령과 회계기준 및 지침을 제대로 준수하고 있는지, 그리고 집행의 실적과 성과가 회계적으로 어떻게 나타나고 있는지를 분명히 파악해 주는 제도적 장치가 마련되어야 한다. 그리고 그 결과를 국민에게 완전히 공개함으로써 재정의 투명성을 확보하고, 결과를 다음 예산운용에 환류해서 예산의 효율성을 높이는 후속적 조치가 필요하다. 끝으로, 새로운 예산제도가 관여하는 재정지출 중에는 기존 회계기준에서 포괄하지 못하는 사항들이 있을 수 있는데, 이에 대해 사전적으로 면밀히 점검하고 필요시 보완적 조치를 취해 주어야 한다.

⑤ 새로운 지방예산제도에 대한 인식변화와 교육

현재 실시 중인 지방예산제도들은 대부분 비교적 최근에 도입되었거나 도입 예정인 관계로 많은 이해주체들이 그에 대한 정보와 지식 그리고 경험의 부족을 겪고 있다. 여기에는 지방자치단체장을 비롯하여 지방의회 의원, 전문가, 주민, 시민사회, 언론, 투자가 등 다양한 이해관계자들이 포함된다. 지방예산제도에 대한 지식과 인식의 부족은 결과적으로 국(주)민이 부담하는 세금을 가치 있고 효과적으로 사용하지 못하는 현상을 초래한다. 현행 지방예산제도 중에서도 특히, 주민참여예산제도와 성인지 예산은 자치단체장을 포함한 예산 주체의 인식변화에 그 성패가 달려있다고 말할 수 있을 만큼 전연 새로운 예산운영시스템이다. 그러므로 이들 제도에 대하여는 교육과 홍보, 지식과 정보의 나눔이 광범위하게 확산되는 것이 매우 중요하다. 이와 관련하여 몇 가지 정책제안을 하면 다음과 같다.

(i) 지방자치단체장을 포함한 지방공무원 전체에 대한 교육과 훈련의 중요성을 인식하고 이를 실천하는 노력이 요구된다. 지방단위에서 성인지 예산제도가 성공하기 위해서는 무엇보다도 자치단체장이 예산에 대해 성별 관점과 인식을 갖는 마인드의 변화와 성인지 예산에 대한 관심과 헌신적 노력이 필수적으로 요구된다. 이는 주민참여예산제도의 경우도 마찬가지이다. 자치단체장의 마인드 변화는 성인지 예산이나 주민참여예산이라는 신제도가 법제화되었다고 해서 당연히 형성되는 것이 아니라, 단체장 스스로의 각성과 "동료압박(peer pressure)", 이웃 지역과 경합해야 하는 선의의 경쟁(yard stick competition), 그리고 시민사회의 역량과 사회적 압력(social pressure)에 의해 형성될 수 있는 성질의 것이다(임성일, 2011).

(ii) 자치단체장에게 요구되는 인식과 발상의 전환은 기본적으로 지방자치단체 공무원에게도 동일하게 요구된다. 특히, 공무원의 인식 변화를 유도할 수 있도록 성인지 예산제도와 관련된 교육과 학습의 기회를 확대하는 것이 중요하다. 이를 위해서는 교육, 홍보, 다양한 방법과 경로를 통한 전문가와의 소통 체험을 강화하고, 지속적으로 교육, 협의, 논의의 장을 확보하는 노력이 필요하다. 이와 동시에 지방자치단체 내부의 이해관계자들 간에 예산정보와 예산체계에 대한 의사소통이 원활히 이루어질 수 있도록 적절한 조치가 취해져야 한다. 내부 공무원 간에 지속적인 토의와 협의 등을 통해 정보교환, 의견교환을 실시하도록 유도한다.

(iii) 시민사회와 일반주민이 예산운영에 필요한 조언을 할 수 있는 접근성과 개방성을 강화할 필요가 있다. 우리나라에서는 성인지 예산제도가 법제화 된 이후 성인지 예산 분야에서 시민사회의 역할이 급격히 축소되었는데, 이는 바람직한 현상이 아니다. 시민사회의 참여는 주민참여예산의 경우에도 마찬가지로 적용된다.

(iv) 중앙정부(행정안전부)가 적극적으로 나서서 큰 틀에서 각 제도 간의 역할과 기능적 연계방안을 제시해 주어야 한다. 물론 이 과정에서는 지방의 재정 자율성이나 예산운영의 유연성(탄력성)에 제재를 가하는 조치는 없어야 한다. 새로 도입되는 예산제도가 하나의 제도로서 분명히 설명되고 정착되는 것도 중요하지만, 이것이 기존 제도와의 정합성을 확보하고 전체 예산시스템과의 유연한 연계성을 확보할 수 있도록 제도적 틀이 마련되어야 한다.

참고문헌

강인재・엄태호, “발생주의회계제도와 예산회계제도간의 연계에 관한 연구 - 중앙정부를 중심으로”, 한국조세연구원 발표자료, 2012.

곽채기, “주민참여예산제도, 어떻게 도입할 것인가?”, 정책 & 지식포럼 51회, 서울대학교 행정대학원, 2003.

곽채기, “주민참여예산제도의 기본모형과 운영시스템 설계방안”, 한국지방재정논집, 제10권 제1호, 2005.

국회예산정책처(a), 2011년도 성인지 예산서 분석, 2011.

국회예산정책처(b), 2010회계연도 성인지 결산서 분석, 2011.

금재덕, “지방정부의 성과관리와 프로그램예산제도”, 한국지방재정학회 춘계학술세미나 자료집, 2011.

기획재정부, 2010회계연도 성인지 결산서, 2011.

기획재정부・여성가족부・한국여성정책연구원, 2012년도 성인지 예산서 작성 매뉴얼, 2011.

김관보 외, “지방정부 예산과정 시민참여의 목표와 성과에 대한 영향요인 연구”, 한국행정학보 제45권 제3호, 2011.

김재훈, “성과평가 제고를 위한 정부예산회계제도 개혁: 영국, 호주 및 뉴질랜드를 중심으로”, 한국행정학회 하계학술대회 발표논문, 2002.

김재훈, “프로그램예산제도의 사업단위 선정방안: 남양주시를 중심으로”, 한국지방재정학회・한국정부회계학회 특별합동세미나 발표논문, 2004.

김현조 외, 지방정부의 성과관리와 예산의 연계과제, 부산발전연구원, 2010.

나중식, "브라질 알레그레시의 주민참여예산제도 - 성공요인과 한계", 한국행정논집, 제16권 3호 2004.

대전광역시 예산참여시민위원회 회의자료, 2007년도 제2차, 2007.

마경희, "성별영향분석평가와 성인지 예산 연계방안", 젠더리뷰(겨울호), 2011.

박광우, 주민참여예산제도의 모형에 관한 연구, 전남대학교 석사학위논문, 2006.

박민정·최성락, "주민참여예산제도의 절차적 합리성 분석", 한국정책과학학회보, 제13권 제1호, 2009.

배인명, "우리나라 재정사업의 집행과 성과: 자율평가 결과를 중심으로", 한국행정학회 추계학술대회 발표자료, 2011.

배인명, "제3기 민선자치정부 출범과 과제: 지방재정인프라 구축", 자치발전 제8권 제7호(통권 87호), 한국자치발전연구원, 2002. 7.

부산여성가족개발원, 부산광역시 성인지 예산분석 및 시범모델 연구, 2011.

안성민, "주민참여 예산제도: 포르트 알레그레시의 사례", 지방재정, 제3호, 한국지방재정공제회, 2005.

안성민·최윤주, "주민참여예산제도의 경험과 성과: 5개 자치구를 중심으로", 한국행정논집, 제21권 제4호, 2009.

이상용·이효, 사업예산제도의 운영실태와 정책방안, 한국지방행정연구원, 2007.

이세구, 사업별예산제도의 도입과 성과관리제도와의 연계, 서울시정개발연구원, 2006.

이원희, "예산과정과 주민참여: 감시를 넘어 참여로", 자치재정 월례포럼, 희망제작소 부설 자치재정연구소, 2007.

이효, 사업예산 성과관리의 추진현황과 정책과제, 한국지방행정연구원, 2008.

임승후 외, 주민참여통로의 효과성 연구(광주 북구), 2010.

여성가족부, 2011년 성별영향평가지침, 성별영향평가 매뉴얼, 2010.

여성가족부, 국가성인지예산제도 개요 및 성별영향분석평가제도 추진방향, 2012.

여성부, 성인지 예산제도와 성별영향평가의 효과적 운영방안 연구, 2009.

윤영진, 새재무행정학, 제4판, 대영문화사, 2008.

윤영진·김은정, "성인지 예산제도 추진체계와 실행방안에 관한 연구", 사회과학연구 제24집 제4호, 2008.

이강원, "주민참여예산제도 실현을 위한 현실적 과제", 한국정책지식센터, 제51회 정책포럼 토론2, 2003.

이용환, 주민참여예산제의 효율적 운영방안, 경기개발연구원, 2011.

임동욱, "주민참여예산제도의 현실적 한계", 한국정책지식센터, 제51회 정책포럼 발제2, 2003.

임성일, "강원도의 예산회계시스템 구축방안: 프로그램예산제도의 도입을 중심으로", 한국행정과 정책연구, 제3권 제1호, 2005.

임성일, "재정 투명성의 개념과 지방자치단체의 재정 투명성 확보방안", 2006 지방재정 세미나 발제논문, 한국지방재정공제회·한국지방재정학회, 2006.

임성일(a), "주민참여 예산제도 실시의 주요 과제와 발전방안", 주민참여예산제, 어떻게 운영해야 하나?, 국회의원 유정현 정책간담회, 2011, 6.

임성일(b), "지방자치단체의 성인지 예산제도 도입: 기본접근과 주요 과제", 양성행복 정책포럼: 지방성인지 예산제도 발전방안, 여성가족부 주최, 2011.

임성일(c), "양성평등을 고려한 예산제도의 제정과 지자체 정책대응 방향", 공공정책, 6월호, 2012.

임성일(d), "지방 성인지 예산제도 도입이 지방재정에 주는 의미와 과제", 한국행정학회 하계학술대회 초청발표논문, 2012. 6.

임성일 외, 자율과 성과지향의 지방예산제도의 개편방안, 한국지방행정연구원, 2004.

임성일·이효, "지방자치단체의 복식부기 결산정보와 현금주의 결산정보간의 비교 분석", 정부회계연구, 제6권 제2호, 2008.

임성일·최영출, 영국의 지방정부와 공공개혁, 법경사, 2001.

전주상, "예산과정상의 주민참여제도에 관한 연구: 주민참여예산제도의 국내외 사례 비교분석", 한국정당학회보, 2008.

정가원, "국가 성인지 예산제도의 시행현황 및 성과점검: 성인지 예·결산서 작성 공무원의 의견 조사분석을 중심으로", 국가 성인지 예산제도의 성과와 지방자치단체 성인지 예산제도의 과제(제4차 GB 포럼), 한국여성정책연구원, 2011.

주인기 외, 회계원리, 법문사, 2010.

최상한, "지방정부 주민참여예산제도의 확산과 영향요인", 한국행정학보, 제44권 제3호, 2010.

하연섭, 정부예산과 재무행정, 다산출판사, 2010.

한국여성정책연구원(김영옥 외), 성인지 예산서(안) 시범작성 및 성인지 결산서 양식 개발, 2008.

한국여성정책연구원(신두섭 외), 지방자치단체의 성인지 예산 제도화 방안, 2008.

한국여성정책연구원(윤영진 외), 성인지 예산제도의 추진체계와 실행방안, 2008.

한국지방행정연구원(임성일 외), 지방자치단체 성인지 예산제도 인프라 구축방안 연구, 2011.

행정안전부, 지방자치단체 성인지 예산 담당공무원 워크숍 자료, 2012.

행정안전부, 지방자치단체 예산개요, 2011, 2012.

행정안전부(a), 지방자치단체 예산편성 운영기준 및 기금운용계획 수립기준, 2012.

행정안전부(b), 지방자치단체 예산개요, 2012.

행정안전부(c), 2012년도 지방공기업 예산편성기준, 2012.

행정안전부(d), 지방자치단체 사업예산 성과관리 담당공무원 워크숍, 2012. 3.

희망제작소 부설 자치재정연구소, 주민참여예산제, 아직도 칠부능선을 오간다, 자치재정 월례포럼 자료집, 2007.

국가재정법, 국가회계법, 지방재정법 자료.

Budlender, D. and G. Hewitt, *Engendering Budgets,* Commonwealth Secretariat, 2003.

Community Pride Initiative, *A Citizens' Budget, excox@communitypride.org.uk.*

Department for Communities and Local Government, *National Evaluation of Participatory Budgeting in England,* 2010.

Diamond, J., "From Program to Performance Budgeting: The Challenge for Emerging Market Economies," World Bank Paper, WPP/03/1698, 2003.

Elson, D., *Budgeting for Women's Rights: Monitoring Government Budgets for Compliance with CEDAW,* UNIFEM, 2006.

GAO, "Performance Budgeting: Opportunity and Challenges," 2002.

Marlowe, J. et. al, "Capital Budgeting and Finance," ICMA, 2008.

Ministry of Finance and Public Administration(Andalucia), *Gender Impact Evaluation Report,* 2008.

Ministry of Finance and Public Administration(Andalucia), *G+ Project: A Methodology for Using Public Budgeting to Improve Gender Equality,* 2010.

Nallari, R. and B. Griffith, *Gender and Macroeconomic Policy,* World Bank, 2011.

OECD, "Public Sector Modernization: Governing for Performance," OECD Observer, 2004.

Oxfam, *Bringing Budgets Alive: Participatory Budgeting in Practice*, 2005.

OECD, *"Women's Economic Empowerment,"* issue paper, 2011.

OECD, "Fact Book," 2011, OECD.

Pinnington, Elizabeth et. al, "Participatory Budgeting in North America: The Case of Guelph, Canada," Journal of Public Budgeting, Accounting & Financial Management, Vol. 21, No. 3, 2009.

Röcke, Anja, "Participatory Budgeting in the UK: from the "Grassroots" to the National Agenda," 2008.

Reyes, C. M. et. al.(ed.), *Developing and Piloting a Gender-Responsive Community-Based Planning and Budgeting Tool for Local Governance,* CBMS, 2009.

Sarraf, F., "Gender-Responsive Government Budgeting," IMF Working Paper 03/83, 2003.

Stotsky, J., "Budgeting with Women in Mind," Finance and Development, 44(2), 2007.

Stotsky, J., "Gender Budgeting," IMF Working Paper 06/232, 2006.

Schick, A., "Performance Budgeting and Accrual Budgeting: Decision Rules and Analytic Tools," OECD Journal on Budgeting, OECD, 2007.

Sintomer, Yves et. al, "Participatory Budgeting in Europe: Potentials and Challenges," International Journal of Urban and Regional Research, Vol. 32, March, 2008.

Tanaka, Susan, "Engaging the Public in National Budgeting: A Non-Governmental Perspective," OECD Journal on Budgeting, Vol. 7, No. 2, 2007, OECD.

World Bank, *Participatory Budgeting Toolkit for Local Governments in Albania, Social Development Team(Europe and Central Asia region),* 2006.

World Bank, *Participatory Budgeting, edited by Anwar Shah,* 2007.

Zamboni, Yves, "Participatory Budgeting and Local Governance: An Evidence-Based Evaluation of Participatory Budgeting Experiences in Brazil," working paper, 2007.

〈부록 1〉

지방자치단체 예산제도 간의 연계 강화

- 사업예산제도와 주민참여예산 · 성과예산 · 성인지 예산제도를 중심으로 -

안녕하십니까?

한국지방행정연구원에서는 행정안전부와 공동으로 「지방자치단체 예산제도 간의 연계강화」 과제를 수행하면서, 지방예산업무를 직접 담당하시는 지방공무원들의 인식을 설문조사하고자 합니다.

지방자치단체는 2008년도에 사업예산제도를 도입 · 운영하고 있으며, 이와 함께 주민참여예산, 성과예산, 성인지 예산제도가 시범 운영되고 있는 가운데, 2013년 이후에는 이들 예산제도들이 본격적으로 시행될 것입니다. 이 과정에서 4개 예산제도 간에 연계성이 확보되지 않을 경우 정책의 일관성과 제도적 정합성에 상당한 어려움을 초래할 것으로 판단됩니다.

이에 따라 본 설문조사를 통해 지방자치단체 사업예산제도와 주민참여예산 · 성과예산 · 성인지 예산제도 간의 연계 필요성, 현황분석과 주요 쟁점들, 그리고 향후 이들 예산제도 간의 연계 운용을 위한 바람직한 방향과 정책대안들에 대해 의견을 파악하고자 합니다.

각 질문에 대한 응답 내용은 절대 비밀이 보장되며, 연구를 위한 통계분석 목적 이외에 다른 용도로는 사용되지 않을 것입니다.

바쁘신 가운데 소중하고 귀한 의견을 주신 데 대하여 감사의 말씀을 드립니다.

2012년 8월

한국지방행정연구원 선임연구위원 임성일 올림

※ e-mail 또는 우편으로 보내주실 것을 부탁드립니다.

※ 제출기한 : 2012년 9월 7일 까지

이 조사에 의한 모든 내용은 통계 목적 이외에는 절대로 사용할 수 없으며 그 비밀이 보호되도록 통계법(제13조 및 제14조)에 규정되어 있습니다.

Ⅰ. 지방자치단체 예산제도 간의 연계 필요성

◈ **지방예산제도의 운용현황**

지방자치단체는 2008년도부터 사업예산제도를 도입하여 운용하고 있습니다. 이와 함께 주민참여예산, 성과예산, 성인지 예산제도가 2013년 이후 본격적인 시행을 앞두고 시범 적용 단계에 있습니다. 이들 예산제도는 사업예산제도를 기본으로 하면서, 예산의 편성・집행・관리 과정에 중요한 영향을 미칠 것으로 생각됩니다. 이처럼 여러 성격을 달리하는 예산제도가 병행하여 시행되는 경우, 제도 간 불일치로 인해 정책 일관성 부족과 정보 혼란이 나타날 개연성이 있습니다. 이에 따라 사업예산제도와 새롭게 도입되는 제도와의 정합성을 유지하기 위해서는 이들 예산제도 간의 연계성을 강화하는 것이 요구됩니다.

◉ 사업예산제도란?

사업예산제도는 전통적인 품목별 예산편성 방식이 아니라 사업별로 예산을 편성・집행・관리하는 예산체계이며, 사업별로 소요예산 및 지출내역을 명확하게 파악할 수 있음

◉ 주민참여예산제도란?

전통적으로 정부가 독점해 왔던 예산편성의 기능과 권한을 주민과 더불어 나누는 새로운 협력적 예산운영시스템이며, 주민에게 직접 또는 간접적으로 예산의 계획・편성・집행 등 전 예산과정에 관여할 수 있는 기회를 부여한다는 점에서 주민은 이전의 수동적, 방관자적 입장에서 능동적 주체로 변환됨

◉ 성과예산제도란?

기존의 투입 중심의 예산통제가 아니라 예산집행의 성과(결과)에 초점을 두는 예산체계이며, 재정투입과 성과의 연계를 통해 성과를 관리하고자 하는 예산제도임

◉ 성인지 예산제도란?

예산이 여성과 남성에게 미칠 영향을 미리 분석하여 양성평등한 정책이 될 수 있도록 예산편성에 반영하여 집행하는 제도이며, 여성과 남성의 특성과 차이를 예산에 반영하는 과정을 통해 사회적 평등과 재정 책임성을 높일 수 있음

1. 지방자치단체의 예산제도는 사업예산제도를 중심으로 주민참여예산, 성과예산, 성인지 예산제도가 함께 운영되고 있습니다. 이에 대해 어느 정도 알고 계십니까? ( )

①	②	③	④	⑤
매우 잘 알고 있다	잘 알고 있다	보통이다	거의 모른다	전혀 모른다

2. (위 1번 문항에서 ①, ②에 응답한 경우) 지방자치단체 예산제도가 사업예산을 기본으로 주민참여예산, 성과예산, 성인지예산제도 등 여러 제도가 동시에 도입·시행되고 있는데, 이에 대해 어떻게 생각하십니까? ( )

① 각 제도의 추진목적과 기준이 다르므로 문제가 없을 것이다.
② 각 제도의 추진목적과 기준이 다르므로 문제가 있을 수 있으나, 일부 제도적 정비를 통해 해소할 수 있을 것이다.
③ 예산제도 간에 연계가 이루어지지 않을 경우 심각한 문제가 발생할 것이다.
④ 잘 모르겠다.

Ⅱ. 지방예산제도의 현황과 쟁점

3. 지방자치단체의 다양한 예산제도(사업예산제도와 주민참여예산·성과예산·성인지 예산제도)를 동시에 시행하는 과정에서 발생할 수 있는 가장 큰 문제점은 무엇이라고 생각하십니까? ( )(2개 복수 답변)

① 예산 관련 정보의 혼란과 일관성 부족
② 대상사업(정책사업, 단위사업, 세부사업) 불일치로 인한 문제
③ 예산 절차 및 과정(예산준비, 예산편성, 예산심의, 예산집행, 결산검사) 협의 조정 미흡
④ 성과목표 설정에 있어서 일관성 및 조화 부족
⑤ 담당부서(성과관리부서, 예산담당부서, 사업부서, 여성담당부서 등) 간의 네트워킹 부족

4. 지방자치단체의 예산 운영과 관련하여 사업예산제도와 성과예산, 주민참여예산, 성인지 예산제도 간에 사업 관련 정보가 상호 연결되지 못하여 예산편성 및 예산심의 등에서 혼란과 정보 파악이 어렵다는 점에 대해 어떻게 생각하십니까? (　　　)

①	②	③	④	⑤
매우 그렇다	다소 그렇다	보통이다	그렇지 않다	전혀 그렇지 않다

5. 지방자치단체 사업예산제도는 정책사업과 단위사업을 중심으로 성과목표와 성과지표를 관리하고 있는 데 비해 성인지 예산제도는 세부사업을 단위로 운영하고 있습니다. 이와 관련하여 사업예산제도와 성과예산과 성인지 예산제도 간에 대상사업의 불일치로 인한 어려움이 발생할 수 있는데, 이 점에 대해 어떻게 생각하십니까? (　　　)

①	②	③	④	⑤
매우 그렇다	다소 그렇다	보통이다	그렇지 않다	전혀 그렇지 않다

6. 지방자치단체의 예산 절차 및 과정(예산준비, 예산편성, 예산심의, 예산집행, 결산검사)에 있어서 사업예산제도와 여타 성과예산, 주민참여예산, 성인지 예산제도 운용 간에 협의 조정이 미흡하여 예산편성이나 예산심의과정에서 혼란이 발생하고 정책 일관성 확보에 어려움이 발생한다고 생각하십니까? (　　　)

①	②	③	④	⑤
매우 그렇다	다소 그렇다	보통이다	그렇지 않다	전혀 그렇지 않다

7. 지방자치단체 예산제도 운영에 있어서 사업예산제도의 성과목표와 성인지 예산제도의 성평등목표가 불일치하고, 이에 따라 성과측정을 위한 성과지표 간에도 상호 부조화가 발생한다고 생각하십니까? (　　　)

①	②	③	④	⑤
매우 그렇다	다소 그렇다	보통이다	그렇지 않다	전혀 그렇지 않다

8. 지방자치단체 예산제도(사업예산제도, 성과예산, 주민참여예산, 성인지 예산제도) 운영에 있어서 조직부서 간에 의사소통과 협력이 부족할 수 있다는 점에 대해 어떻게 생각하십니까? (   )

①	②	③	④	⑤
매우 그렇다	다소 그렇다	보통이다	그렇지 않다	전혀 그렇지 않다

9. 주민참여예산제도의 실시에 즈음하여 기존 예산제도와의 연계·협력이 가장 필요한 제도는 무엇이라고 생각하십니까? (   )

①	②	③	④
사업예산제도	성인지 예산제도	성과예산제도	기타

Ⅲ. 지방자치단체 예산제도 간의 연계 강화

10. 지방자치단체의 예산제도(사업예산제도와 주민참여예산·성과예산·성인지 예산제도) 간의 연계 필요성에 대해 어떻게 생각하십니까? (   )

①	②	③	④	⑤
연계가 매우 필요하다	다소 연계가 필요하다	보통이다	연계할 필요성이 거의 없다	전혀 연계할 필요없다

10-1. (위 10번 문항에서 ①, ②에 응답한 경우) 지방자치단체 예산제도 간의 연계가 필요한 가장 중요한 이유는 무엇이라고 생각하십니까?
(   ) (2개 복수 답변)
① 예산기준(또는 지침) 간의 정합성 유지
② 담당부서 간 협조 및 지방의회 예산심의 원활화
③ 예산편성 및 운영과정의 복잡성 및 혼란 방지
④ 예산제도 간 연계를 통한 정책 일관성 확보
⑤ 정보이용자들에 대한 예산관련 정보의 불일치 해소

11. 지방자치단체 사업예산제도와 여타 주민참여예산, 성과예산, 성인지예산 간 연계의 필요성에 대해 어떻게 생각하십니까? (　　　)

구 분	① 매우 중요하다	② 중요하다	③ 보통이다	④ 중요하지 않다	⑤ 전혀 중요하지 않다
가. 사업예산과 주민참여예산 간의 연계					
나. 사업예산과 성과예산 간의 연계					
다. 사업예산과 성인지 예산 간의 연계					

12. 사업예산제도와 각 예산제도(주민참여예산·성과예산·성인지 예산제도)를 연계하여 운영하는 경우 어떤 부분을 연계하는 것이 가장 중요하다고 생각하십니까? (　　　) (2개 복수 답변)
    ① 대상사업(정책사업, 단위사업, 세부사업) 간의 연계
    ② 예산편성 및 운영과정 연계
    ③ 성과목표의 연계
    ④ 성과지표의 연계
    ⑤ 조직부서(성과/예산/사업/여성부서/시민단체) 간 네트워킹

13. 사업예산제도와 주민참여예산제도의 경우 가장 중요한 연계 대상은 무엇이라고 생각하십니까? (　　　)

구 분	① 매우 중요하다	② 중요하다	③ 보통이다	④ 중요하지 않다	⑤ 전혀 중요하지 않다
가. 대상사업 연계					
나. 예산과정 연계					
다. 성과목표 연계					
라. 성과지표 연계					
마. 담당부서 간 협력					

14. 사업예산제도와 성과예산의 경우 가장 중요한 연계 대상은 무엇이라고 생각하십니까? (　　　)

구 분	① 매우 중요하다	② 중요하다	③ 보통이다	④ 중요하지 않다	⑤ 전혀 중요하지 않다
가. 대상사업 연계					
나. 예산과정 연계					
다. 성과목표 연계					
라. 성과지표 연계					
마. 담당부서 간 협력					

15. 사업예산제도와 성인지 예산제도의 경우 가장 중요한 연계 대상은 무엇이라고 생각하십니까? (　　　)

구 분	① 매우 중요하다	② 중요하다	③ 보통이다	④ 중요하지 않다	⑤ 전혀 중요하지 않다
가. 대상사업 연계					
나. 예산과정 연계					
다. 성과목표 연계					
라. 성과지표 연계					
마. 담당부서 간 협력					

16. 지방자치단체 예산제도 간 관계의 향후 정책방향은 어떠해야 한다고 생각하십니까? 지방예산제도 간의 연계를 위한 아이디어나 정책방안이 있으시면 자유롭게 의견을 기술해 주시기 바랍니다.

※ 다음 문항은 귀하의 인적사항에 관한 질문입니다.

자치단체명	________시/도 ________시/군/구	부서명	
근무연수		해당부서 근무연수	
성별	① 남　　　② 여		

바쁘신 중에도 끝까지 응답해 주셔서 진심으로 감사드립니다.

저자소개

임 성 일

한국지방행정연구원 선임연구위원
경제학 박사(University of Texas at Austin)
(현)행정안전부 정책자문위원
(현)서울시 주민참여예산 지원협의회 부회장
(현)경상남도 재정정책자문위원
(역)서울대 환경대학원 강사
(역)한국지방재정학회지 편집위원장
(역)기획예산처 디지털 예산회계기획단 자문위원
(역)지방자치단체 회계기준 심의위원
(역)국가균형발전위원회 지방재정지원제도 개편 특별위원회 위원
영국의 지방정부
크리스처노믹스
영국의 지방정부와 공공개혁(공저)
지방재정개혁론(공저)
우리나라 재정분권 상태에 대한 분석과 중앙 · 지방간 재원배분체계의 재구축(논문)
우리나라의 지방채 발행 결정요인에 관한 분석(논문) 외 다수

이 효

한국지방행정연구원 연구위원
행정학 박사(경희대학교)
(현)기획재정부 부담금운용평가단 평가위원
(현)한국정부회계학회지 편집위원장
(역)지방자치단체 회계기준 심의위원회 연구위원
현대사회와 행정(공저)
지방자치단체 원가회계제도 도입과 발전방향(논문)
지방자치단체 재무분석지표의 개선방안(논문)
정부예산 및 회계동향과 정책방향(논문)
지방자치단체의 복식부기 결산정보와 현금주의 결산정보 간의 비교분석(논문)

서 정 섭

한국지방행정연구원 연구위원

행정학 박사(단국대학교)

(현)지방분권촉진위원회 실무위원

(현)한국지방재정학회 부회장

지방분권과 균형발전에 기반한 자립적 지역발전론(공저)

지방재정의 환경변화와 재정분권 강화방안(공저)

국토 및 지역개발을 위한 지역계획론(공저)

지방자치단체간 협력사업의 유인기재로서 재정기반 구축에 관한 연구(논문)

지방자치단채의 재정건전성 확보요건에 관한 연구(논문)

우리나라 지방재정의 건전성 분석(논문)

한국지방행정연구원총서

새로운 지방예산제도

초판인쇄 2013년 2월 5일
초판발행 2013년 2월 8일

지은이 임성일·이효·서정섭
펴낸이 안종만

편 집 우석진·배근하
기획/마케팅 최상욱
표지디자인 김지은
제 작 우인도·고철민

펴낸곳 (주) 박영사
서울특별시 종로구 평동 13-31번지
등록 1959. 3. 11. 제300-1959-1호(倫)
전 화 02)733-6771
fax 02)736-4818
e-mail pys@pybook.co.kr
homepage www.pybook.co.kr
ISBN 978-89-6454-360-3 93350

정 가 19,000원